SEEKING BALANCE BETWEEN THE COURT AND THE MEDIA

李迎春 著

司法与传媒关系临界点

采访权的法理及其实践

中国民主法制出版社
2017年·北京

图书在版编目（CIP）数据

司法与传媒关系临界点：采访权的法理及其实践/李迎春著．—北京：中国民主法制出版社，2017．8

ISBN 978-7-5162-1565-4

Ⅰ．①司…　Ⅱ．①李…　Ⅲ．①新闻采访—法律保护—研究　Ⅳ．①D912．804

中国版本图书馆 CIP 数据核字（2017）第 168480 号

图书出品人： 刘海涛
出 版 统 筹： 乔先彪
责 任 编 辑： 庞从容　逯卫光

书名/ 司法与传媒关系临界点：采访权的法理及其实践
作者/ 李迎春　著

出版·发行/ 中国民主法制出版社
地址/ 北京市丰台区玉林里 7 号（100069）
电话/（010）63055259（总编室）　63057714（发行部）
传真/（010）63056975　63056983
http：//www. npcpub. com
E-mail： mzfz@ npcpub. com
经销/ 新华书店
开本/ 16　710 毫米 × 1000 毫米
印张/ 17　**字数**/ 246 千字
版本/ 2017 年 10 月第 1 版　2017 年 10 月第 1 次印刷
印刷/ 北京天宇万达印刷有限公司

书号/ ISBN 978-7-5162-1565-4
定价/ 48．00 元

本书为浙江省哲学社会科学规划课题“网络言论表达及其限度”（12JCGL101Z）、教育部人文社会科学研究青年基金项目“自媒体时代网络言论表达及其治理研究”（13YJC20083）的研究成果之一。

序

我曾经在报社工作过较长时间，因为职业经历的缘故，对于一些采访受阻、采访人员被打、采访设备被损坏的新闻比较敏感. 经导师孙笑侠先生悉心指点，由此将采访权问题作为自己博士研究的课题。经过几年思考和沉淀，在月轮山上诸多师长激励之下，就采访权问题，从其法理性质、法律依据、与公权力之间的关系到采访权遭受侵犯的保障模式、规制与保护相结合的实施路径以及有关新闻记者法的立法设想等，本书结合新闻采访权行使过程中实际存在的现实和问题，做了一些粗浅的解析和论述。

采访权作为一种权利形态，有着特殊的复合性质。这种复合性质，体现在采访权一方面基于公众利益，一方面也包含了个别媒体甚至记者的个体利益；同时，这种复合性质还体现在采访权集合了知情权、人身权、财产权等诸多方面的权利内容。本书依循权利理论的一般规则，结合采访权的现实状态、规范依据、采访权与公权力之间尤其是司法机关之间的平衡，探析和推动了采访权研究的多个方面，并冀望从采访权着手构建和完善我国的新闻法制。

由于众所周知的原因，写作此书的过程是非常艰难的。很多研究、很多方面都缺乏相应研究资料。对于学术研究而言，无论是资料过多还是资料过少，都会给研究者造成困惑。在导师与众多师长、同学的鼓励之下，我依然坚持了下来。在本书写作过程中，我参考了多个国家关于新闻记者法的有关规定和案例，也借鉴了我国司法实务当中相关判决的论证理路。尽管其中的许多论述，都有闭门造车之嫌，但无论是本书的立意，还是分析路径、论证方式，我都尽可能借鉴和采用了法学研究的新方法和新表述。需要说明的是，这种做法并非是为了追求时尚或是标新立异，而是出于现实的考量。

2011 年 6 月，我完成了本书的写作并通过了博士论文答辩。其后不久，许多博士同学已经相继将毕业论文出版成书，师长和同学也多次鼓励我“好出书了”，我却依然有着诸多的顾虑和犹疑。究其原因，一方面是担心自己研究不深、鲜有创新，另一方面也是等待一个恰当的时机。2012年年初，我的职业发生了转换，由“记者”而转身为“律师”，对权利生成和实现、法律规则与精神有了更广、更深的理解，愈加觉得对这样一种权利进行研究并加以立法保护的重要。

随着网络越来越发达，各种自媒体也应运而生，如博客、微博、微信、朋友圈、公众号等。在相关部门对互联网信息管理、规范的定位逐步清晰，并且制定和实施网络安全法等一系列法律、法规及规范性文件之后，对采访权的定位也开始逐渐清晰并呈现出来。因此，几经斟酌并征求了多位师长、同学的意见，遂决定出版此书。

出版的过程远比自己想象的要艰辛得多。可幸的是，我得到了中国民主法制出版社资深编辑庞从容、逯卫光的指导和帮助。从装帧设计到上架建议的拟就，从稿件内容的反复修改、删减、锤炼，到纸张的选择，他们倾注了很多的时间、精力和心血。庞从容编辑精益求精、追求细节、只出精品的职业精神，常常令我感动不已。

作为律师，在从事实务的过程中，依然秉持理论研究、法律研究和案例研究，是非常有意义的。于我而言，法律研究和律师实务有着非常深厚的关联，两者往往相得益彰。在司法改革和法治实践日渐深入的当下，以法学理论素养作为依凭，往往能创新性地处理和经办律师实务。就业界态势而言，不得不承认，许多大律师都是深谙法律、媒体及其相互关系的高手，并深得司法与传媒关系临界点上的诸多奥妙。以此种视角细读本书，个人认为，也应该能为律师界的同人提供些微启示。

是为序。

2017年7月30日

于杭州

目录

引　论

一、问题的缘起

新闻媒体乃“社会公器”，其承载着采写报道、传播信息，监督公权正常运行，同时充当着社会文明“看门人”等多方面的社会责任。以操作流程而言，新闻报道可以简单地理解为新闻采访、编辑、印刷、发行的过程。其中，新闻记者的采访活动是最为重要的一环。新闻记者也因此成为社会公共利益的守望者，由此所担负的重大责任决定了他们应该享有一定的权利。[1]

在新闻记者的权利中，与其履行职责联系最为密切的，当属记者的采访权。没有采访，自是不会有新闻；没有采访权，其采访活动就无法得到有效保障。从这种关系上来看，记者采访权对于记者而言，是最为重要的一种权利。然而，从现实来考察，我们看到的则是另外一番景象：一边对媒体的影响力敬畏有加，一边却又对记者并不理想的传媒生态置之不顾；一边为记者种种舆论监督报道连声叫好，一边却又对记者采访受阻的暴力事件无可奈何；一边对记者维权寄予厚望，一边对记者的权益又鲜有关注。这样的矛盾心态，也表现为公众对于记者的两种自相矛盾的说法：“遇到问题找记者、找媒体，找他们比找政府管用、比找法院管用”“防火防盗防记者”。在这种矛盾心态的背后，既表明了媒体对社会公共事务的卷入日渐深入，媒体的舆论监督的功能日渐凸显，也表明公众对媒体仍然有着相当高的期待与信任。

---

〔1〕 孙旭培：《新闻传播法学》，复旦大学出版社2008年版，第368页。

近年来，随着我国法治建设的深入，公民法律意识日渐增强，媒体以及记者卷入法律纠纷的事件越来越频繁。新闻报道侵权时有出现，记者被告也成了家常便饭，而记者利用批评报道的机会实施种种违法行为更是让其在公众心中留下非常不光彩的印象。就法律关系而言，至少以下几个方面都与新闻记者有着难以逃脱的干系。

（一）新闻报道侵权[1]

就新闻表现形式而言，新闻报道侵权至少体现为三个方面：新闻报道失实、虚假新闻报道和不当评论。一般而言，新闻报道失实主要是指因报道的不仔细、不全面，因而导致失实，而并非报道者有意为之。新闻报道失实主要包括侵犯公民名誉权、荣誉权、隐私权、人格权，侵犯法人或者其他组织名誉权、荣誉权，侵犯商业机密等。虚假新闻报道则主要指报道者有意虚报新闻的行为，可以包括“无中生有”“添油加醋”“人为制造”等方面。虚假新闻报道同样可导致侵犯公民名誉权、荣誉权、隐私权、人格权、著作权等，侵犯法人或其他组织的名誉权、荣誉权、著作权等，侵犯法人或其他组织的商业机密等。如果说新闻报道失实和虚假新闻报道是基于新闻事实的有无，而报道的不当评论则是基于“作者的价值判断”。对新闻失实进行评点，因措辞不当或者适用侮辱、诽谤性的言论等，同样可以导致侵权。如2008年美国CNN主持人杰克·卡弗蒂在节目中对中国人所采用的带有明显种族歧视、明显伤害中国人民感情的言论就属于这类侵权。

（二）内容错误、违规转载与抄袭

新闻报道离不开言论表达，因此，也在很大程度上导致了新闻出错的可能性与特殊性。记者在新闻采写制作过程中，因为粗心大意、漫不经心甚或

---

[1] 文自通状告《京华时报》失实报道侵犯名誉权。文自通系北京市石景山区古城中心小学体育老师，承诺为其弟文豫京邻居纪志国之子纪帅办妥转学事宜，并先后收取了一定的费用。后因纪帅考试成绩不合格，未被该校录取。2006年3月12日，纪志国给京华时报社打热线电话进行求助。当日下午，该报社记者毕磊到石景山区古城中心小学进行采访。3月15日，《京华时报》刊登的报道称：家住门头沟的纪志国想把儿子从门头沟铁路小学转到石景山区古城中心小学，他托人找到古城中心小学教师文自通，文自通收取纪志国2000元钱后，安排其儿子参加了学校的测试，并于当天让纪志国把儿子的学籍转出来。两周后，学校通知纪志国孩子不能被录取。文自通认为上述报道严重失实，遂以侵犯自己的名誉权为由，起诉至法院。

有意为之，往往会导致内容上出现重大差错。这种差错，与一般的侵权行为是有较大差别的。如政治性差错，有关宗教、民族问题方面的差错，都可能导致违反宪法或者其他法律，但没有明确的侵权对象。同时，一个新闻机构有权禁止其他新闻机构未经授权发布它的新闻报道。著作权法也规定，作品刊登后，除著作权人声明不得转载、摘编外，其他报刊可以转载刊登。[1] 此外，记者在新闻采写和报道过程中，出于虚荣或者个人私利，故意制造假新闻或者抄袭他人报道的行为也时有出现，不仅没能为公众提供有价值的信息，反而在很大程度上误导甚至蒙骗了公众。

（三）采访受阻与滥用采访权[2]

很多时候，记者在采访过程中，经常会遇到很大的阻力，这些阻力往往因报道触及了某些人、某些团体的利益而导致。在采访过程中，记者遭到拒绝、“封杀”“被限制人身自由[3]”甚至“人身侵害[4]”的情形时有发生。作为这种情形的引申，记者因采访报道而导致打击报复、人身侵害等也应属于该类法律关系[5]。而在一些情况之下，一些无良记者，假借舆论监督之名，以新闻报道尤其是以负面报道为要挟，要求提供财物。

如上种种行径，一方面导致了公众对记者乃至新闻业信任的丧失，另一方面也在心中留下了关于记者劣迹斑斑的不良印象。这在很大程度上导致了公众对于记者乃至新闻业的矛盾心态。

---

〔1〕 见《中华人民共和国著作权法》第33条。

〔2〕 例如2006年，《解放日报》政法部记者马骋起诉上海市规划局信息不公开案，当年5月18日起诉后被法院正式受理。媒体将这一事件称为“国内首例新闻记者起诉政府部门侵犯新闻采访权的案件”，认为“最后的结果并不重要，关键是要让有关部门重视记者的新闻采访权”。6月7日，马骋撤回起诉。该案是记者采访权遭到公权力机构拒绝的一个典型案例。

〔3〕 2000年3月，中央电视台记者到沈阳市一家保健公司采访时，被非法限制人身自由达4小时之久。案发后，10名涉案人被以非法拘禁、搜查等罪名提起公诉。

〔4〕 2007年8月13日，湖南凤凰县发生特大塌桥事故，全国20余家媒体云集凤凰县，8月16日，在这个国内外高度关注的重大灾难性事故现场，发生了5名记者在采访中遭遇围殴的恶性事件，其中《人民日报》记者王伟健、《中国青年报》记者洪克非、《南方都市报》记者龙志遭围殴打伤。2007年12月，山西洪洞矿难导致105人死亡，凤凰卫视中文台记者在采访过程中被警察殴打并扣押，事后山西省省长向凤凰卫视中文台对该记者在采访过程中遭遇暴力表示道歉。

〔5〕 2008年1月1日，法制日报社主办的《法人》杂志发表《辽宁西丰：一场官商较量》一文，此文报道后引起了强烈反响。1月4日（周五），西丰县警方却悄然来到了北京花家地的法制日报社，公然以负面报道涉嫌毁谤县委书记为由拘传记者朱文娜。在没有找到朱文娜本人的情况下，辽宁西丰警方临走前扬言，周一还要来抓人！

而另外，肩负公众知情权的实现的记者，其面临的新闻生态环境不容乐观。自20世纪90年代以来，各种关于“记者被打”“记者被告”的新闻不绝于耳，甚至经常出现“记者被打月”“记者被打年”等标志性的时间表述方式。以2010年3月至8月为例，几乎每月都有记者被打的事例：

3月23日，贵阳女记者采访一名违规女司机遭殴打；

3月23日，《京华时报》女记者采访火灾被强行架出；

5月28日，广州7名记者采访工人沼气中毒事件被围殴；

6月25日，《财经》编辑回家途中遭袭击；

7月23日，《经济观察报》记者仇子明遭通缉；

7月27日，紫金矿业“封口门”2名记者家属同日遭车祸；

7月28日，江苏卫视直播南京迈皋桥爆炸案现场时被某官员勒令停止；

7月29日，浙江人民广播电台记者采访违规山庄，被打伤；

7月29日，《华夏时报》女记者被自称深国商爆料者约出遭袭击；

7月30日，霸王集团员工围堵攻击《每日经济新闻》报社；

8月1日，郭德纲别墅被曝占公共绿地，记者前往采访被打；

8月6日下午3时30分，《瞭望东方周刊》及《南方周末》两名记者在吉林桦甸市采访洪水灾害时遭当地警方扣留调查。据遭扣留记者称，在派出所内他们遭到警察辱骂后，被强行删除照片和录音……

记者采访活动的这种状态，甚至在保险公司的保单中都得到了体现。在众多保险公司的保单中，记者是属于比一般机关团体员工风险高的一类人群。记者“无冕之王”的光环也逐渐被“弱势群体”的阴影一点点吞噬。媒体和记者处在如此尴尬的境地，这或许是记者、媒体与公众都不愿意看到的。然而，探求这种尴尬背后的原因，众多有识之士都将其归结为新闻法的缺位。并且认为，现在的这些问题，只有通过新闻法才能得到解决。想法诚然不错，但新闻法迟迟未能推出，肯定也是有多方的利益权衡和难言之隐。然而，现在的问题是，在新闻法暂时无望推出的今天，我们应当对上述种种记者与媒体的尴尬境地做怎样的改良，或者说我们需要怎样才能对其加以改善？更加明确地说，对记者的采访权，在未来的新闻法中应该处在怎样的地位？

自20世纪80年代以来，甚至更早，新闻立法的呼吁时时有人提起，中国社会科学院新闻研究所也会同法学研究所提出了有关草案，但时至今日，新闻立法仍然没有列为全国人大及其常委会的立法日程。这一方面表明新闻立法因牵涉表达自由、知情权、监督权等宪法权利，有其非常敏感的部分；另一方面也与我们对新闻立法本身认识不足不无关系。新闻立法的许多方面还需要深入讨论，比如概念不明、性质不清、缺乏应有的理论支撑等。因此，要推动新闻立法的发展和完善，首先需要对一些基本的问题加以明确。

诚然，我们不能以“新闻法”缺位当作不努力的借口，也不应当以种种不利社会改良与进步的方式来推动新闻法的出台，较为现实的考虑是，在新闻法尚未出台的当下，可以先行摸索如何对记者的采访活动进行有效规制。这种规制，不是简单地规定对什么可以进行采访、对哪些场所进行采访，也不仅仅是为记者的采访活动提供怎样的保护，而是应该基于对记者采访活动既提供保护又明确其恰当合理的界限。因而，或许可以将现有的问题切换为：记者在采访过程中是否有特殊的权利，怎样对这种权利进行保障和限制？一切社会关系都可以通过权利和义务的分配来建构起秩序。在新闻法制不健全的今天，我们仍然可以借助于权利和义务的理论路径，来确立一种可预期的稳定秩序。

这样的切换显然是非常有意义的。首先，应对了当下急需解决的问题。记者的种种侵权行为，说明对其采访活动缺少应有的限制，而记者被打的种种现实，又表明记者的采访权缺少应有的保障。因此，无论是基于限制，还是基于保障，都有必要探讨采访权作为一种“权利”存在的现实价值，有必要明晰这种权利的内涵、特征与一般构成，需要明了这种权利与公权力、私权利之间的关系……这些问题的解决，无论对于保护记者采访还是防范记者侵权，都是难以回避的当务之急。

其次，将焦点聚集于采访权，有利于在新闻法出台之前，规范媒体及其记者的新闻活动，为采访权的行使确定基本规范路径。新闻法没有出台，并不意味着新闻活动的停止，也不意味着新闻活动领域不需要法律规范的引导，恰恰相反，选择从采访权制度构建的角度，能够在很大程度上对新闻活动进行规制，从而引导新闻活动朝着法治的方向进发。

最后，以采访权为视点，可以成为寻求新闻法制的突破口。对采访活动的规制，既包含了立法规制，也包含了行政规制，甚至还包含了司法权对于采访权的规制。因此，围绕着采访权的规制，有望淡化新闻法迟迟不能出台背后的意识形态因素，从而推动新闻法制的发展。

显然，当我们围绕记者采访权存在与否、存在的价值、内涵、规制与保障等诸多问题进行深入探讨时，其对于记者权益的保护、对于新闻行业甚至对于整个新闻法制都有着多方面的积极意义。

二、采访权研究的意义

在我国现有法学语境下，对采访权以及作为采访权制度化体现的新闻出版自由的研究和考察有自身特殊性。对这种特殊性进行宪法和行政法的双重学理分析，既有鲜明的理论意义，能为新闻立法提供一种价值导向，也能为新闻体制改革确定一条简明的“依法而行”的道路。

在西方国家，采访权大多被当作不证自明的习惯性权利，更多的论述集中在言论自由、表达自由、公众知情权、政府信息公开等方面，侧重于分析新闻自由与其他权利之间的冲突及其解决。在我国，对采访权的研究则局限于新闻理论界，缺少法学界的应有关照。之所以造成这种状况，与采访权仅仅是作为一种“实现权利的权利”有很大关系。对于许多基本权利，如表达自由、言论自由、知情权、监督权等，采访权的这种“中介作用”非常明显。在笔者看来，对于采访权的研究无疑有助于深化对这些权利的认识和研究。

（一）有助于深入和丰富对于宪法规定的表达自由、言论自由的研究

“宪法是公民权利的保障书。”宪法对于基本权利的规定一般较为笼统，需要对之进行精细研究以挖掘和丰富权利的内涵。如何将宪法规定的表达自由和言论自由搬下圣坛而在现实中得到实现，这是宪政国家的共同课题。权利不会自动实现。伯里指出，对于言论自由这种我们视为当然的权利，是经过多年的血战，直到最近才获得的。[1] 在当代社会，新闻媒体无疑是公众实现表达自由和言论自由的重要途径，因此，学界一般将新闻自由当作表达自由的应有内涵，而新闻自由又包括开业、采写、评论、刊行等方面的自由。[2] 从中我们可以发现这一权利推定逻辑：表达自由→新闻自由→采访自由。同理，从权利实现的角度而言，我们可以表述为：采访权的保障和

---

〔1〕［英］J. B. 伯里：《思想自由史》，宋桂煌译，吉林人民出版社 2011 年版，第 1 页。
〔2〕甄树青：《论表达自由》，社会科学文献出版社 2000 年版，第 35 页、第 241—250 页。

限制→新闻自由的保障和限制→表达自由的促进和实现。因此，通过对采访权的深入研究，有望能为表达自由的研究打开另一扇门。

（二）有助于对知情权理论的研究和深化

知情权及其立法，是各界议论颇多的话题。“您的报纸为您的知情权而战斗！”“所有的自由从知情权开始。”[1] 从中我们不难窥见知情权与采访权的相关性。有学者提出，知情权的实现有多种途径，但对于大多数公民来说，最直接、最迅速、最多的情况是要依靠新闻媒体。换句话说，新闻媒体是公民实现知情权的主渠道。而新闻媒体要肩负起这一使命，就离不开记者的采访，记者的采访权就源于此。该学者还将知情权与采访权的关系作了一个概括，即宪法＞ 表达权＞知情权＞采访权。在其看来，采访权因其与宪法基本权利密切相关，因此，对采访权的保护应该提升到宪法的层面。[2]

（三）对采访权的研究，是监督权特别是舆论监督理论研究的重要方面

有学者在阐释行政法的理论基础时指出，媒体也是控制权力的重要力量。[3] 在我国现有新闻体制之下，媒体以及媒体从业人员被定位为“党和政府的喉舌”，我国媒体机构设立需要有关行政审批，媒体从业人员需要通过相关认证并颁发证书。从这一点来看，“喉舌”如何实现对“大脑”以及身体的监督，是理论和制度设计都无法回避的问题。

（四）有助于加深对于新闻自由理论的认识和理解

在一些学者看来，采访权就是新闻权，“没有采访，哪有新闻”。然而，在现实采访过程中，许多方面需要加以规范。采访权需要赋予怎样的含义，其法性质如何确定，如何确定既保障又限制的模式，等等，都是需要加以解答的理论问题。

相对于采访权研究的理论意义而言，采访权研究的实践意义或许更加迫切。

---

〔1〕 刘杰：《知情权与信息公开法》，清华大学出版社2005年版，第45页。

〔2〕 刘斌：《权力还是权利——采访权初论》，《政法论坛：中国政法大学学报》2005年第2期。

〔3〕 孙笑侠：《法律对行政的控制——现代行政法的法理解释》，山东人民出版社1999年版，第41页。

1. 为采访权的行使提供合法依据

近年来，记者采访受阻甚至被打的现象时有发生。这表明记者的采访触及了许多重大的社会公共问题，触及了许多民众关心的问题。公众通过记者的采访和新闻媒体的报道得以对这些重大问题有了解并得以有机会发表自己的看法和言论。因此，如何实现记者的新闻采访权，理应成为新闻立法首先应解决的问题。

2. 为新闻立法提供价值导向

诚如童之伟等以“社会权利”〔1〕概念作为重构宪法学体系的逻辑起点，我们也认为，基于现实主义的考虑，可以以采访权作为新闻立法的逻辑起点，以推动新闻法立法进程。在此，我们试图以采访权为中心，通过对采访权内涵与性质，立法现状，采访权保障、限制与约束，采访权的消极行使以及采访权的延伸等方面的探讨，为新闻立法的发展和完善提供一条清晰可辨的线索。有学者指出，我国的新闻法应该是新闻自由法。〔2〕新闻采访权具有很强的法学价值，应当成为新闻法的研究重点。〔3〕只不过他们并没有对此进行深入的阐述和论证。以采访权作为新闻立法的逻辑起点，可以有效规避意识形态的纠葛，从而将“意识形态问题”转换为“立法策略问题”。

“在反思中国传统法律文化的过程中，我们提出要清除义务本位或者权力本位，主张确立权利本位的理念。”〔4〕这一观点应该成为立法活动的一种价值导向。新闻媒体一方面承载着诸多公共责任；另一方面又处在“防火、防盗、防记者”的困境之中。我们认为，新闻立法的发展与完善，可以通过对采访权法性质的确定，采访权行使的各种形态的规定，采访权的保障与限制等方面加以展开。

3. 有助于公民基本权利的实现和保障

在公民的基本权利谱系中，新闻自由权利具有一定的“中介”性，这种中介性质在我国现有权利保障并不健全的情况下，可以为其他权利的保障提供舆论平台。以对记者采访权的保障为核心进行对新闻自由的探讨，能够很好地体现这种“中介”的特性。

---

〔1〕童之伟：《用社会权利分析方法重构宪法体系》，《法学研究》1994 年第 5 期。

〔2〕孙旭培：《社会主义新闻法是新闻自由保护法》，《文汇报》1986 年 8 月 30 日。

〔3〕张振亮：《论新闻采访权的法律解析》，《新闻大学》2003 年第 4 期。

〔4〕孙笑侠：《法的现象与观念》，山东人民出版社 2001 年版，第 109 页。

媒体作为“社会公器”自然意味着媒体是社会可资利用的工具，利用这种“公器”的目的在于基本权利的维护和保障。许多学者在论述新闻媒体的意义时都会提到，新闻媒体是保障公众知情权、表达自由、出版自由，也是公众行使批评、建议、申诉、控告、监督权的重要途径，甚至被认为是实现其他基本权利重要的推进力量。

4. 有助于完善新闻侵权诉讼和采访权遭侵犯的诉讼机制

如果说有关新闻侵权诉讼还可以从民法、刑法、行政法等有关法律渊源中找到合理的依据，而对采访权遭到侵犯的诉讼，目前看来，在立法、执法和司法过程中都处于“不明确”“过于牵强附会”“甚至无法可依”的境地。这一点，我们从“北京纸馅包子案”和“平江虎案”之中，可以感受到执法机关和司法机关的种种苦衷。

5. 有助于我国新闻体制的改革和完善

我国现有的新闻体制是实行党和行政机关的双重审查机制，这种机制存在哪些不足以及怎样从理论上和制度上加以明确与完善，很大程度上决定了是否能够真正对公民表达自由、言论自由和新闻自由加以保障，也在一定程度下保障了作为民意体现的“舆论场”的形成，这种舆论场将最终推动我国法治文明的发展。党的十七大报告提出，将积极改革现有的新闻管理体制和机制，一方面要确保党和政府的舆论主导地位；另一方面又要符合市场运作的机制，无疑需要对新闻媒体、媒体从业人员、采访权的保障和限制等有深入的认识和研究。

三、采访权研究方法

为了深入对采访权法性质以及其在实践之中出现的种种问题的分析和把握，我们将从法学与新闻学交叉的角度入手，结合法学研究的多种方法进行对采访权的系统研究。

（一）概念分析方法

概念是建构学科大厦的基本材料，任何一个学科体系从某种意义上来讲都离不开概念的演绎、推理、展开和结合。概念分析方法是法学研究最基础、最常用的方法，对采访权进行研究，首先需要对有关概念进行厘定，以明了其含义，这是法学的最一般思路。文中，笔者将对一些基本的概念进行仔细的梳理和分析，以阐明采访权的学理内涵，并力图尽量将有关概念以更加清晰明确的语言表达出来。根据我们的研究，显然，采访权是最为核心的概念，在这一概念的基础上，有关权利、权力、公共性等有关采访权法理的概念当然也需要有深入的探讨。同时，采访权的一些上位概念，如表达自由、新闻自由、知情权等，采访权所推演出来或者在有关司法实践中形成的一些重要原则和标准的内涵，也将依循概念分析的方法一一得到探讨。

（二）法律解释与规范主义方法

法律解释和案例分析的方法是法学研究最常用的方法，法律解释将一直贯穿本文，我们对现行法律规范的探讨将主要以法律解释方法而行。我们将从现有的规范出发，挖掘采访权的各种渊源形式，并加以社会学上的实证主义的探讨。

就采访权而言，事实上，无论在西方法治发达国家，还是在对新闻自由采取了特别保护措施的国家，在很多时候并非都是以明确的“采访权”一词来表述这种比较有特殊性的权利形态。因此，采访权的权利内涵与权利构成，都需要根据有关的规范文件或许多的司法判例来进行推演和阐发。这种基于规范的解释，往往能为明晰采访权的内涵提供有力的论证。

（三）案例分析方法

来源于社会生活的真实案例，其中往往囊括了采访权的多个层面。基于对案例的分析，有助于我们把握采访权的现实基础，采访权的限制和保障等问题，能够为我们解开“采访权”的朦胧面纱提供帮助。

在本书中我们将分析一些比较有代表性的案例，既包括国外发生的许多案例，也包括国内发生的许多案例。我们选取的案例，或是曾经对大众传媒法发生过重大影响的案例，或是曾经引发了非常多的争议的案例，也可能是新近发生的受到民众密切关注的案例。通过这些案例，不仅有利于我们把握有关采访权的问题，也有利于我们清晰把握采访权在现实中的实际体现。

（四）比较法学方法

以比较的思路来看待采访权，一方面有助于明了“法之不足与优越”，另一方面也能为我们找到对采访权实施限制和保障的规范思路，从而丰富有关采访权立法的相关理论。

不得不承认，我国对新闻采访权的研究还是比较落后的，虽然新闻法的迟迟不能出台有着意识形态的考量，但同时，学界对新闻采访权和有关新闻法的研究不够深入，从而没有能够找到一个有效的立法突破口，也是一个非常实际的问题。通过深入分析采访权的法理属性、探求其宪法依据与权利构成、明晰其与权力和权利之间的界限，无疑有助于新闻法制的发展，有利于新闻事业的推动。

第一章　采访权的基本法理解析

一、采访权的含义、性质与特征

采访权最先由英国报界人士于19世纪初提出，到今天，不仅被众多学者所使用，而且诸多国家都对其有相关法律规定和保障。在英文文献中，采访权有多种表达：The right to access（接近权），the journalist's privilege（记者特权），the right to gather news（新闻采集权），the freedom to gather news（新闻采集自由），the access to places and information（场所和信息接近权）和 the newsgatherer's privilege（信息采集人的权利）。很多时候，人们往往将采访权等同于新闻采访权，有时也称为新闻收集权、新闻采集权、新闻接近权、新闻知情权和信息获知权。

作为一个完整的职业，新闻采访权在整个新闻媒体的权利体系中占据基础性地位。联合国教科文组织的报告《多种声音，一个世界》指出，“交流权和接受交流权，归根结底，要取决于为从事收集和向公众传播消息情报的人规定充分的保障措施”“新闻人员有要求不受妨碍地收集消息情报并安全、有效地予以传送的权利”。[1]

（一）西方论域：媒体角色与新闻采访权

西方社会一般认为，记者的职业活动不具有特殊的法律地位，可以适用一般公民的法律来调整和规范。实际上，在许多西方国家的新闻法中（德国

---

〔1〕［爱尔兰］肖恩·麦克布赖德等：《多种声音，一个世界》，中国对外翻译出版公司、教科文组织出版办公室1981年版，第322—324页。

除外)，都没有关于新闻记者采访权的专门规定，而过去许多社会主义国家的新闻法倒是规定了记者采访权。[1] 长期以来，西方一般将媒体看成是社会的“watch dog”，但近年来，因为媒体对个人权益甚至对公权力机关的威胁日渐显现，传媒法学者 Jan Schaffer 区分了传媒的四种角色模式：“Lap dogs”(哈巴狗)、“Watch dogs”（看门狗)、“Attack dogs”（攻击犬）和“Guide dogs”（导盲犬)，并且认为现在的媒体已经不再是守在自己门口的“Watch dogs”，而是正在朝着“Attack dog ”转变。[2] 美国学者 William C. Ferguson IV 在 2009 年 Hatfill v. New York Times Co. 案中，探讨了这种转变在司法中所引起的新难题。

在美国，对新闻采访权的典型理论是“The Fouth Estate”理论（第四权力)。对这一采访权的定位是基于美国宪法第一修正案的基础上提出的。采访权是立法、行政、司法之外的第四种权力。持此种观点的人认为，新闻媒体享有这种权力，并把公众舆论对社会的监督称为“第四种权力”，并称：没有第四种权力，就没有新闻正义。1975 年，美国联邦最高法院法官斯图尔特在一次演讲中宣称，根据宪法规定，新闻自由条款包括了对新闻机构的保障，新闻自由条款的作用就是直接保障新闻业，他提出“宪法保障新闻自由的最初目的是要在政府之外建立第四个部门，以监督官方的三个部门”[3]。

Geoffrey Robertson & Andrew G. L. Nicol 所著《传媒法：记者、播音员和出版者的权利》(Media Law：The Right of Journalists Broadcasters and Publishers）一书，在报道法庭、国会和选举、白宫、地方政府、商业等章节中都涉及采访权问题。Ralph L. Holsinger 和 John Paul Dilts 所著的《传媒法》(Media law）第八章在探讨“知情权”时，大量论述记者的采访权问题。唐纳德·吉尔摩等学者所著的《美国大众传播法：判例评析》第六章标题为“新闻采集权”，论及新闻记者的消息来源匿名的特权和接近司法系统的特权，第七章标题为“信息自由：接近有关政府的新闻”，讨论信息自由法等。

---

〔1〕 刘海贵：《中国现当代新闻业务史导论》，复旦大学出版社 2002 年版，第 142 页。

〔2〕 Jan Schaffer：Attack Dog，Watch Dog or Guide Dog... The Role of the Media in Building Community，Pew Center for Civic Journalism，Baton Rouge Area Foundation，Marcia Kaplan Kantrow Lecture Series Oct. 21，1999.

〔3〕 T. Barton Carter，Marc A. Franklin，Jay B. Wright. The First Amendment and The Fifth Estate，5th Edition. New York：Foundation Press，1999.

T. Barton Cater，Juliet L. Dee，Harvey L. Zuckman 合著的 Mass Communication Law 第七章为“采集新闻和信息自由”，特别讨论了新闻记者进入政府限制出入的地方和机构的权利以及进入法院或查阅司法记录的权利。

唐·R. 彭伯所著的《大众传媒法》，是美国最权威的传媒法教材。在该书中，作者不仅探讨了采访权的宪法渊源问题，而且重点探讨了采访侵犯名誉权所导致的诽谤、侵犯隐私权以及新闻自由与公正审判的问题。韦恩·奥弗贝克的《媒介法原理》（Major Principles of Media Law）第八章“新闻采集人的特权”和第九章“信息自由”，也围绕采访权问题展开论述。

更多的时候，采访权被认为是一种“场所和信息的接近权”。John D. Zelezny 著的 Communications Law：Liberties，Restrains & the modern Media 第六章“场所和信息使用权”专门探讨了这一问题。在该篇中，Zelezny 指出，对采访权进行的分析至少应该包括四个方面：（1）宪法在关于媒体报道权的论述方面扮演怎样的角色；（2）新闻报道侵权法（Trespass law）的基本规则；（3）采访官方记录和文件的基本界限（The typical framework of statues that grant rights of access to government meetings and records）；（4）州和联邦法律中关于采访权的例外规定（The most common exceptions to state and federal access law）。

（二）中国语境：众说纷纭的新闻采访权

国内关于采访权的含义，学界并没有形成“通说”，而是“众说纷纭”。这至少表明，学界对采访权的关注还处于“初级阶段”。至今，在关于采访权认识的有关论说中，有的认为采访权是一种权力，有的认为其是一种权利，还有的认为采访权兼具权利与权力的双面性。

1. 权力论

有一些论者认为，就其舆论影响力而言，采访权本质是一种权力。但这种权力究竟是怎样一种权力，其内部依然有许多分歧。有的认为，这种权力是除立法权、行政权、司法权之外的第四种权力；有的认为，采访权是一种公权力；还有的认为采访权是一种社会权力。

（1）“第四权力”理论。这种观点的理论源头为“第四权力”理论，是对西方新闻法治理论的借鉴。1975 年，美国联邦最高法院法官斯图尔特提出：“宪法保障新闻自由的最初目的是要在政府之外建立第四个部门，以监督官方的三个部门。”采访权是新闻自由的应有之义，其实质上是立法、行政、司法之外的第四种权力的实现手段。这就是著名的“第四权力”理论。持此种观点的人认为，采访权是立法、行政、司法之外的第四种权力，并称：没有第四种权力，就没有新闻正义。在西方国家的新闻法学理论中，“第四权力”理论体现出西方新闻媒体对现代国家的政治有着深远的影响。[1]

（2）“公权力”论。有学者提出，记者的采访，表面上是一种个体行为，但实质上，它乃是代表媒体、代表公众利益的社会行为。记者享有采访权，不仅是因为他们的个体角色，更主要的是因为他们处于引导舆论、舆论监督的前沿，是党和人民的情报员与代言人，其采访权实际上是下情上达、上情下达的手段。从这一角度出发，记者与法官、警察一样，其采访权不是私权利，而是“公权力”，或者更确切地说是一种维护党和人民利益的神圣“职权”和“职责”[2]。陈翔也认为，采访权是一种特殊权力，它是权力与责任的共生体。因此，拒绝记者采访、阻碍记者采访，给记者提供虚假新闻源的行为是妨害公权力的行为。[3]

（3）“社会权力”论。有学者指出，采访权具有复杂的法律属性：就记者个体而言，它是记者的民事权利或职业权利；就采访权与公民言论自由权、知情权、监督权的关系而言，它更是一项受宪法保护的公法权利；就新闻媒体的社会组织性质及影响力而言，它又是一种社会权力。在其看来，新闻媒体以其所拥有的资源，能够对政府、组织、个人产生影响力和支配力。从法律属性上来看，媒介权力不是公权力即国家权力，而是社会权力。所谓“社会权力”，是“社会主体以其所拥有的社会资源对社会的支配力”。[4] 法学家江平也曾指出，社会权力在我国的扩大是有步骤的，新闻出版也“应当是社会权力最终进入的领域”[5]。“新闻媒体应当进入社会权力领域”，意味着新闻媒体本身具备社会权力的许多特征。

2. 权利论

然而，更多的学者还是认为，采访权主要还是一种权利，不应当混淆采

---

〔1〕 戴丽：《新闻采访权性质刍议》，《新闻记者》2003 年第 11 期。

〔2〕 赵文胜：《记者采访权的界定与限制》，《传媒观察》2003 年第 4 期。

〔3〕 陈翔：《关于采访权的几点思考》，《新闻界》2001 年第 5 期。

〔4〕 陈建云：《采访权与政府信息公开——从我国首例记者起诉政府部门信息不公开案件谈起》，《新闻记者》2006 年第 10 期。

〔5〕 江平：《社会权力与和谐社会》，《中国社会科学院研究生院学报》2005 年第 4 期。

访权所导出的影响力与采访权本身。民法学者杨立新教授认为："采访权是新闻权的组成部分，新闻权是由采访权和报道权构成的。新闻权的权利来源是我国《宪法》规定的新闻自由，既然如此，采访权当然是一种与义务相对应的权利，而不是具有国家强制力的权力。"[1] 新闻法专家魏永征认为："新闻工作者的采访权乃权利之权，而非权力之权。采访权是记者自主地通过一切合法手段采集新闻材料而不受干预的权利。"[2] 采访权是一种权利，但并没有解决采访权是怎样的一种权利的问题，并由此而引发了更多的不同见解。

（1）采访权是一种信息收集权。新闻学者刘海贵认为，所谓采访权，是指新闻记者为新闻报道的目的，合法地自由接近新闻来源，多方收集非秘密性信息的权利，它是新闻记者开展工作的首要权利，也是一个媒体能够正常运营的基本权利。[3] 这一观点得到了新闻法专家顾理平认同，他认为，新闻记者的采访权就是指他们自由地搜集新闻信息的权利，采访权能否得到保障是新闻记者能否理想地完成搜集信息工作的法律基础。[4]

更有学者指出，采访权是指新闻工作者在法律不禁止的情况下在任何公共空间自由收集新闻信息并自主选择记录方式的权利，或新闻工作者有权要求法律规定有义务公布信息的采访对象提供真实、准确和全面的相关信息，不受他方外力非法阻止和侵犯，媒体及记者的财产权、人格权受法律保护。[5]

（2）采访权是一种调查权。在党和国家领导人的有关采访权性质的论说中，一般是将采访权看作是一种调查权。刘少奇曾说，"报纸工作人员是什么人？是调查研究的专业人员。报上的一切文章都应当是调查研究的结果"。[6] 胡乔木在20世纪50年代也说过："我们有些同志是有经验的，应该培养自己成为写新闻的专家。要有一批真正的新闻记者，而不是党的研究员。现在有些记者的工作方法就相当于党委的研究员。"而且，这种调查权还是一种自主调查的权利。采访权是以记者向大众传播新闻为主要目的，在

---

〔1〕 杨立新：《隐性采访的合法性及其法律保护》，《中国记者》2000年第2期。

〔2〕 魏永征：《记者同被采访个人的平等关系——二说记者的采访权》，《新闻三昧》2000年第3期。

〔3〕 刘海贵：《中国现当代新闻业务史导论》，复旦大学出版社2002年版，第145页。

〔4〕 顾理平：《新闻法学》，中国广播电视出版社1999年版，第112页。

〔5〕 许加彪：《法治与自律——新闻采访权的边界与结构分析》，山东人民出版社2005年版，第22页。

〔6〕 刘少奇：《刘少奇关于新闻工作的几次讲话》，北京新闻学会编印，第27页。

法律允许的范围内，自由选择采访对象和采访方式进行自主调查，获取新闻事实材料的权利。记者的这种调查权与行政、司法工作人员享有的调查权是有严格区分的，从性质上来说是权利和权力的差别。后者是一种经国家授予的权力，有国家强制力量作为保证；而前者没有，只是一种自主性的权利，对采访对象来说并没有任意接受采访的无限义务。[1]

（3）采访权是一种职业权利。采访是关于新闻的采访，因此，很多学者在定义采访权时，大多选择从新闻实践角度来探讨采访权的含义。在他们看来，采访权是指依法设立的新闻单位及新闻工作者拥有的，自主采访受众关心的社会生活事件的权利。[2] 徐芳等认为，采访权是一种有条件的职业调查权。[3] 许加彪将采访权分为普通采访权和职业采访权。在他看来，我们通常所说的采访权即职业采访权，指“所有媒体及记者均有自主进行采访受众关心的一切社会活动，尤其与公众利益密切相关事件的权利”[4]。

采访权是记者开展采访这一职业活动的法律前提，也是报道权、评论权、传播权等其他职业权利的基础。但作为一个法律概念，采访权在我国现行法律体系中没有明文规定，尚处于习惯性权利状态。[5] 作为一种习惯性权利，有学者指出，采访权是在采访过程中自然形成的，主要是针对采访干扰，而不是对付采访对象的。[6] 也有学者认为，新闻采访权是一种权利，是专属于事业单位法人中的新闻媒体的权利，不是每一个公民都享有的普通权利。[7]

（4）社会权利论。社会权利论是晚近出现的对采访权的一种理解方式。一经提出，便得到了众多论者响应，并且不断加以丰富和完善。2002 年 11 月，戴丽在其法律硕士论文中，将童之伟关于社会权利的概念引入采访权研究当中，提出采访权既非“权力”也非“一般意义上的权利”，而是一种社会权利。在其后的《新闻采访权性质刍议》一文中，正式提出“新闻采访权既不是国家权力，也不是个体权利，更不是权力、权利二者兼备，它本质上是一种社会权利”。她指出，新闻采访权是社会个体权利汇集而成的监督国

---

〔1〕 徐芳、李俊良：《新闻记者采访权初探》，《当代法学》2002 年第 11 期。
〔2〕 胡昕：《论新闻采访权的概念界定》，《天府新论》2006 年增刊。
〔3〕 徐芳、李俊良：《新闻记者采访权初探》，《当代法学》2002 年第 11 期。
〔4〕 许加彪：《试论记者的采访权》，《当代传播》2002 年第 4 期。
〔5〕 徐芳、李俊良：《新闻记者采访权初探》，《当代法学》2002 年第 11 期。
〔6〕 魏永征、郭镇之：《关于舆论监督与新闻法制问题的访谈》，《新闻记者》2000 年第 2 期。
〔7〕 冯渊源、邓小兵：《新闻采访权立法研究》，《科学·经济·社会》2004 年第 3 期。

家的一种社会权利，作为一种自治权利，是对国家机关的行政权力、政治权力进行有效的监督、平衡的极其重要的集体权利。[1]

所谓社会权利，按照童之伟在《国家结构形式论》一书中的解释，可以简单描述为：公民权利＋国家权力＝社会权利。简而言之，社会权利即社会主体以其拥有的社会资源对社会的支配影响力。新闻采访权作为公民社会舆论表达的一种表现形式，以其拥有的社会资源对社会发挥其舆论功能，是公民行使知情权的权利集合体，也是一种社会权利。[2]

这一概念提出后，得到了学术界的积极响应。张振亮区分了“一般采访权”与“新闻采访权”，进而指出，新闻采访权是一种社会权利，并且是一种“特殊的社会权利”。[3] 青年学者对“采访权社会权利论”进行了论述。[4]

对这一概念进行深入分析和论证的则当属中国政法大学的刘斌教授。他指出，采访权是一种社会权利，而且是一种公共权利。之所以这样认为，首先，采访权不能等同于知情权，知情权是言论自由等政治权利的逻辑演绎，采访是实现知情的手段，采访权的行使是为了知情权的实现。因此，如果我们承认社会权利是个体权利的集合体的话，那么记者的采访权是一种社会权利就不难理解了。其次，记者的采访不是只为某一个体，而是为了公众，是为了满足公众对各类最新信息的认知，目的是使公众知情权得以实现。记者的采访实质上是在代表公众行使一种职权，因而采访权也具有公共权利的性质。新闻媒体的采访报道并不仅仅是其本身的权利，而是社会大众在行使言论和出版的自由。正是在这个意义上，新闻媒体成为实现公民言论和出版自由权利的社会公器。[5]

（5）社会权利与政治权利合体论。刘自贤提出，采访权既是社会权利，也是政治权利，是两种权利的合体。采访就是记者的劳动，采访权就是记者的劳动权，而劳动权从法律属性上来讲，就像休息权、生活保障权、健康保护权、受教育权等权利一样都归属为社会权利。采访权除了是一种社会权利外，还是一种政治权利：它是言论自由的逻辑演绎，它承担实现新闻媒体政

[1] 魏永征、郭镇之：《关于舆论监督与新闻法制问题的访谈》，《新闻记者》2000 年第 2 期。

[2] 童之伟：《新闻采访权性质刍议》，《新闻记者》2003 年第 11 期。

[3] 张振亮：《论新闻采访权的法律解析》，《新闻大学》2003 年第 4 期。

[4] 傅丹辉：《论新闻采访权及其法律调整》，《中央民族大学学报（人文社会科学版）》2005 年第 5 期。

[5] 刘斌：《权力还是权利——采访权初论》，《政法论坛：中国政法大学学报》2005 年第 2 期。

治功能的作用，它体现国家和社会的政治需要。[1]

3. 既是一种权利，也是一种权力

也有学者认为，新闻采访权是权力、权利二者特征兼而有之。例如，王松苗先生认为："它不纯粹是一种民事权利，而且具有行政权力的性质。"[2]于扬先生认为："记者的采访权应该是一种具有特别性质、特别内容的权力，不能等同于一般的民事权利。"[3] 万春先生认为："就中国目前新闻媒体（主要是指党报、机关报等主流媒体）的官办性质以及是党和人民喉舌的特性看，可以说权力、权利二者特征兼而有之……我国新闻媒体的采访报道行为具有双重属性特征，其主要属性是自由权利，但在有些情况下又有某种权力的特征。"[4]

对采访权的含义与性质有如此相异的理解和定位，一方面表明对"采访权"的探讨逐渐为学界所重视，毫无疑问，这些论述都是对采访权研究的有益尝试，拓宽了认识和理解采访权的视角；另一方面我们也不难窥见，对采访权的研究还有待于继续向前深入。

（三）采访权解析：基于公共权利的路径

1. 权力论与权利论评析

前述关于采访权的定义思路，可以归于两类：其一是认为采访权是一种权力；其二是认为采访权是一种权利。权力论者注重媒体的影响力和支配力，分别将采访权看作是"公权力"、"社会权力"和"第四权力"；权利论者则强调采访权是为了知情权、表达自由以及监督权的实现和保障，相互之间的差异主要表现为采访权是"职业权利"、"政治权利"和"社会权利"。

采访权权力论者认识到了采访权主体与采访对象之间存在"力的作用"，但这种力是不是强制力？是否存在一方对另一方的支配呢？"公权力"论者强调记者承担着上情下达和下情上达的舆论传输与引导的职能，因此，采访

---

〔1〕 刘自贤：《新闻采访权的政治性质——对〈新闻采访权性质刍议〉的一点补充》，《新闻记者》2004年第5期。

〔2〕 王松苗的观点，详见《新世纪：媒体如何从容行使"监督权"》（文中转述光明日报社黄晓博士的观点），《检察日报》2001年1月3日。

〔3〕 于扬的观点，详见《丰台公安分局副局长：欧阳事件不会不了了之》（文中转述新闻出版总署于慈珂司长的观点），《京华时报》2002年4月2日。

〔4〕 万春：《隐性采访的法律问题》，《新闻记者》2000年第3期。

权等同于警察、法官等权力，由此推断出采访权是“公权力”。这一论断的缺陷是非常明显的：首先，警察和法官的公权力隶属于国家权力，新闻媒体的采访权不具有国家性质。其次，公权力的目的和作用是实现国家的职能，而采访权则是为了获取新闻事件的有关信息，进而监督权力和权利。两者不仅有质的区别，而且有明显的量的差异。最后，公权力的运行有着很强的支配力，不服从则会直接导致不利的后果。但采访权能直接命令采访对象接受采访、以何种方式接受采访吗？即使真能如此，得到的有关信息也很难是真实的信息，而真实性却是新闻的第一要义。不言而喻，如果将采访权定义为“公权力”，最终会导致采访权对自身目的的违背。

“社会权力论”注意到了采访权不遵循“命令—服从”规则，也没有鲜明的强制力作为后盾。他们仍然强调采访权行使过程有“力的作用”存在，因为通过采访往往能够形成一股集合的力量，这股力量在很大程度上限制了采访对象的行为选择，甚至能够直接导致采访对象行为的改变。不可否认的是，采访权行使的完整过程中的确存在某种影响力和支配力，但这种影响力或者支配力往往是作为采访权的结果而导致的，其本身并不构成采访权得以在采访启动之时对采访对象进行影响和支配。

“第四权力”论将采访权看作是对立法、行政、司法进行监督的一种权力。然而，把新闻权比拟为国家权力，即使在美国，也只是一种比拟，而不是进行科学定性的说法。通过采访权的行使，能够形成“公众的意见和舆论”，通过这种公众舆论的压力，能够对立法权、行政权和司法权的主体形成强有力的约束和监督，甚至可以在特定情况下导致权力主体的变动。因此，可以将媒体以及媒体从业人员看作是社会发展的第四种力量。不容否认，媒体的确通过公众舆论能够对立法、行政和司法机关施加影响，但应该看到，这种影响是非常有限并且是不充分的。如美国媒体在伊拉克战争中的立场就与布什政府相左，但媒体的力量并没有导致布什连任失败。因此，将媒体看作是“第四权力”存在两个方面的困境：一方面，过于理想化地看待媒体对国家和社会的监督权力，从而有过分夸大媒体作用之嫌；另一方面，“第四权力”论者还将面临这样的质疑：谁来监督媒体权力？靠立法、行政、司法权力还是依靠“媒体自律”？由此而可能陷入一种无法穷尽的迷惑之中。

通过以上分析可知：采访权的主体不具备一般权力主体的特征；采访权行使过程也不遵循“命令—服从”规则，对采访对象不存在支配关系；采访权的行使也缺乏强制力作为后盾。可见，“权力论”的思路不足以为理解采访权的含义与性质提供足够的理论支撑。

2. 沿着权利论者的思路推进

根据权利的一般法理，权利在很大程度上是一种利益的表达和诉求，并且，这种利益诉求不需要有法律的明确规定即可为之。将采访权之“权”看作是一种“权利”，意味着不受干扰地进行新闻采访和提供有关真实信息的利益诉求。也正是在这个意义上，我们可以将采访权看成是一种权利。但是，认为采访权是一种“权利”，并没有表明采访权的权利性质。正是对采访权性质有不同的理解，才导致了权利论者之间关于“职业权利、政治权利、社会权利”的争论。

“职业权利”论将采访权看作是劳动权的下位权利，并且是因其职业特征而享有的一种特定权利。记者的采访行为是职业行为，因此，采访权就应当是一种职业权利。显然，这种推论过于简单。我们不难发现，如果依循这一逻辑，任何权利都可看作是劳动权的下位权利，因为毕竟不存在完全依靠别人的劳动寄生的人群。如果这样的话，所有的权利都可以从劳动权中汲取养料，所有的权利又都不过是劳动权的派生权利。这样来看待采访权的话，既淡化了采访权与宪法知情权、监督权以及新闻自由的内在关联，同时，也将引起对采访权理解的更多歧义。

将采访权看作是一种“职业权利”会引起逻辑上的混乱，那么将其看作是一种“政治权利”又会如何呢？所谓政治权利，根据凯尔森的论述，就最低限度的意义而言，是指公民参与政府、国家“意志”之形成的可能性。[1]那么采访权究竟是否参与国家意志的形成呢？粗略地看，采访权的行使往往导致公众对特定问题的认识和看法，并在此基础上形成公共舆论。这种公共舆论一方面会成为政策制定的制约因素，另一方面也有可能成为公共政策的直接内容。在国外，媒体被看作是国家和社会的“Watch dog”，虽然通过其吠声能够引起公权力机关的注意，但这种注意本身还不意味着对公权力机关意志形成的参与。否则，就会形成对政治权利认识的泛化。在我国，媒体被当作党和政府的“喉舌”，一方面承担着将党和政府的政策向广大公众宣讲的重任，另一方面又通过新闻事件的报道将有关舆情民意反馈给党和政府。显然，在这其中，“喉舌”也没有参与“大脑”意志的形成。因此，将采访权看作是政治权利，对政治权利和采访权本身都显得过于宽泛。

---

〔1〕［奥］凯尔森：《法与国家的一般理论》，沈宗灵译，商务印书馆2013年版。

在众多有关采访权含义与性质的探讨中，采访权“社会权利论”无疑包含了更多真理的颗粒，更为接近于对采访权法性质的真实认识。“社会权利论”认识到了采访权的实质是以个体权利的方式代表了公众权利，并且这种公众权利是对国家公权力的一种平衡和监督。应该承认，这一表述认识到了采访权的行使本身不是目的，其目的在于对宪法基本权利中的知情权、监督权、表达自由和新闻自由的实现，认识到了采访权这一权利的“中介性”。同时，它也突出地表现了采访权作为社会权利监督国家权力的积极意义和重要影响。其背后隐含的理论前提既在于国家与社会的二元分野，也在于以社会权利的形式有效制衡和监督国家权力的合法运行。更为可喜的是，在刘斌教授的论述中，还进一步指出了采访权具有公共性，并认为这种权利是一种社会公共权利。遗憾的是，刘教授并没有沿着这一思路继续进行论述，而是转而论证采访权作为社会权利的法源问题。[1]

（四）采访权是一种复合型公共权利

将采访权看作是社会权利的观点，因其基于国家与社会的二元分野，并以社会权利对国家权力进行监督的思路，敏锐地触摸到了采访权与宪法基本权利的内在关联。不难窥见，论者显然隐含着采访权社会本位的当然结论。然而，社会权利论者依然没有解答以下问题：采访权的行使可以监督国家，可以监督社会吗？采访权对国家和社会的监督是否同一性质？等等，这些问题是社会权利论者所无法回答的。我们认为，沿着国家与社会相区分的思路，可以将采访权看作是一种公共权利。这样或许可以析明社会权利论者所无法回答的诸多问题。

1. 何种意义上之公共

在西方政治理论谱系中，国家与社会的分野是一个源远流长的话题。[2]虽然，国家与社会的这一区分更多的是为了理论抽象的需要，但其的确为我们认识和分析许多问题提供了一条简明畅快的理路。因为采访权关涉多种宪

---

〔1〕 刘斌：《权力还是权利——采访权初论》，《政法论坛：中国政法大学学报》2005年第2期。

〔2〕 在西方的政治学理论中，柏拉图论述了国家和社会两个共同体的范畴，并且认为国家与社会是同一的。最早将国家与社会进行区分的当属柏拉图的学生亚里士多德，亚氏认为，国家只是众多社会团体之一，并且囊括其他一切社会团体。他的这一理论因其简单明快而被后来者所承继。古代的如西塞罗、中世纪的托马斯·阿奎那、近代的如博丹；资产阶级革命时期的洛克、卢梭；自由资本主义时期的边沁、孔德以及帝国主义时期的法学家如狄骥、凯尔森等。

法基本权利，我们也认为对采访权的探讨当然可以依循这一理论思路。如此，我们不难推论，采访权的发生可以是基于社会内部、国家内部、国家与社会之间、国家与社会共同体内部。从而，渊源于知情权、监督权、表达自由和新闻自由权的采访权可以在上述四种论域中得以展现。社会权利论者恰恰是论述到了采访权在社会内部、社会与国家之间发生的情形，但这显然还不是问题的全部。而我们所认为的“公共”正是在国家与社会内部、国家与社会之间以及国家与社会共同体的意义上而言的。

2. 公权利与私权利的复合体

公权利的概念，最早由德国法学家 C. F. V. 戈伯提出。他所称的公权利，最早只是指个人与全体相结合时对国家具有的权利，且尚未发展成单独个体所具有的，包括各种内容的公权利，主要是指参政权，尤其是选举权。[1] 国内不少学者认为，公权利是指以公益为目的的公团体及其责任人在职务上的权利。民法学者杨立新教授正是在此种意义上将采访权视为一种公权利，因为将采访权视为民事权利存在诸多不足，并且也不能凸显其公众性，因而，在他看来，采访权包容了公权利与私权利的多重属性。[2] 采访权为特定主体所享有，但采访权本身却并非终极目的，而是为了诸如知情权、监督权、表达自由和新闻自由的实现。从这层意义上而言，我们可以认为，采访权其实是特定主体的权利与公权利的一种复合。也就是说，同一个主体行使权利的行为在结果上导致了两种甚至多种权利的实现。

同时，采访权在与国家或者社会两者的关系中有着明显的差异。以采访权作为宪法规定的监督权的一种实现手段为例，采访权对国家和对社会的监督，是有鲜明差异的。这也表明因采访对象不同，采访权所蕴涵的法的关系也是有区别的。显然，以采访权对于公权力机关而言，考虑到采访权与基本权利的内在关联，采访权主体可以就特定新闻事件要求有权机关提供有关信息，而这一特定机关也负有提供有关信息、采访便利的义务。这一情境下的采访权，可以看作是一种“公民对国家的积极地位”[3]，在此意义上，采访

---

〔1〕 王和雄：《论行政不作为之权利保护》，三民书局 1994 年版，第 26 页。

〔2〕 许加彪：《法治与自律——新闻采访权的边界与结构分析》，山东人民出版社 2005 年版，第 64 页。

〔3〕 该提法出自德国 19 世纪著名公法学家耶利内克。他指出，公民对国家分别存在四种不同的关系，由此相应派生出四种不同权利或义务。这四种关系是：公民对国家的消极地位、积极地位、能动地位、被动地位。转引自林来梵：《从宪法规范到规范宪法》，法律出版社 2001 年版，第 89 页。

权可以认为是一种公权利。这种公权利对国家机关意味着负有特定的义务，因此，此时，公权力机关不仅不能拒绝采访、干扰采访，而且应该积极履行有关信息公开和协助进行采访的义务。

然而，当采访对象是一般公众时，采访权却不具有这种“积极地位”。受访者是否接受采访、以怎样的方式和在何地点接受采访，都需要双方协商。受访者既无接受采访的义务，采访权主体也不能要求其履行，而只能根据双方的意思自治。也就是说，在这种情境下，采访权又具有鲜明的私权特征。但无论是作为公权利还是作为私权利，在结果意义上都是共同的，即都是为了知情权、监督权、表达自由和新闻自由的实现。

至此，我们可以认为，采访权在权利属性上同时具有公权利和私权利的属性，是两种权利的复合体。这一复合体现在三个方面：其一，从采访权主体来看，存在个体权利与公众权利的复合；其二，从采访权指向对象而言，存在着对公权机关所享有的权利与对一般私权主体所享有的权利的叠合；其三，从采访权的行使来看，是为了实现公众知情权、监督权、言论表达权等多种宪法上的具有公共性的基本权利，是这些公共性基本权利的实现手段。正是在此种复合意义上，我们将采访权看作是一种公共权利。基于上述分析，我们可以审慎地给出采访权的定义：采访权是采访权主体基于知情权、监督权、表达自由等基本权利而对特定新闻事件进行采访报道的权利。这种权利在法律属性上同时具备公权利和私权利的复合属性，是一种连接国家与社会的公共权利。在探讨两种自由观念的时候，美国传播学者约翰·费伦也提出，积极自由是一个比消极自由更崇高的概念，因为只有当积极自由出现的时候，消极自由才有条件处于良好状态。在这种状态下，自由是复合性质的，是消极自由与积极自由的组合。[1] 在我们看来，就采访权的法性质而言，显然也具有这样的复合性质。

（五）采访权的基本特征

1. 采访权具有职业性

采访权具有鲜明的职业特征。相当部分论者将采访权当作一种职业权利，其根本理由亦在此处。采访活动不同于一般的信息收集活动，首先，这

〔1〕 徐耀魁主编：《西方新闻理论评析》，新华出版社1998年版，第231页。

种信息的收集并不是为了自身的某种利益。比如，在经济活动中，人们自由收集各种商品的买卖信息，其背后都潜藏着信息收藏者的种种利益考虑。就采访活动而言，尽管不能排除个别记者为了“出风头”而有意识地收集有关信息，一旦发生某个新闻事件，便将这些累积的信息一并展现出来。但是，这种信息的收集，与其说是收集，还不如说是个人知识的一种累积。其次，采访活动并不是人人能够完成的，采访权必须是以新闻媒体工作为职业背景，无新闻职业则无采访权，这便是它所具备的职业或行业特征。我们讲采访，有的人说，采访应该是所有公民的一种权利，这其实是不妥当的，因为，尽管公民拥有信息收集权，但信息收集也并非采访活动的全部。比如，当一个新闻事件发生之后，是否具有新闻价值、新闻的焦点在哪里、选择哪些信息能够引起公众关注、怎样处理这些信息才能达到良好的传播效果等，都是需要从职业的角度来进行思考的问题。最后，采访权的拥有主体，必须经过良好的职业训练。采访权的主体问题，我们将在以后的论述中详细分析，就其主体而言，需要经过有关新闻采访的知识训练、技巧训练等，以现在新闻从业人员的结构而言，大部分都是在高校经过4年左右的专业学习才加入新闻采编队伍的。由是观之，采访权的确与其他职业权利一样，有着明显的职业烙印。

2. 采访权具有公共性

采访权的公共性，可以从多方面得到证实。其一，采访权不是为了采访者个人的目的和利益，采访权是基于公共的目标和公众的利益而产生。其二，就采访权行使的目的而言，是为了公众知情权的实现，是公众监督的一种手段，就此而言，采访权的存在价值在于它与众多宪法基本权利的内在关联，在于它是实现公众基本权利的一种手段性和中介性的权利。公众享有知情权、享有监督权、享有自由表达的权利，但这些基本权利，就消极的意义而言，意味着不受公权力的干扰，但就其积极意义而言，则需要通过特定的手段、途径和方式才能得以实现。通过记者的采访活动，将许多公众关注事件的种种信息呈现出来，为公众了解这些事件的起因、经过、进展与结果提供了便利；通过这个过程，公众的知情权得以实现，公众的监督权也得以展开。其三，就其功能意义而言，采访权的公共性还体现在，记者的采访活动不仅可以在一定程度上对公权机关进行监督，也能在一定程度上监督社会风尚与引导道德情绪。有人以为，采访权仅针对国家公权机关才有意义，其实不然。就社会层面而言，采访权对特定时代的道德、民情、风俗也能履行监督和警示的功能。托克维尔曾经在论述报刊的作用时指出，报刊的作用绝不仅仅在于维护自由，报刊同时也是文明的捍卫者。[1]

3. 采访权具有复合性

在前面的论述中，笔者曾提出，采访权是集合了多种权利的复合体。这种复合首先体现为公权利与私权利的复合。形象地说，采访权看似是个人在行使，其实质是代表公众在行使，因此有人提出记者其实是一个“拟态的公众”[2]。采访权的这种复合性，也在于采访权的行使目的的复合，通过采访活动对信息的收集，满足了一部分人的知情权，因为有的事件，并非所有公众都想要了解；通过采访活动所公开的信息，也为部分公众行使监督权提供了便利；同时，围绕着特定事件的访查，也满足了部分公众的言论表达自由。从这些不同层面来考察，都可以发现采访权具有明显的复合性质。

4. 采访权具有进攻性

当代社会已经进入一个信息化的时代，在信息化的社会中，对信息的掌握就意味着某种影响力。在信息社会中，媒体对社会的影响日益加深，这在一定程度上导致了媒体角色转换。美国传媒法学者 Jan Schaffer（扬·夏弗）正是在此意义上提出，现代的传媒已经由“看门狗”转化为“攻击犬”。“攻击犬”的含义，一方面意味着媒体在信息收集和提供方面有着相当大的主动；另一方面也意味着媒体选择性的信息提供也对公众构成了一定程度的威胁。同时，随着媒体竞争的白热化，各家媒体为了博得眼球、赢得市场，可以说是使出浑身解数。种种“猛料”，对个人隐私的渲染，对明星绯闻轶事的探求……都使得媒体往往为了追求市场效应而将公众的种种权利置若罔闻。媒体为了获得某一信息会绞尽脑汁，这些获取的手段往往会超出正常、合法的程序，比如偷拍偷录、夸大其词甚至造谣生事等，这种作用的结合，公众会觉得十分过分。公众“防火、防盗、防记者”的心理，一个“防”字就很好地揭示了采访权所具有的进攻性。

采访权的这些特征，既是采访权区别于其他种种权利的明显表征，也是对采访权进行规制和保护所应当加以考虑的。

---

〔1〕［法］托克维尔：《论美国的民主》，董果良译，商务印书馆 2013 年版。

〔2〕许加彪：《法治与自律——新闻采访权的边界与结构分析》，山东人民出版社 2005 年版。

二、采访权的权利构成

采访权是一种公共权利，并且是一种复合型的公共权利，这只是解决采访权作为一种权利的法性质问题。因此，接下来的分析中，我们将聚焦于采访权的内在情况，对采访权的权利构成作简要的分析和探讨。有学者指出，一项权利的成立并实现必须具备以下要点：为了保护某种利益而提出对它的主张，同时应凭借一定的资格并具备相应的技能；另外，权利享有按个人意志去行使或放弃该项权利而不受外力干涉或胁迫的自由，即利益、主张、资格、权能、自由，这五个要素缺一不可，否则不可能成为现代意义上的“权利”。[1] 尽管我们不能简单地套用这样的公式来解析采访权的权利构成，但分析和阐释采访权的主体、客体、对象以及内容，无疑能加深对采访权的认识和理解。

（一）采访权主体的一般探讨

采访权并非一种空泛的权利，作为一种具有公共性的权利，其权利主体究竟是公众、新闻机构还是记者，显然也是一个无法回避的问题。新闻采访权的主体就是在新闻传播活动中享有新闻采访的权利和承担相应义务的人，是新闻采访关系的最基本要素和最积极因素，是新闻采访活动的直接参与者。[2] 对这个问题的考察，有人认为采访权为公众所享有，其理由在于：采访的本质是对信息的收集，这种信息收集的自由，任何公众都有此权利；有人认为其为新闻机构所有，是作为新闻机构制度化权利中的应有之义，采访既是新闻机构存在的理由，也是新闻机构存在的目的，如果不需要采访，那独立的新闻机构存在的意义何在；还有人认为，采访权仅为新闻从业人员所有，因为这些从业人员，在很多国家都经过了特定的行政许可的程序，只有获得这样的许可之后，才能真正成为采访权的主体。这些争论，都有其合理之处，其本质都是在于对采访权权利构成的分析和探讨。

有人认为，采访权就是公众的采访权，其只是公众知情权的必不可少的途径而已。在新闻活动中，采访权在逻辑上应当包括：（1）公民有权通过新

---

〔1〕 夏勇：《人权概念起源》，中国政法大学出版社 1992 年版，第 42—53 页。

〔2〕 许加彪：《法治与自律——新闻采访权的边界与结构分析》，山东人民出版社 2005 年版，第 28 页。

闻媒体获得和传播国内外信息，参与国家政治生活和社会生活；（2）公民有权通过新闻媒体了解国家的重大事务、对国家工作人员实行监督，国家尊重和保护新闻记者采访、报道和反映真实情况的权利；（3）公民有权获取政府信息，参加有关国家重大事务的讨论。[1]

有学者认为，采访权可以分为“一般采访权”和“新闻采访权”。“一般采访权”与“新闻采访权”的重大区别主要表现在二者的权利主体、权利属性、权利内容、法律渊源及相应法律救济方式等方面。两者的区别体现在以下几个方面。

首先，“一般采访权”对权利主体并无特别要求，具有普遍性、平等性、广泛性特征；“新闻采访权”则与特定的新闻机构和公民的特定身份、特殊资格密切相关，其权利主体特指依法设立的新闻媒介及相关新闻工作人员，不具有法定资格的主体通常不能行使此项权利。其次，“一般采访权”的权利属性是宪法性权利，是宪法赋予公民的基本政治权利、民主权利，属于宪法学的范畴，具有宪法学意义。它是“新闻采访权”的上位概念，也是“新闻采访权”的宪法渊源和依据。再次，“一般采访权”的权利内容表现为“人人享有言论、出版自由”，通常对采访的内容和方式没有特别的要求。“新闻采访权”则主要是基于新闻报道、新闻传播目的而进行采访活动的权利，强调采访活动必须遵循新闻规律，注重新闻价值和新闻采访目的的自主性。最后，“一般采访权”的法律渊源主要是宪法法律规范，而“新闻采访权”的法律渊源则除了宪法法律规范之外，还包括新闻法律、法规、规章及司法解释等，如《出版管理条例》《广播电视管理条例》《最高人民法院关于审理名誉权案件若干问题的解释》《最高人民法院关于民事诉讼证据的若干规定》等涉及新闻采访权的司法解释等。[2]

也有学者指出，采访权可以分为“普通采访权”和“职业采访权”，前者的主体为普通民众，后者的主体为新闻媒体从业人员。在他们看来，“传播是每一个人应有的权利。在不违背社会公德、遵守国家法律的前提下，人人有权利利用社会所提供的媒介、场所和时间开展传播活动，有权发布与自己有关的信息，也有权获知来自社会各方面的信息”[3]。“在媒体特约通讯

〔1〕 刘建明：《关于公众知情权的深度分析》，《新闻界》2005 年第 5 期。

〔2〕 张振亮：《论新闻采访权的法律解析》，《新闻大学》2003 年第 4 期。

〔3〕 段京肃、罗锐：《基础传播学》，兰州大学出版社 2002 年版，第 143 页。

员、读者来信的作者以及作为新闻线人的活动中，以及大量的 DV 片中，他们行使的就是普通采访权。中国共产党在革命年代提出‘全党办报、群众办报’，实际上利用的就是普通采访权。”[1] 而职业采访权的主体是新闻媒体和其工作人员，一般为正式记者或者委托记者所享有，就像律师和医生一样，必须取得职业资格才能执业。[2]

（二）新闻记者是采访权的重要主体

在我们看来，采访权作为一种公共权利，其只是新闻权利的一个方面，就其职业性特征而言，采访权的主体主要是新闻记者。“记者身份”在我国是通过行政机关颁发“记者证”的方式得到认可，而在美国这意味着记者所享有的诸多特权，其中最为重要的就是“拒绝作证权”。[3] 因此，采访权应该是新闻记者所享有的主要权利，其理由如下。

1. 采访权有别于公众信息收集权

公众的信息收集，往往是出于某个公众自身的利益需要而进行的，其收集信息目的明确，手段也比较单一，其能够收集的信息量也非常有限。而采访权，是经过特殊训练的从业人员，围绕着特定新闻事件调查和收集信息，这种信息收集并非为了记者个人私益，也非为了某一新闻机构的私益，而是为了公众对该新闻事件所享有的新闻权利的实现。普通公民由于无法掌握新闻资源，便无法行使采访权。新闻记者独特的个体角色定位，使其享有权利能够便捷地接近新闻源，了解事件的真相及相关的背景资料。新闻记者角色的职业化，似乎在逐渐淡化新闻记者职业的社会性，而把新闻采访界定为新闻记者实施的个体行为，一种职业方式和生存手段。[4]

2. 采访权是新闻权利的一个方面

新闻机构作为特定的信息收集和处理机构，没有采访权显然是不可能满足其存在价值的。新闻机构的权利除了采访权之外，还包含了其他众多的权利，如报道权、批评权、发行权、公平竞争权等。显然，这些权利与采访权之间存在一定的联系，但这种联系并不能涵盖甚至替代采访权。有学者指

---

〔1〕 许加彪：《法治与自律——新闻采访权的边界与结构分析》，山东人民出版社 2005 年版。

〔2〕 许加彪：《法治与自律——新闻采访权的边界与结构分析》，山东人民出版社 2005 年版，第 30 页。

〔3〕 高一飞：《论记者拒证权》，《证据科学》2008 年第 5 期。

〔4〕 陈翔：《关于采访权的几点思考》，《新闻界》2001 年第 5 期。

出，采访权有广义和狭义之分，广义采访权包括以下方面[1]：

（1）设立采访机构权。一个新闻媒体必定拥有这种权利。它可以设立自己的记者部、采访团、记者站、通讯社、联络处等采访机构，以保证快捷、集中、全面地收集与整理信息。

（2）选择采访方式权。记者可以根据自己的意愿或新闻的特征等情况，自由选择调查事实的手段。采访方式有突击采访、现场采访、预约采访，又有明访、暗访，还有迂回采访、二次采访、电话采访等方式；按采访的器材还可分为：笔录、录音、录像、摄影等方式。

（3）信息来源隐匿权。记者是否可以拒绝司法行政机关要求出庭作证、公开信息来源的请求是有争议的一个问题。按照职业要求，记者应当隐匿信息来源，以保证他人不断地、以最大的信任向记者提供信息。如果强制召唤记者在法庭充当刑事或民事案件证人，暴露消息来源和采访对象，必将限制其今后采访消息的来源，破坏记者与被采访者的信赖关系，同时，如果采访对象的姓名等个人信息被披露，在实际生活中他们可能遭受很多侵害，甚至因此蒙受巨大损失。

（4）驳回起诉请求权。记者被起诉的主要原因在于侵犯了他人人格权。由于相关法律不健全，因新闻报道而产生的大量诉讼中，媒体和记者总处于弱势地位，往往败诉。因此，应该赋予新闻记者较大的抗辩空间，从而能使其更好地完成自身使命。

民法学者杨立新教授也认为，就新闻权利而言，新闻权包括了采访权和报道权。诚然，就新闻机构的权利与采访权之间的关系而言，两者之间有一定的重合，尤其是当对采访权作广义理解的时候，甚至涵盖了新闻机构的权利。但是，在我们看来，这样来理解采访权显然有过于宽泛的嫌疑。而将采访权作为新闻权利的一个方面，更加有助于对采访权的理论阐释，也更加有助于对记者的采访活动进行规制和保护。因此，我们选择将采访权与新闻权相区别，并且将采访权作为新闻权的一个重要方面来加以分析和探讨。

3. 记者采访权的行使是基于公众与记者之间的“授权”

梅尔文·门彻指出，在记者和公众之间有一份心照不宣的协议：（1）记者将尽他或她的最大努力，为公众提供对事件尽可能完整而准确的报道；（2）公众认定记者的报道是诚实的，准确的。虽然民意调查告诉我们，人们

---

〔1〕 包东喜、何静：《新闻采访权广义狭义析》，《新闻前哨》2003 年第 9 期。

对他们看到的、读到的新闻是心怀戒备的，但事实上，人们会对他们从报道和广播电视台获得的信息作出反应。[1] 有学者指出，公民同媒体、记者的关系在性质上与公民同政府、公务员的关系是不同的，前者是权利实现的问题，后者是权力行使的问题。依据我国宪法规定，“中华人民共和国的一切权力属于人民”，但是不可能人人都来行使管理国家的权力，需要把权力授予少数人，由他们代表人民组成政府来管理国家；另外，人民还要实现对国家和社会事务的知情权利，还要实现对国家机关和国家工作人员的批评权利和建议权利，但是公民个人不可能具备知悉一切社会事务的客观条件和物质条件，也不可能人人都到政府机关或社会各界了解情况，于是就通过多种方式来实现对国家和社会事务的知情权利及对国家机关、国家工作人员的批评权利和建议权利。在诸多方式中，新闻媒体充当着主要的角色。新闻媒体的作用就是帮助公民将这些权利规定变为现实，因而媒体是享有法律意义上的获取信息、舆论监督权利的主体，这也就是新闻记者为什么能够行使采访权的缘由。[2]

（三）采访权的客体与对象

有学者指出，新闻采访权的客体是指新闻采访权主体享有的新闻采访权利和义务所指向的事务。如果没有客体，新闻采访权主体就无所寄托，失去目标，也就不构成具体的采访与被采访的关系。采访权的客体，从内容上考察，主要包括以下几个方面：官方持有的公共信息；公共开放场合发生的事件；受限制的社会封闭空间发生的事件；特殊条件下的私人空间和事件。[3] 在这里，论者显然是将采访权的客体聚焦于信息所存在的场所或空间。在笔者看来，以此来阐释采访权的客体，显得有些过于狭小。

采访权是一种复合的公共性权利，主要在新闻活动中得到实现。采访权客体是采访的权利和义务所指向的对象，因此，论述采访权的客体，需要结合具体的采访活动来进行。采访权的行使，本质上是为了满足公众知情权的需要。而公众知情权的需要，既包括了新闻事件本身有关信息，也包括了对

---

〔1〕［美］梅尔文·门彻：《新闻报道与写作》，展江等译，华夏出版社 2004 年版，第 4—5 页。

〔2〕刘斌：《权力还是权利——采访权初论》，《政法论坛：中国政法大学学报》2005 年第 2 期。

〔3〕许加彪：《法治与自律——新闻采访权的边界与结构分析》，山东人民出版社 2005 年版，第 39—44 页。

该新闻事件得以发生的外在环境，还包括了对该新闻事件的种种解读。由此而言，采访权的客体涵盖了以下多个方面。

1. 因采访而需要进入或接近的特定场所

当发生一定新闻事件之后，如果该事件关涉公众利益，有关部门基于行政管理的需要，会对该事件发生的场所采取紧急甚至封闭措施。如矿难发生后，为了组织救援，有必要疏散和排除闲杂人员，以利于救助行动；在重大疫情事故中，对发生疫情的动物和疫区采取封闭措施，以防止疫情进一步恶化等。在这些情形下，记者的采访活动所产生的权利义务关系，首先就是“能不能接近”的问题。因为，这种接近与进入关系到采访活动能否进行，也关系到记者能否接触到“新闻现场”。没有这种接近和进入，一方面意味着公权机关需要有充分的信息公开；另一方面也意味着公众没有能够通过“记者的眼睛”了解事情的最新进展。

2. 需要采集的新闻事件有关信息

新闻事件发生之后，公众急于了解该新闻事件的有关信息，与新闻事件有关的信息自然是采访权的客体所在。在新闻实践中，对有关新闻事件的信息提供，最基本的需要是满足五个“W”和两个“H”。五个“W”是指what，when，where，who，why；两个“H”是指“How”和“How Much”。也就是说，在记者采集有关事件的信息时，是有一个基本的要素存在的。这些信息要素，基本能够呈现一个新闻事件的完整咨询，能够有助于公众对这一事件的基本理解。在采访权行使过程中，这些信息无疑是记者需要加以收集和整理的。

3. 相关新闻事件的解读和观点

在当代传媒的运作过程中，公众已经不再满足于对新闻事件的一般认知，而是希望能够了解新闻事件背后的许多信息，因此，对新闻事件的解读与观点提供也成了采访活动的一个主要方面。比如，在美国次贷危机的新闻中，一时间会涌现大量的互相矛盾的信息，公众在这些不同媒体基于不同立场提供的新闻资讯中，往往难以甄别，此时，无疑需要对这些信息进行解读，并且在一定条件下，还需要记者作出对这些事件的基本判断。又如，在有关科技发明和发现的新闻中，一项科技发明对公众可能意味着什么，会对公众生活产生怎样的影响，也是需要记者在采访活动过程中加以探求的问题。

4. 与某新闻主题间接关联的其他信息

有些信息虽然与某新闻事件无关，但却与该事件的主题间接相关联，笔者认为它也应当归属于采访权的客体。采访权是在记者进行采访活动的过程中所具备的权利，但是从客体角度而言，并非意味着其他非新闻信息不能成为采访权的客体。事实上，在很多情况下，与新闻事件相关联的信息，甚至与新闻事件无关的信息都有可能成为采访权的客体。比如，在上海发生楼房倾覆事件之后，各地的媒体都从本地的情形出发，向有关部门了解有关楼盘的信息，以强化公众的安全心理需求。又如，当新疆发生了学生踩踏事件之后，各地的媒体也会对本地的学校设施、安全状况、防范策略向有关部门、学校和专家进行采访，以警示有关部门和学校，避免发生类似事件。此时，对这些地方的媒体而言，显然是没有新闻事件作为前提的，但其采访权依然应该得到保障。

可见，就采访权的客体而言，主要应该从"采集信息"的角度进行探讨。以此而论，采访权的客体包括了对信息源的接近、对信息的收集和整理、对信息的解读等多方面的内容。显然，采访权的客体是有别于这些信息掌握在什么组织或者人手中的，而后者恰恰意味着采访权的对象问题。

采访权的对象，是指记者在采访活动中向之索取情况和意见或者那些以各种方式向记者提供情况和意见的人，所包括的范围相当广泛，但仅限于人，不包括物。[1] 采访权客体与采访权对象是有着明显区别的，前者主要是指信息，后者则主要是指掌握这些信息的机构和个人。记者在采访活动的过程中，既有可能是一个单方的收集信息的活动，也有可能是一个双向的收集信息的过程。单向的信息收集过程中，大多数情况下不需要采访对象，而双向的信息收集过程，则往往需要与采访对象的互动。因此，采访权的客体与对象并不是完全一致的。

（四）采访权的权利内涵：基于请求权的探讨

在现代西方国家，一般认为，采访权涵盖了一系列邻接权，如消息提供权、消息提供者匿名请求权等。[2] 高一飞教授曾经详细分析了美国记者在采

〔1〕 艾丰：《新闻采访方法论》，人民日报出版社1996年版，第197页

〔2〕 宋克明：《美英新闻法制与管理》，中国民主法制出版社1998年版。

访活动中的特权问题，其中特别提到了美国许多州都规定了记者的拒绝作证权。[1] 很多学者也将这些权利作为采访权应有的权利内容。作为一项法律权利，采访权是指法律所确认和保护的新闻记者在采访报道时所具有的权能，并且将新闻采访报道的法律权利归纳为四个方面：（1）合法采集新闻的权利；（2）独立完成新闻作品并予以发表的权利；（3）公正评论的权利；（4）人身不受侵犯的权利。[2]

也有学者根据记者进行采访的方式及采访过程，可将采访权分为：准入权、阅览权、记录权（包括拍照、录音、录像、复制等）、询问权、占有采访资料权和隐匿采访资料权。其中，准入权是指请求进入采访场所（包括监狱、法庭）的权利。阅览权主要是指记者有权查阅一些案卷材料、司法文书等。至于隐匿采访资料，则是为了保护被采访人的一些隐私，以保证双方的信任关系。例如，记者可以将一桩强奸案中的受害人受凌辱的情节隐去，并且为此向第三人保密。反对意见认为，记者如可隐匿采访资料，易造成权利滥用，而且不加报道的采访是有违“采访权”之本义的。[3]

有人认为，采访权包括以下四个方面的内容：（1）新闻记者出示证明或证件说明自己的身份和任务后，有权采访了解非机密性、与社会公众生活相关的事务；（2）记者不公开自己的身份，进行新闻采访活动，只要未进行违法活动、采取非法和不道德的手段，也应视为合法采访，受法律保护；（3）新闻记者在采访过程中，优先使用通信工具、交通工具和住宿；（4）新闻记者在采访活动中加强自律，防止滥用权利。[4] 也有学者认为，采访权包括以下内涵：（1）有权依法进行采访报道，享有舆论监督权；（2）享有采访新闻特别是重大新闻的权利；（3）有对涉及公共利益、公共兴趣的公共人物进行采访的权利；（4）享有“一定条件下”的秘密采访权。[5]

以上这些关于采访权权利内容的分析，都是基于从记者行使采访权的过程中的实际需要来进行阐释和展开的。这些分析既涉及了采访权行使的合法要件，也涉及了采访权所行使的一般目的，还涉及了采访权行使的方式和途

---

〔1〕 高一飞：《美国法上“记者”的含义》，《现代法学》2010 年第 2 期。

〔2〕 徐芳、李俊良：《我国新闻记者采访报道的权利与义务之定位》，《南昌大学学报（人文社会科学版）》2000 年第 2 期。

〔3〕 包东喜、何静：《新闻采访权广义狭义析》，《新闻前哨》2003 年第 9 期。

〔4〕 王天定：《新闻道德与法规》，兰州大学出版社 2002 年版，第 19 页。

〔5〕 孙凤毅：《新闻记者采访权略论》，《中国广播电视学刊》2002 年第 3 期。

径的问题。采访的本质是一个信息交流与互动的过程，一方面有人问，另一方面有人答。然而，上述分析均没有能明确采访权的权利本质，也没有解决采访权到底是“针对谁”而享有的问题。因此，我们可以从采访权作为一种信息公开请求权的角度来阐释其权利内容。

如前所述，采访权的行使在于对公众知情权的满足，这意味着采访权的主要内涵应该在于信息收集。国外的众多论述中，采访权本就是用来表明信息收集的权利或者场所接近权，如 the right to gather news，the right to access to，等等，都很好地表明了这一点。无论对信息的收集也好，还是对场所的接近也好，其本质都在于针对有关新闻当事人提出的信息公开请求权。

我们曾经指出，采访权具有双重复合。其第一层复合为：记者私权与公众权利的复合。因此，当我们针对信息公开请求权进行分析时，可以产生针对不同对象的信息公开请求权：其一，针对公权力的信息公开请求权。针对公权力的信息公开请求权，分别包含了针对立法权、行政权和司法权的信息公开请求权；其二，针对社会团体和公益组织的信息公开请求权，这其中既包括了针对不掌握公共权力的社会团体机关，如消费者协会、行业协会、各种学会、人民团体、商会等，也包括了一些公共事业组织和各种法人、上市公司以及其他组织；其三是针对个人的信息采访。这样的区分，一方面是因为这些不同的公权机关、团体组织和个人所掌握的信息量的区别；另一方面也是因为三者之间对信息公开所具备的阻挠力量的差别。

根据这样的区分，结合请求公开的信息是否与特定新闻事件有关，可以形成下面的请求权结构：

（1）就特定新闻事件，针对公权机关的信息公开请求权；

（2）非就特定新闻事件，针对公权机关的信息公开请求权；

（3）就特定新闻事件，针对社会组织的信息公开请求权；

（4）非就特定新闻事件，针对社会组织的信息公开请求权；

（5）就特定新闻事件，向新闻当事人了解有关信息；

（6）非就特定新闻事件，向普通民众了解对某一事件、人物或者物品的意见与看法。

其中，对于（1）和（2）而言，当记者提出信息公开请求之后，公权机关负有提供有关信息或者为记者采集有关信息提供便利的义务，也就是说，此时的采访权，对应于公权机关的积极作为义务。就（3）和（4）而言，记者采访权的行使，既包括了其负有义务提供的情形，也包括了其不负有特定义务的情形。当这些团体所掌握的信息关系到公众的兴趣、公众关注的焦点或者关涉重大公共利益时，一般认为，这些团体负有提供有关信息和提供有关便利的义务；而当记者所提请的信息非关涉特定新闻事件，也无关公共利益时，这些团体并不负有提供有关信息的义务。如当记者向某协会咨询、了解该团体内部的有关信息等。而对于（5）和（6）而言，无论是否关涉新闻事件和公共利益，也无论其本身是公众人物还是普通民众，一般而言，在记者提出要求公开有关信息时，这些个人并不承担提供信息的有关义务，是否愿意提供以及如何提供有关信息，全凭这些个体自行决定。如当下的有关付费采访、协商采访等。

在针对公权机关的信息公开请求权方面，对政府的信息公开要求应当与对官员的采访自由相区分。信息公开要求的是获取政府信息的自由，不是采访官员的自由，处理信息公开问题有具体的执行人员和机构。记者和采访对象都有选择和拒绝采访的自由，不管本人的社会地位和身份如何，双方在采访活动中的地位是平等的。[1] 显然，在不同请求权的情形下，既体现了采访权的强度差异，也体现了采访权在针对这些不同“对象”所体现的权利属性。在此，我们用“强度”的概念来指称有关机关、团体或个人所负义务的不同程度。通过这种区分，一方面有利于明晰采访权的权利内涵；另一方面也能对采访权行使的不同情形谋求不同的保障模式。

三、采访权的权利界限及其限制

一般而言，权利指的是在一定的法律关系中，法律关系的主体对另一方所享有的可以要求作出一定的作为或不作为，并为法律规范所认可的一种资格。[2] 采访权作为一种权利，也有着自身的权利界限。有学者提出，对采访权的合理限制以及对这些限制的切实实行与维护，实质上是对新闻采访权准确行使的保障。[3] 权利的界限与对权利的限制显然是两个不同的问题，权利的界限更多地表现为注重其理论意义上的权利空间，也就是说更多地强调一种权利与其相关权利之间的逻辑边界；而对权利的限制，则更多地指向于针

---

〔1〕 艾丰：《新闻采访方法论》，人民日报出版社1996年版，第23页。

〔2〕 林来梵：《从宪法规范到规范宪法》，法律出版社2001年版，第76页。

〔3〕 张振亮：《新闻采访权及其法律限制》，《南京邮电学院学报（社会科学版）》2003年第3期。

对某一权利所框定的一种边界。两者之间即有重合的可能，从最理想的角度而言，权利的界限可以意味着对权利的最为宽泛的限制。在更多的情况下，对权利的限制往往要窄于权利的界限。文中所反映的，恰恰是权利的应有状态与实有状态之间的差异。因此，在对采访权的探讨中，我们将权利界限与对采访权的限制当作两个不同的问题来加以讨论。

（一）采访权的权利界限

有学者在探讨宪法权利的界限问题时指出，权利的界限既具有相对性，“与其说宪法权利是有界限的，因而是相对的，倒不如说这些界限自身才是相对的”；同时，权利的界限也具有具体性，并强调其界限主要有内在制约和外在制约。[1] 显然，这一分析路径，也有助于我们对采访权权利界限的认知。在采访权的界限问题上，其相对性和明确性都主要表现为采访权与相关权利之间的边界问题。

1. 采访权与新闻权

采访是新闻工作最为重要的环节。60 多年前，著名报人邵飘萍在《实际应用新闻学》一书中就强调指出，在报纸的所有业务中，“以采访为最重要”“因为一张报纸的最重要原料厥为新闻，而新闻之取得乃在采访”。[2] 我国一些台湾学者指出：“采访工作实为全盘工作的灵魂。”[3] 美国全国广播公司原新闻部主任弗兰克曾说：“采访是我们这一行的基本手段，没有它我们就无法生存”[4]，采访活动在整个新闻活动中具有基础性、决定性的作用。

民法学者杨立新教授认为，新闻权包括采访权和报道权，采访权只是新闻权的一个方面而已。采访权和报道权的共同结合，构成了新闻权。因此，在采访权与新闻权的关系上，新闻权包容了采访权。诚然，我们所说的新闻大多数时候都需要经过记者采访，但并不意味着所有的新闻都是经过记者采访而来的。比如通讯员的来稿，没有记者采写活动的介入，经过编辑的删改之后，依然可以将有关新闻事件及时刊登见报。

2. 采访权与报道权

采访权与报道权的关系可以从以下方面得到说明。其一，采访权与报道

---

〔1〕 林来梵：《从宪法规范到规范宪法》，法律出版社 2001 年版，第 99 页。
〔2〕 刘海贵：《当代新闻采访》，复旦大学出版社 1997 年版，第 8 页。
〔3〕 刘海贵：《当代新闻采访》，复旦大学出版社 1997 年版，第 8 页。
〔4〕 刘海贵：《当代新闻采访》，复旦大学出版社 1997 年版，第 8 页。

权有着多个方面的重合，采访也是为了报道，报道自然需要采访。其二，采访权不能等同于报道权。从新闻的角度而言，报道权的内涵要宽于采访权。对新闻事件的报道，既包括了记者的新闻采写活动，也包括了通讯员、报料人等提供新闻信息与新闻线索的非新闻采写行为。其三，采访权与报道权可以相互独立存在。采访权具有明确的职业特征，但这种特征，对于报道权而言，却要淡了许多。比如，某个单位从事新闻宣传的人员的稿件、报社通讯员的稿件，都体现了一种报道权，他们的这些新闻报道，可以完全不包含我们所阐述的采访行为在其中。因此，报道权和采访权是可以互相独立而又联系密切的两种权利。

3. 采访权与评论权

采访是对新闻事件的采访，评论也是针对新闻事件的评论。评论某一新闻事件，是采访权的一种自然延伸，在现实的操作实践中，在相应新闻稿件后面，经常附有记者评述、记者感言、记者手记等。同时，评论权也并非记者所独有，评论权的主体在于社会公众。就理论上而言，无论是媒体从业人员还是社会公众，都可以成为评论权的主体。然而，能成为媒体评论员的，需要更加深厚的人文素养、知识积淀，也需要具备深入思考、探析本质的见解，还需要准确表述自身的观点与意见，因此，实际上，大部分公众都具备评论权，但都无法真正行使该项权利。

4. 采访权与发行权

采访权与发行权的界限其实是非常明显的，从新闻操作流程而言，采访是采访，发行是发行，没有采访，就无从发行。不容否认的是，采访与发行有着极强的内在勾连，采访为发行提供了内容，而发行则使得采访权的目的得以真正实现。两者在时序上前后链接，在权利的环节上均不可或缺。

5. 采访权与消息来源保护权

记者的采访活动，很多时候都是根据某种信息来源而进行的，因此，记者是否拥有隐匿消息来源的问题，自然就与采访权有着非常紧密的联系。有学者指出，消息来源隐匿权是记者采访权的合理延伸，关乎记者和媒体的声誉。[1] 但在关于是否应该给予记者消息隐匿权方面，存在着两种截然相异的态度和立场。有人认为，新闻记者和新闻媒体有权对消息来源、消息提供者

---

〔1〕 许加彪：《法治与自律——新闻采访权的边界与结构分析》，山东人民出版社 2005 年版，第 26 页。

的情况保密。这种专业保密既是一种权利，又是一种义务，保密的目的在于保护新闻人员和新闻自由，使他们便于接触提供情报的人士而又不辜负公众的信赖。[1] 但即使是对新闻自由给予了较大保障的美国，法院对记者隐匿消息来源权倾向于采取拒绝的姿态，这在《纽约时报》记者厄尔·考德威尔案中得到了展现。[2]

很多时候，行使采访权的过程需要通过秘密的方式才能得到真实信息。采访权作为一种公权利与私权利的复合体，当其面对着私权利时，当事人是否接受采访、以怎样的方式进行采访，都需要记者与有关当事人协商。这种协商，既意味着承诺，也是一种协议。因此，无论是从新闻职业的实际需要、从获得可靠信息的公众需求，还是从保护当事人自由协商的权利等方面而言，的确应该保护记者在行使采访权过程中的消息来源隐匿权。但是，当这种隐匿行为关涉重大的公共利益时，因为这种公共利益的重大足以对整个国家、整个地区甚至所有人产生影响，此时，则又应该对隐匿消息来源的权利持否定的态度。此种公共利益的重要程度，则可以由法院来作出判断，甚至可以由大陪审团性质的群体来进行判断。

（二）限制采访权的动因与理由

"任何自由从来都不是抽象的而是具体的，不是绝对的而是相对的。在任何一个国家中，都不存在绝对的毫无限制的'新闻自由'。"[3] 就采访权而言，"记者确实拥有宪法对他们采集新闻活动的保护……但是，宪法保护的权利是有限制的。在《记者的权利》这本书里，作者乔伊尔·格拉极力主张记者应该懂得他们的权利并维护他们。他指出：警察不能够任意不相信一个记者的记者证；除了对了解警戒线以内的事情进行合情合理的限制以外，警察不能干预一个记者在公共场合精心采集新闻的活动；不能拒绝记者了解

---

〔1〕［爱尔兰］肖恩·麦克布赖德等：《多种声音，一个世界》，中国对外翻译出版公司、教科文组织出版办公室1981年版，第329页。

〔2〕厄尔·考德威尔案：《纽约时报》记者厄尔·考德威尔赢得了旧金山地区黑豹党的信任，发表了几篇关于黑豹党的文章，但考德威尔承诺不泄露有关秘密。时隔一年，一个叫大卫西利亚德的黑豹党成员企图谋杀总统，考德威尔收到联邦检察官的传讯，被要求出庭作证。考德威尔拒绝了，而且拒绝以任何形式与陪审团接触。考德威尔因为拒绝作证被判藐视法庭罪，上诉法院推翻了这个决定，然而，最高法院又推翻了上诉法院的决定。

〔3〕江泽民：《关于党的新闻工作的几个问题——在新闻工作研讨班上的讲话提纲（1989年11月28日）》，《求是》1990年第5期。

一个立法机关或行政的公开会议；关于摄像机采访听证会的问题，法院至今没有明确的规定：记者没有宪法保护的权力去接触那些一般公众不能得到的文件和报告。然而，有的州和联邦的法律准予报刊了解官方的情报”。[1] 可以说，对采访权需要加以限制已是众多论者的共识，其间的差异在于以下几个方面。

1. 采访权限制的应然探讨

有的学者从应然的角度来分析和阐述采访权的限制。在其看来，采访权无论是作为“权力”还是作为“权利”，都须受到相应的限制。这些限制主要体现在采访的内容和方式，表现为以下方面[2]：

（1）社会利益之限制。媒介担负着相应的社会责任，所以它必然受不得违背社会利益的限制。媒介的自由是为了服务公众的自由，媒介的行为应该有益于公众权利的享有而不是有害。此外，社会利益还应包括公众有权获知保持其精神纯正的信息，以及公众社会所认同的公序良俗。

（2）保护个人隐私权的限制。一个法治社会应是一个对私权利保护最大化的社会，隐私权是文明社会的人应该享有的一种文明权利。采访权作为新闻记者知情权的具体表现，虽然享有自由的形式，但基于人格权独立、人格权不可侵犯的原则，应受到保护个人隐私权之限制。此外，社会利益还应包括公众有权获知保持其精神纯正的信息，以及公众社会所认同的公序良俗。[3]

（3）采访方式之限制。采访权必然是在一定的时间、地点，以一定的方式行使的。随着偷拍偷录等秘密采访方式引发的新闻法学界的争论，关于采访方式的限制应被广大新闻工作者所重视。采访方式的限制主要包括：非法诱导式采访之禁忌；滥用偷拍偷录方式侵犯他人隐私等。

2. 采访权限制的实证考察

有学者从实证的角度分析了记者在采访实践中遇到的限制，他们指出，记者在实际进行的采访过程中往往面临以下几个方面的限制[4]：

（1）各种规定、政策对采访权的人为限制。在一些重大新闻、突发事件的报道中，有些事发单位或宣传部门出于“稳定民心”或“家丑不可外传”

---

〔1〕［美］麦尔文·曼切尔：《新闻报道与写作》，艾丰等译，中国广播电视出版社 1981 年版，第 167—168 页。

〔2〕陈翔：《关于采访权的几点思考》，《新闻界》2001 年第 5 期。

〔3〕王建平：《民法学》，四川大学出版社 2005 年版，第 183 页。

〔4〕罗颖凤：《记者与新闻采访权》，《东南传播》2006 年第 11 期。

的考虑，会为新闻采访设置许多限制，诸如宣传口径、接受采访的人员等。“新闻媒体是党和人民的喉舌”这一个媒体宣传定位，在某些情况下，也直接或间接地限制了记者的新闻采访权。

（2）信息公开制度不完善对采访权的限制。我国现行信息公开制度不完善，对一些现在看来本不应该保密的事项和领域的解密还不够，透明度不高，有的部门、单位会以保密为名拒绝记者的采访。对于规定要公开的信息，没有清楚明确地界定信息控制者（机构）的义务与责任，记者进行采访时，一些政府部门的官员对自己职责之内的事，以“不太清楚”、“无可奉告”或“这个问题归某某部门管”等为理由，拒绝、推诿记者的采访。

（3）对网络媒体新闻采访权的限制。目前，我国的传统媒体如报纸、电台、电视台等拥有新闻采访权，这些传统媒体所办的网络媒体有一定的新闻采访权，非新闻网站只有转载权，不能自行采写新闻，也就谈不上新闻采访权了。

3. 采访权限制的规范分析

与前述两者不同，有学者则从法规范的角度来理解对采访权的限制。在其看来，采访权存在以下法律和行业守则的限制[1]：社会公共利益的限制；公民、法人及非法人团体合法利益的限制；保守秘密义务的限制；采访方式的限制。行使新闻采访权不得采用不正当或有违强制性法律规范的手段。《中国新闻工作者职业道德准则》提倡“要通过合法途径和方式获取新闻素材，新闻采访要出示有效的新闻记者证。”

在规范论者看来，为何要对采访权加以限制？其根本的原因在于，这种限制是基于“权利与义务”相互关系来进行的。“按照《宪法》关于权利与义务相辅相成、对等共生的原则，采访权无论是作为‘权力’还是作为‘权利’，都需受到相应的限制。一方面，记者在履行职责、开展采访工作中，要正确认识并且维护自己的权利；另一方面，也要认真了解并严格履行法律义务，其中包括对国家、社会的义务和对被采访对象（自然人、法人）的义务。”[2]

（三）采访权的内在制约与外在制约

无论是从实然还是规范角度分析采访权的限制，都在一定程度上阐明了

---

〔1〕 张振亮：《论新闻采访权的法律解析》，《新闻大学》2003 年冬季刊。

〔2〕 赵文胜：《记者采访权的界定与限制》，《传媒观察》2003 年第 4 期。

限制采访权的必要性和所应加以规制的主要方面。在这种探讨中，需要对采访权的内在制约与其所面临的外在制约加以区分并深入探讨。

所谓采访权的内在制约，是指采访权依其权利性质所自然具备的制约因素，这种制约既体现在采访权拥有主体，也体现在采访权主体与采访对象的互动关系中。采访权的外在制约则是指在采访权具体行使的过程中，外在环境所加诸于采访权的种种制约因素。这样两种制约因素显然是有着较大差别的。

就其内在制约而言，采访权的限制包括了以下几个方面：

1. 采访权主体的职业敏感与知识素养的制约

除突发新闻之外，很多新闻在开始的时候只有某些迹象表露出来，如何根据这些迹象挖掘其新闻元素、新闻价值，既是记者职业敏感的综合反映，也体现了记者的知识积累和知识素养。记者要善于观察，善于捕捉种种新闻信息，但这些信息并非自动跳跃出来，静待记者来采访，而是需要记者去发现、思考和判断。比如，在 SARS 的新闻报道中，刚开始，许多的报道都没有能抓住其对健康的危害性，仅仅将其当作一般的新闻事件加以对待，并作为一般的消息加以处理。记者经常需要“抢”新闻，其实，这种“抢”的背后，比拼的正是记者的职业敏感与知识积淀。

2. 采访方式与手段的制约

在采访过程中，对于公权机关而言，虽然其负有公开信息的义务，但这种义务如何公开、规定了怎样的期限等问题都是相对限定的。比如，在深夜发生的突发新闻事件，如果记者无法赶赴现场，就只能等到有关部门主动提供信息或者等到第二天上班时间才能获取有关信息。当采访对象是普通公众的时候，这种限制则更加明显，是否接受采访、以怎样的方式进行采访、接受采访的时间和地点等，都需要双方协商。这种协商，对采访权而言，显然也是一种限制。

从规范的角度而言，各国都有相关的规定对采访权的行使方式和手段作出限定。1954 年国际新闻工作者联合会大会通过，1986 年经过修正的《记者行为基本原则宣言》第 4 条指出，记者只能通过公正的方式获得新闻、图片和文件。《英国报刊职业守则》第 4 条则详细规定了对采访权行使的多种限制。其一，记者和摄影师不得以恐吓和持续追逐的方式获得或试图获得信息或照片；其二，未经同意，不得在私人场合拍摄他人照片，在被要求停止后不得以持续打电话、询问、追逐或拍照的方式骚扰被采访人；其三，在被告知离开后，不得继续在被采访人处所内停留，也不得进行跟踪。

其第10条还规定，新闻工作者不得通过窃听或侦听私人电话而获得信息，也不得发表通过此类窃听工具而获得的信息。[1]《中华人民共和国反间谍法》第25条规定，任何个人和组织都不得非法持有、使用间谍活动特殊需要的专用间谍器材。显然，记者采访过程中，不得使用一些技术手段进行偷拍、偷录。

3. 采访技巧的制约

采访权主体的采访技巧也会影响到采访权的行使，这是不难理解的。与一般权利相比较，采访权的行使，无论是针对公权力还是私权利，都更加需要相对方的配合。在采访的过程中，从问题的设定、寻求采访对象、提问的方式和语气、问题的数量等都会影响采访的实际效果，而这些采访技巧也极大地制约了采访权的实际行使。在采访的过程中，曾经有大量的记者提问引发了当事人的反感，也引发了公众的反感。如在著名科学家袁隆平获国家科学奖后，其奖金数额为500万元，其中50万元归个人所得，有记者竟然不断追问其个人所得的“这50万元怎么花”。这样的问题，显然不是公众想要探究的信息。在梅尔文·门彻看来，一次成功的采访有赖于这样一些技巧：引出与报道主题相关的信息的提问；记者扮演的角色令被采访者感到自在；仔细倾听与正确的观察；尽可能地避免侵入性、敏感和尖锐的问题。[2] 显然，这些技巧，对采访权行使而言，也是非常重要的内在制约因素。高超的采访技巧既彰显了良好的职业技能，其本身也有助于采访权得到更好的保障。

4. 职业道德的制约

采访权具有很强的职业特征，因此，职业道德作为一种内化因素，也会对采访权的行使形成极大的制约。《英国报刊职业守则》第13条规定，新闻工作者不得利用其采访所掌握的金融信息谋取私利，不得撰写明知与其或其亲密亲属的重要经济利益相关的股票和债券的报道，也不得直接或间接买卖最近报道过的或拟于近期报道的股票或债券。[3] 美国的许多报纸都规定，新闻从业人员在新闻报道的过程中禁止接受免费旅游、免费晚餐、免费参观主

---

〔1〕许加彪：《法治与自律——新闻采访权的边界与结构分析》，山东人民出版社2005年版，第148页。

〔2〕［美］梅尔文·门彻：《新闻报道与写作》，展江等译，华夏出版社2004年版，第382页。

〔3〕许加彪：《法治与自律——新闻采访权的边界与结构分析》，山东人民出版社2005年版，第143页。

题公园或其他价格昂贵的礼物。[1] 我国的《中国新闻工作者职业道德准则》也规定，新闻工作者不得以任何名义索取、接受或借用采访报道对象的钱、物、有价证券、信用卡等；参加各种会议和活动不得索取和接受任何形式的礼金；不得在企事业单位兼职以获取报酬；不允许个人擅自组团进行采访报道活动；不得利用职务之便谋取私利。这些规定，就其本质而言都属于职业道德准则的范畴，但这些道德准则也是对采访权的有力制约因素。

采访权的外在制约主要体现为以下方面：

（1）公共利益与公共道德的制约。社会公共利益对新闻采访权的限制，主要是要求新闻记者行使新闻采访权应该有益于社会公众权利、利益，而不得对社会公共利益和公共秩序造成损害。在通常情况下，对社会公共利益的损害涉及对社会公共道德的侵蚀、对社会所公认的道德标准信仰构成挑战，可能引起道德水平下降、败坏社会风纪等。此外，可能还会涉及对宗教信仰的诽谤诬蔑，这不仅伤害信教者的感情，而且可能引起宗教纠纷，构成对社会秩序的损害。显然，基于社会公共利益的限制主要是针对新闻采访内容的限制。[2] 在日本，公共道德构成一项重要的限制。如在《查泰莱夫人的情人》一案中，日本检察当局以触犯刑法第175条猥亵作品罪起诉日本著名评论家伊藤整，因为他是该书的翻译者。日本最高法院指出，言论自由应受公共福利的限制，“遵守性秩序，维持最低限度的性道德，构成公共福利的内容”。

有美国学者指出：“尽管言论自由是一项极为重要的权利，但它并非是绝对的。为了顾及个人尊严和民主的价值，所有国际和国内权利体系都承认对言论自由的有限的限制，而且这些限制都得到谨慎的规定。根据国际人权法，限制言论自由的各国国内法必须遵守《公民权利和政治权利国际公约》第19条第3项的规定：本条第二款规定的权利的行使有特殊的义务和责任，因此得受某些限制，但这些限制只应由法律规定并为下列条件所必需：（甲）尊重他人的权利或名誉；（乙）保障国家安全或公共秩序，或公共卫生或道德。”[3]

（2）他人自由和权利的制约。“新闻人员像其他任何人一样，需要审慎，

---

[1] ［美］罗恩·史密斯：《新闻道德评价》，李青藜译，新华出版社2001年版，第440—444页。
[2] 张振亮：《新闻采访权及其法律限制》，《南京邮电学院学报（社会科学版）》2003年第3期。
[3] ［美］丹尼尔·西蒙斯：《对言论自由的可允许限制》，《国际新闻界》2005年第4期。

不要以损害别人的自由来行使自己的自由；他们对他们的同胞、本国社会和其他国家负有不可推卸的责任；在任何社会都有一些公认的标准，交流机构和新闻人员都应遵守这些标准。"[1] 新闻采访权不得对抗私权利，特别是私人的名誉权和隐私权。记者应在征得私人的同意下才可以进行采访，对于征得他人同意确有不便的情景，可以有条件允许记者采访。[2] 新闻采访权的行使必须充分尊重他人私生活领域的独立性、自主性，如不能未经被采访者允许，擅自进入产权属于私人所有的场所，包括房舍、庭园、建筑工地等进行采访和拍照；不可未经他人同意强行采访，除非涉及违法犯罪事件或与公众利益密切相关的事件；未经同意不得公开他人隐私，不得非法获取他人私人信息或资料等他人权利事项。如在 2001 年"张君案"的新闻报道中，有些记者为了猎奇，不惜花大力气采访张君与十几个情妇的交往直至同居的过程，甚至重庆某媒体记者还竟然采访到一个关于张君与秦直碧母女畸恋的离奇新闻，以致引发死刑犯起诉媒体侵犯其名誉权的官司。

（3）法律规范的制约。法律规范对采访权的制约，其中当然也包括了部分公共利益、社会善良风俗与公共道德以及他人权利对采访权的制约因素，之所以有必要将其作为独立的制约因素加以讨论，原因在于法律规范所确认的公共利益、善良风俗、公共道德只是其中非常狭小的一部分，而法规对采访权的制约无论从力度、广度和深度而言都更加明显。对采访权的制约最为明显的法律主要集中为信息公开法和保密法。前者一般是规定了哪些信息可以公开、公开依循怎样的步骤和方式；后者则主要规定了哪些信息属于保密的范畴。

在英国，制定于 1889 年，1911 年重新修订，随后在 1920 年、1939 年、1989 年三次修订的《官方秘密法》就规定，禁止公众获知敏感的官方信息。这些信息一般包括秘密谍报活动、国防、国际关系、犯罪搜查、特殊搜查、嘱托秘密信息等。[3] 美国的《信息自由法》在 1974 年进行了实质性的修改，缩小了执法豁免和国家安全豁免的范围，并在程序方面进行了扩充，如收费、时限、可分割性以及法院的不公开审查等。而在日本，除了《国家公务员法》《地方公务员法》《自卫队法》等法条规定职员不得泄露职务上知

---

〔1〕［爱尔兰］肖恩·麦克布赖德等：《多种声音，一个世界》，中国对外翻译出版公司、教科文组织出版办公室 1981 年版，第 331 页。

〔2〕傅丹辉：《论新闻采访权及其法律调整》，《中南民族大学学报（社科版）》2005 年第 5 期。

〔3〕刘迪：《现代西方新闻法制概述》，中国法制出版社 1998 年版，第 44 页。

道的秘密外，其1988年通过的《信息公开法》第5条也明确规定，有关国家安全和外交的信息，有足够的理由证明并经行政长官确认，公开后会妨碍国家安全、损害与其他国家或国际组织的信任关系，或可能造成谈判劣势的，可豁免公开。《中华人民共和国保密法》规定，对绝密级的国家秘密文件、资料和其他物品，非经原确定密级的机关、单位或者其上级机关批准，不得复制和摘抄。同时，《新闻出版保密规定》第10条也规定，新闻出版单位采访涉及国家秘密的会议或其他活动，应当经主办单位批准。主办单位应当验明采访人员的工作身份，指明哪些内容不得公开报道、出版，并对拟公开报道、出版的内容进行审定。显然，这些规定，都是对采访权的有力制约。

（4）基于战争或其他紧急事态对采访权的制约。战争期间或者说紧急状态之下，各国大多以保密和保护记者安全为借口，对新闻的采访和报道实施严格限制。如1981年，英阿马岛战争期间，英国国防部对前去采访的记者进行严格审查，凡是认为有可能对战争作不利报道的记者都拒之门外，被接受的记者也都必须签署同意接受国防部公共关系官员对新闻作事先检查的文件。美国里根政府曾在1983年颁布了对美国军队入侵格林纳达48小时新闻封锁的命令，军队甚至威胁要对试图前往格林纳达采访的记者开枪。在1991年海湾战争之前，美国还突击发布了《新闻检查法》，对新闻报道实施严控。

以上关于制约采访权的种种因素的探讨，并非制约采访权的全部因素。在具体的新闻实践中，还有更多的基于行政权、司法权对于采访权的实际限制。这些限制我们将在其后的采访权与立法权、行政权、司法权之间的关系的角度进行更为详细的探讨和分析。显然，在针对采访权的种种限制因素之中，有的无疑是合理和必要的。关键的问题在于如何摸索和确定合理的界限。但不容否认的是，在新闻实践中，记者的采访报道权，也经常会受到许多不应有的限制。如有的公安部门以“内部规定”为借口拒绝记者采访，某些法院以“独立审判”为由不准记者采访案件审判；记者开展舆论监督性质的采访，被采访对象视为“找碴儿”，或敷衍搪塞，或隔离封锁，或拒之门外。有时，记者采访写好的批评报道，由于某些方面的不正常干涉而无法发表，或发表后又受到某些方面不应有的非难。甚而至于，有人因对记者采访不满而对记者实施侮辱、诬陷、打骂，乃至绑架拘禁等。[1] 这些针对采访权的不当限制，本质上即是对采访权的阻碍和侵犯。

---

〔1〕 赵文胜：《记者采访权的界定与限制》，《传媒观察》2003年第4期。

第二章 采访权的宪法依据

一、采访权的宪法规范探讨

采访权相对于表达自由、新闻自由、知情权与监督权等宪法上的基本权利而言，具有“中介性和工具性”。因此，在宪法对这些基本权利的规定中，往往包含有采访权的依据。但是，在各国的宪法条文规范中，对于这些基本权利自身的表述方式尚且各不相同，其包含的关于采访权的规范自也是差异鲜明。本节的探讨即在于仔细梳理多国关于采访权宪法规范依据的种种表达，并试图通过比较与分析，阐明其背后所隐含的各国宪法对采访权的基本定位。

（一）采访权宪法依据的一般探讨

在西方国家，采访权一般是作为一种习惯性权利而存在，很多时候似乎都是被当作一种不证自明的权利，并因此很少有专门就采访权的宪法依据进行分析和探讨的文献。比如在美国，论者大多是在关于宪法第一修正案的分析中，引出关于采访权的探讨。而且，多数的论者也往往将言论自由或者新闻自由作为采访权的宪法依据。[1]

而国内关于采访权依据的探讨中，一般认为采访权与众多宪法基本权利相关联。首先是知情权。新闻记者作为一般公民，当然享有知情权；根据新闻传播业的职业特性，又可以推衍出新闻记者的采访权。因此从法理上分

---

〔1〕［美］唐·R. 彭伯：《大众传媒法》（第十三版），张金玺、赵刚译，中国人民大学出版社 2005 年版。见该书第 2 章、第 9 章的有关探讨。

析：采访权来源于知情权，而知情权从属于言论自由权；采访权是公民言论自由权的合理演绎。[1] 一个开明的政府会让传媒保持它正当的采访权和发言权，更会让它的公民合法地享有知晓好事坏事的权利。记者是新闻采访权的载体。记者的职业之所以被社会承认，在于人们需要通过传媒满足自己了解外部世界的需要，即获知的需要、知情权的需要，因而认可记者的采访权。[2]

为什么知情权可以作为采访权的宪法依据？有学者提出，其理由在于：首先，采访权不能等同于知情权，知情权是言论自由等政治权利的逻辑演绎，采访是实现知情的手段，采访权的行使是为了知情权的实现。其次，记者的采访不是只为某一个体，而是为了公众，是为了满足公众对各类最新信息的认知，目的是使公众知情权得以实现。记者的采访实质上是在代表公众行使一种职权，因而采访权也具有公共权利的性质。新闻媒体的采访报道并不仅仅是其本身的权利，而是社会大众在行使言论和出版的自由。正是在这个意义上，新闻媒体成为实现公民言论和出版自由权利的社会公器。[3] 在其看来，采访权的宪法依据应主要从宪法规定的言论出版自由、知情权等规范中加以推演。

与前述学者含蓄地阐释采访权的宪法依据的方式不同，也有学者明确提出了采访权的宪法权源问题。在其看来，从宪法角度而言，采访权与以下宪法基本权利有着非常密切的关联。

第一，新闻记者的采访权直接来源于宪法规定的公民的言论与出版自由权，是由言论出版自由派生出的权利。因为采访是言论及出版自由的宪法权利实现的必要途径和形式之一，采访权的实现与否直接影响言论及出版自由权的实现状况。美国最高法院怀特大法官在布莱兹伯格诉海斯案中说，“没有对新闻采集的某种方式的保护，出版自由也就是一句空话”。

第二，采访权与公民的知情权密切相关，是知情权的具体化。知情权是由宪法规定的人民主权原则派生出来的权利，因为，人民是国家的主人，政府由人民选举产生，人民自然享有知晓政府工作情况的权利，这就是知情权。而且，公民要实现言论自由也有赖于知情权的实现，而知情权实现的前

---

〔1〕 陈建云：《采访权与政府信息公开——从我国首例记者起诉政府部门信息不公开案件谈起》，《新闻记者》2006 年第 10 期。

〔2〕 杨合理：《知情权与新闻采访权》，《新闻爱好者》2004 年第 11 期。

〔3〕 刘斌：《权力还是权利——采访权初论》，《政法论坛：中国政法大学学报》2005 年第 2 期。

提则是采访权的落实。

第三，采访权与舆论监督也有紧密关系，舆论监督既是媒体的一项重要社会功能，也是宪法规定的公民有对国家机关和工作人员提出批评建议权利的一种表现形式，同时还是言论出版自由宪法权利的核心。而要履行好舆论监督职责，必须有采访权。

第四，在现代社会，新闻事业已成为民主制度的一个组成部分，宪法特别规定保障出版自由，实际上是给予新闻出版业一种制度性保障，以使他们成为监督权力、促进民主的一支重要力量。保障的主体是媒体组织，而不是像宪法其他权利的主体只是公民个人。采访是新闻媒体的最重要的活动，自然是这个制度性保障的一个组成部分。

第五，采访权受宪法特别保护是法治国家的通例。世界上有些国家在司法实践中确认了采访权受宪法特别保护，并优先于其他权利。美国的大众传播法学者们认为，在美国虽然普遍流行的司法观点是拒绝在媒介履行新闻采集职能时给予其超过向一般公众所提供的宪法保障，但媒介仍会受到立法或行政恩赐的特殊考虑。[1]

在以上分析和探讨中，一般是将言论表达自由、新闻自由、知情权等宪法基本权利作为采访权的宪法依据。记者的采访权是一般公民实现宪法直接或“潜在”保护的公民言论自由权、知情权和监督权的前提与保障。因此，采访权是公法上的权利，是一项受宪法保护的特殊权利。“它的特殊在于它直接与宪法规定的公民言论自由权、监督权和由宪法推导出来的知情权密切相关，是这三项宪法权利实现的基础。”[2] 然而，仅仅指明采访权的宪法依据无疑是不够的，因为其并没有阐明不同宪法规范中对表达自由、新闻自由等的不同表述，没有明了从中解释、推演出采访权的一般路径，也没有能够分析采访权与这些基本权利的内在关联。而对这些问题的把握和分析，正是我们希望能够提供些微管见之处。

（二）人权宪章中的采访权依据

采访权与众多宪法基本权利密切相关，这些基本权利作为人权的基本方面，也大多为权利宣言所认可。尽管这些人权规范在效力上并不可与一国国

---

〔1〕 周甲禄：《论采访权的法律属性及其实现》，《湖北社会科学》2004 年第 10 期。
〔2〕 周甲禄：《论采访权的法律属性及其实现》，《湖北社会科学》2004 年第 10 期。

内的宪法同日而语，但也表明了这些基本权利对人本身发展的重要意义。

法国《人权宣言》称表达权利是“人类最宝贵的权利之一”。这一著名的论断为之后的众多国际条约、宪法性文件所承继。该宣言第 11 条规定：自由传达思想和意见是人类最宝贵的权利之一；因此，各个公民都有言论、著述和出版的自由，但在法律所规定的情况下，应对滥用此项自由负担责任。

联合国大会 1948 年通过的《世界人权宣言》第 19 条申明：“人人有权享有主张和发表意见的自由；此项权利包括持有主张不受干涉的自由，和通过任何媒介和不论国界寻求、接受和传递消息和思想的自由。”在这一表述之中，显然已经包含了采访权的有关规定。

1950 年制定的《欧洲人权公约》第 10 条第 1 款规定：“人人享有表达自由的权利。此权利应包括保持主张的自由，以及在不受公共机关干预和不分国界的情况下，接受和传播消息和思想的自由。本条不得阻止各国对广播、电视、电影等企业规定实行许可制度。”《欧洲人权公约》的这一规定，成了大部分欧盟国家的共同准则。

《美洲人权公约》第 13 条第 1 款规定，“人人都有思想和发表意见的自由。这种权利包括寻求、接受和传递各种消息和思想的自由。而不论国界，或者通过口头、书写、印刷和艺术形式，或者通过自己选择的任何其他手段表达出来。”

1966 年 12 月 16 日通过的《公民权利和政治权利国际公约》第 19 条规定：“一、人人有权持有主张，不受干涉。二、人人有自由发表意见的权利；此项权利包括寻求、接受和传递各种消息和思想的自由，而不论国界，也不论口头的、书写的、印刷的、采取艺术形式的、或通过他所选择的任何其他媒介。三、本条第二款所规定的权利和行使带有特殊的义务和责任，因此得受某些限制，但这些限制只应有法律规定并为下列条件所必需：（甲）尊重他人的权利或名誉；（乙）保障国家安全或公共秩序，或公共卫生或道德”。

在这些人权规范中，都有关于“寻求、接受和传递消息”的规定，可见，其对于采访权的重视。有学者正是根据这些规范指出，采访权是公民的基本人权之一。并认为，采访权是理性之人维护自己生存和发展的基本条件，是政治上表达意见的必然诉求，作为公民的权利，谁都不能剥夺。[1] 这

〔1〕 许加彪：《法治与自律——新闻采访权的边界与结构分析》，山东人民出版社 2005 年版，第 90 页。

其实是对采访权的误解，我们认为，采访权固然重要，但其绝不是基本权利，也与这些人权规范中的“寻求、接受和传递消息的自由”有别。其理由在于：其一，采访权只是新闻自由的一个方面；其二，采访权本身是一种职业性的权利，与普通公众寻求信息的权利有很大差异；其三，采访权是一种工具性和中介性的权利，其行使的目的在于其他基本权利的实现和保障。在其后的有关论述中，笔者还将进一步分析和探讨其中的差异。

（三）各国宪法关于采访权依据的不同表达

西方新闻法著作一般都会探讨新闻采访权的问题，更多的是结合在新闻自由、知情权和隐私权等其他权利体系中。一般而言，宪法有关表达自由、新闻自由、知情权等的规定是新闻媒体的宪法渊源。据《成文宪法的比较研究》统计，世界上 142 部成文宪法中，明确规定了公民有“发表意见的自由”的国家有 124 个，占 87.3%。[1] 在这些国家或地区的宪法规范中，采访权的依据可以基于以下不同宪法规范的规定。

1. 以言论、出版自由涵盖新闻自由

在美国，美国宪法第一修正案被认为是新闻自由的宪法渊源。该修正案规定：“国会不得制定有关下列事项的法律，即确立宗教或禁止信仰自由；限制言论自由或出版自由；或限制人民和平集会的权利以及向政府请愿的权利。”很多论者在论述美国的新闻自由时，往往都是从宪法第一修正案寻求理论渊源。[2] 美国的宪法学者认为，立宪者将新闻出版自由特别提出来加以保护，实际上是对新闻出版给予单独的制度性保护。而这里的出版自由，按美国法学界的理解包含了新闻采访自由。而美国最高法院也在一系列判例中直接确认了采访权受宪法第一修正案的保护。[3] 国会通过宪法条文（国会不得制定任何立法……剥夺言论自由），一个共同体可以保持自己进行理性决策的能力，防止其固有的滑入“集团思维”的倾向。[4] 未经不同观点的

---

〔1〕［荷］亨利·范·马尔赛文、格尔·范·德·唐：《成文宪法的比较研究》，陈云生译，华夏出版社 1987 年版，第 149—150 页。

〔2〕Don R. Pember. Mass Media Law，2003-2004 Edition. New York：McGraw-Hill，2003. T. Barton Carter，Juliet L. Dee，Harvey L. Zuckman. Mass Communication Law，5th Edition. Minn.：WEST GROUP，2000.

〔3〕陈艳：《论新闻媒体采访权的规范和保护》，《新闻天地》2009 年第 5 期。

〔4〕John Elster，Sour Grapes（Cambridge University Press，1983），pp. 39-40.

讨论而作出的决定可能是考虑不周的决定，因而在不了解情况而又缺乏批判的基础上进行的商议被人们称为“与宪法第一修正案的宗旨相背离、对社会的思考过程的损害”[1]。布兰代斯大法官认为，美国宪法第一修正案设计提供了公众辩论的理论基础。他写道，言论自由，结社自由和出版自由，包括合法地表示对政府政策的异议的权利，是“发现和传播政治真理所必不可少的[2]”。

《日本宪法》（1946 年）第 19 条规定，“思想及意志的自由，不得侵犯”。第 21 条第 1 款规定，“保障集会、结社、言论、出版及其他一切表现的自由”，第 2 款规定：“不得进行检查，并不得侵犯通信的秘密。”日本最高法院指出，所谓事前检查，即是“以行政权为主体，以思想内容等表现物为对象，以禁止其全部或部分发表为目的，对特定表现物，在发表前对其内容进行全面、普遍审查后，禁止其认为不当作品的发表”[3]。

《意大利宪法》（1947 年）第 21 条对言论与出版自由的保障和限制作出了详细规定。“所有人有权以口头、书面及其他传播手段自由地表达其思想。出版无须得到批准或经过检查。只有在出版法明确规定应予查封的违法情况下或该法对指定的负责人所规定的规则遭到破坏的情况下，方可根据司法当局的说明理由的命令进行查封。”

《葡萄牙宪法》第 38 条也对“出版自由与社会传播手段”作了详细规定：（1）出版自由受到保障。（2）出版自由包括撰稿人与文学作者的表达与创作自由，也包括他们对不属于国家、政党或宗教团体的新闻机构之意识形态方阵进行干预的自由，任何工作组织或团体不得检查或妨害他们的自由创作。（3）出版自由包括报刊撰稿人有依法接触消息来源、保护职业独立与秘密，以及推选编辑委员会的权利。（4）出版自由包括无须经主管部门事先批准，不受保证金或任何先决条件的限制，创办报纸或任何其他出版物的权利。（5）个人、非经营性的集体或记者与编辑团体，均可拥有定期的或不定期的出版物；法律应基本上保证定期印刷品所有权与经费来源分开……

---

〔1〕 Alexander Meikeljohn, Political Freedom, NewYork, Harper and Brothers, 1960, p. 27.

〔2〕 Whitnty v, california, 274U. S. 357, 375（1927）转引自［美］史蒂芬·霍姆斯：《先定约束与民主的悖论》，载［美］埃尔斯特、［挪］斯莱格斯塔德编：《宪政与民主——理性与社会变迁研究》，潘勤、谢鹏程译，生活·读书·新知三联书店 1998 年版，第 227 页。

〔3〕 ［日］松井茂记：《大众传媒法入门》，转引自刘迪：《现代西方新闻法制概述》，中国法制出版社 1998 年版，第 81 页。

《黎巴嫩宪法》第13条规定，“在法律规定的范围内，保障言论、写作、出版、集会和结社的自由”。

阿根廷宪法对新闻媒体和新闻自由，也采用了类似美国宪法的保障模式。它规定“联邦国会不得颁布法律限制出版自由，也不得授权联邦政府干预出版自由”。

2. *以表达自由涵盖新闻自由*

在德国的法律制度中，采访权也受到特别保护。1919年德国《魏玛宪法》第118条对表达自由作了详细规定，对德国新闻法的影响至今犹在。1949年颁布的德国基本法第5条确立了言论自由原则：人人享有以语言、文字和图画自由发表、传播其言论的权利并无阻碍地以通常途径了解信息的权利。保障新闻出版自由和广播、电视、电影的报道自由。德国联邦宪法法院还规定，各州的新闻立法，不仅要保证新闻界享有宪法赋予的言论自由的权利，而且要保证它的“机构独立性”……从资料的收集到新闻观点的发布。[1] 德国签订《欧洲人权公约》之后，该公约正在发挥越来越大的影响。德国联邦法院在1958年的一项判决中对表达自由作了以下规定：“作为社会上个人最直接的表现活动，自由表达意见的基本权利是所有人权中最宝贵的权利。”

《马尔代夫共和国宪法》第14条规定：“只要不触犯教律和法律的明文规定，每个公民都有言论自由，有口头及书面表达思想的自由。”

3. *直接规定新闻自由条款*

《罗马尼亚宪法》第30条第1款规定了对新闻自由权的保障：“表达思想、意见及信仰的自由……均不得侵犯。”第2款至第4款规定了对政府侵犯新闻自由的限制，包括“禁止任何形式的新闻检查；不得查封任何出版物”等。第5款至第8款规定了对新闻自由权的限制，包括“不得损害人的尊严、名誉、个人生活，不得侵犯个人肖像权；禁止诽谤国家、民族、挑起侵略战争、民族仇恨、种族仇恨、阶层仇恨和宗教仇恨”等内容。

《韩国宪法》规定，“为保障通信、广播设施标准和新闻职能，由法律规定其必要事项。《伊朗宪法》第24条规定：“报刊可以自由发表言论，但不许损害伊斯兰教规和群众权利，具体条款由法律另行规定。”《卢森堡宪法》第24条规定：“言论自由和新闻出版自由受法律保护，但如在行使这些自由

---

〔1〕 张西明：《张力与限制：新闻法治与自律的比较研究》，重庆出版社2002年版，第123页。

权利时触犯法律，得禁止之……不得建立审查制度。不得要求作者、编者和出版者交纳保证金。”

值得一提的是，瑞典1776年制定的《出版自由法》，它与《王位继承法》等多个法律文件构成瑞典王国宪法。这部宪法性法律不仅较早确立了新闻出版自由，而且对政府制定了相应的义务性规范。[1]

4. 以信息自由条款涵盖新闻自由

《俄罗斯联邦宪法》（1993年）第29条第5款规定：保障舆论自由。禁止新闻审查。《俄罗斯联邦宪法》也规定“保障每个人的思想和言论自由”。其第100条规定“联邦委员会和国家杜马的会议公开进行。在各院议事规程所规定的情况下，各院有权举行秘密会议”。第123条规定：“所有法庭的案件审理都是公开的。允许在联邦法律规定的情况下在秘密会议上听取案件。”这两条是采访权在宪法上的明确渊源。

《格鲁吉亚宪法》第24条第1款规定：“每个人都有权自由获取和传播信息，都有权以口述、书面或其他形式表达和传播自己的意见。”第2款和第3款是对政府行文的禁止性规定：“大众传播媒介自由，禁止进行新闻检查。国家或个人无权垄断大众传播媒介或信息传播设备。”第4款规定了对新闻自由的限制。“只有在法律规定的民主的社会中为维护国家和社会安全、领土完整、防止犯罪、保护他人的权利和尊严，防止泄露机密情报或为保障国家独立和司法公正等条件下，方可限制本条第1款和第2款。”

《摩尔多瓦宪法》第34条提出了“信息权”（access to information）的保障。具体内容为：（1）不得限制个人获得任何有关社会事务的信息的权利；（2）权力机关应在本职范围内保证向公民提供有关社会事务和具有个人性质问题的正确信息；（3）信息权不得损害旨在保护公民和国家安全的措施；（4）国家和私人的舆论工具均应保证向社会公众报道正确信息；（5）舆论工具不受检查。

而多米尼加和克罗地亚两国的宪法，明确规定了接近信息权（access to information）的主体为“新闻媒介”和“记者”。《多米尼加宪法》规定，“一切新闻媒介可以自由接触官方和私人新闻来源，条件是他们不得违犯公共秩序或危及国家安全”。

---

[1] 魏永征、张咏华、林琳：《西方传媒的法制、管理和自律》，中国人民大学出版社2003年版，第19页。

《立陶宛宪法》规定，“个人寻求、获得或散发信息的自由在任何情况下不受限制，除非依法律规定出于保护人的健康、荣誉和名誉、隐私或道德的必要，或为了维护宪法秩序。表达信仰的自由或传播信息的自由不能混淆于一些犯罪行为：煽动全国的、种族的、宗教的和社会仇恨的暴乱或歧视；造谣或散布伪信息”。

5. 以知情权条款涵盖新闻自由

菲律宾对言论自由和新闻自由采取的是绝对保障模式。《菲律宾宪法》第 4 条规定：不得通过任何法律剥夺言论、表达及出版自由，或剥夺人们和平集会和向政府申诉请愿的权利。第 7 条还规定：应当承认人民对公众关心事务的知情权，作为政策发展的基础，应向公众提供官方记录以及与官方法令、处理或决定相关的文件资料，但可以依据法律对公开范围作出限定。另外，菲律宾的传媒以及相关公司、合作体或协会的归属和管理仅限于该国国民；国会有权以公共利益的名义调控和防止商业传媒的垄断。《菲律宾宪法》不仅规定了政府保护自由的义务，还专门确定设立了“人权委员会”监督和维护公民权利。〔1〕

此外，在英国，媒体并不具有特殊的法律地位，而与一般商业机构一样适用同样的法律规范。英国学者萨利·斯皮尔伯利的《媒体法》一书，以欧洲人权法案作为基本的分析规范，不仅探讨了采访权对秘密的侵犯、对隐私权的侵犯、政府机密与信息自由的关系，而且也探讨了对采访权施加司法管制的必要性、新闻记者披露消息来源等问题。

通过对以上国家的宪法条文的考察，可知诸多国家对媒体的宪法地位，宪法上的表达自由、新闻自由、出版自由等作出了原则性规定。事实上，新闻自由与表达自由是有多个方面的区别，对此，我国台湾学者林子仪认为两者在理论基础、权利性质和内容以及判断是否合宪的标准等方面差异鲜明。〔2〕同时，从这些条款中，也能大致窥探各国宪法对新闻自由的不同保障模式：（1）宪法规定不得立法限制新闻自由，对新闻自由采取绝对保障模式；（2）宪法不仅对新闻自由权作出了具体的保障性规定，同时也规定了对新闻自由权的限制的具体情况，即相对保障模式；（3）宪法仅对新闻自由作出原则性规定，既无具体的授权规范，也无具体的禁止性规范。如我国宪法

---

〔1〕 孙旭培：《新闻传播法学》，复旦大学出版社 2008 年版，第 2 页。

〔2〕 林子仪：《言论自由与新闻自由》，台湾月旦出版社 1993 年版，第 113—118 页。

对新闻自由的保障即采用这种方式。[1]

(四) 我国宪法中的采访权依据

在我国，有论者指出，宪法关于人民主权的规定，关于知情权、监督权、批评建议权的规定，关于言论自由、出版自由的规定等都包含了采访权的宪法渊源，为采访权提供了宪法依据。从条文上而言，主要关涉宪法第2条、第22条、第27条、第35条、第41条、第47条、第51条。[2] 在其看来，宪法是国家根本大法，一切政党、机关、团体和企事业组织等必须以宪法为根本行动准则。我国宪法第22条："国家发展为人民服务、为社会主义服务的文学艺术事业、新闻广播电视事业……"为新闻事业的性质、任务和作用作出了明确的规定，新闻事业坚持党性原则，是宪法确认的共产党领导地位和新闻事业为人民服务、为社会主义服务方向的合乎逻辑的延伸结果。在新闻工作中坚持党的领导、坚持"两为"方向的作为都是合法的，自然受到党和政府支持和国家法律保护。我国宪法第35条关于公民有言论、出版自由的条款，第40条关于公民的通信自由和通信秘密的条款，第41条关于公民对国家机关及其工作人员提出批评和建议的权利的条款，第47条关于公民进行科学研究、文艺创作和其他文化活动的自由的条款，第51条关于公民在行使自由和权利时承担法律义务的要求，等等，对公民的表达意见的权利以及进行包括新闻传播活动在内的各种文化活动的权利和义务都作出规定：知情权是从宪法言论自由引申而来的"潜在"的权利公众知情权，是公民通过新闻媒体了解政府工作情况及其他有关社会信息的权利。

有学者以我国宪法第27条、第41条为依据提出，采访权源于我国宪法规定的知情权，是知情权的具体化。[3] 有人认为，"采访权的问题已经成了舆论监督的一个关键"。并指出宪法第35条、第41条明确规定公民有言论自由、批评建议、申诉控告权利，以及中国政府在1998年10月签署《公民权利和政治权利国际公约》，充分肯定人人有自由表达意见的权利。这些都能引申出舆论监督权，实际上肯定了记者的合法采访权。[4] 也有人认为，

---

〔1〕 孙旭培：《新闻传播法学》，复旦大学出版社2008年版，第102页。

〔2〕 陈建云：《采访权与政府信息公开——从我国首例记者起诉政府部门信息不公开案件谈起》，《新闻记者》2006年第10期。

〔3〕 徐芳、李俊良：《新闻记者采访权初探》，《当代法学》2002年第11期。

〔4〕 陈翔：《关于采访权的几点思考》，《新闻界》2001年第5期。

我国现行宪法中有诸多直接适用于新闻传播活动的条文规定：（1）明确我国传播事业的性质、任务和作用的宪法依据（宪法第22条）；（2）公民享有言论出版自由的宪法依据（宪法第35条）；（3）其他有关媒体监督、刊载等行为依据的条文规定（宪法第41条、第47条）。[1]

按照宪法学者的通常理解，根据宪法第22条规定，国家发展为人民服务、为社会主义服务的新闻广播电视事业。在新闻出版事业的表述中，新闻广播电视事业和出版发行事业，是作为公民文化权利的内涵而呈现的，并且，其还有着“为人民服务”“为社会主义服务”的目的限制。第35条则是关于公民政治权利的有关规定，也就是说，我国的言论自由，更多程度上是作为政治权利的一个方面的内涵加以规范的。而另一方面，又十分强调“国家发展新闻事业”，这样，从我国宪法表述来看，在我国，新闻事业是没有为言论自由所涵盖的。

在我国宪法的规定中，如果将新闻媒体的“监督权”作为人民监督权（宪法第41条）的一种方式或是途径的话，就似乎更能从我国宪法中引申出新闻传播活动作为监督权的延伸的意蕴了。也就是说，这样的一种监督，可以认为是“为人民服务”“为社会主义服务”的监督，是为了人民的利益而进行的，因此，是可以为我国宪法所兼容的。

就此而论，在我国宪法规范中，新闻采访权的依据有着非常深厚的渊源。既有关于新闻事业的条款，也有关于言论出版自由的条款，还有关于监督权的条款，同时，“一切权力属于人民”的规定自然不能没有知情权的实现。事实上，这些条款都可以为采访权保障提供足够的规范空间。总体而言，学者在分析和探讨采访权的宪法依据时，大多集中于这样一些基本权利：表达自由、新闻自由、知情权与监督权。通过对采访权宪法依据的探讨，我们想要表明的是，对于采访权而言，尽管宪法中没有明确的采访权规范，但基于采访权的性质，这些基本权利都为采访权提供了宪法规范空间。

二、表达自由与新闻自由

从前述关于采访权的宪法规范依据的分析中可知，大多数国家都将宪法

---

〔1〕 张诗蒂等编：《新闻法新探》，四川大学出版社2008年版，第38页。

规范中表达自由与新闻自由、知情权和舆论监督等条款作为采访权的宪法依据。因此，对采访权的宪法依据的分析和探讨，自是离不开对表达自由、新闻自由、知情权与监督权的分析和把握。然而，将表达自由、新闻自由、知情权与监督权作为采访权的宪法依据，并没有说明采访权与这些宪法基本权利的内在关联与关联方式，采访权与这些基本权利的关系究竟怎样，又在怎样的层面和这些基本权利发生关系，都是需要仔细分析和探讨的问题。

（一）表达自由的含义与性质

在诸多西方国家，言论自由被看成是民主社会一项必不可少的基础，是民主社会进步和个人发展的基本条件之一。“在西方法学理论和宪法学中，表达自由被看作公民‘最根本的权利’或‘第一权利’，是其他自由权利的‘源泉’，又是其他自由的‘条件’。”〔1〕但是，对于表达自由，即便是在西方国家中，也并非受到一贯重视。

一般认为，最早倡导并大声疾呼表达自由的当属英国诗人约翰·弥尔顿。早在1643年，他就在英国国会立法禁止印售未经议会检查许可的书籍的时候，大声疾呼表现自由是在其他自由之上的自由。弥尔顿对表达自由的重视，得到了其后的众多学者的积极响应与推广，都极其强调表达自由对于民主社会和保障个人自由的重要意义。在美国学者威尔伯·施拉姆看来，“弥尔顿相信真理是肯定的，是可以表达出来的，并且只要让真理参加‘自由而公开的斗争’，真理本身就具有战胜其他意见而存在下来的无可比拟的力量。从弥尔顿这种思想出发，形成了现代关于‘观点的公开市场’以及‘自我修正过程’的概念，那就是让所有想说什么的人都自由地表达自己的思想。真实的、正确的思想会保存下来，虚假的和错误的思想会被克服。政府不应该参加战斗，也不应该协助其中一方。虽然虚假的可能取得一时的胜利，但真实的意见通过吸引了新的力量来维护自己，会通过自我修正过程最后战胜其他意见而保存下来”。〔2〕 美国新闻学者斯蒂德（H. M. Steed）则特别强调，“在一切自由之中，以知识的自由、言论的自由和批评的自由最为重要”，报纸新闻如果不能用来宣扬并维护这些基本的重要自由，则它的地位便“不能

〔1〕 张文显：《二十世纪西方法哲学思潮研究》，法律出版社1996年版，第555页。

〔2〕 ［美］威尔伯·施拉姆等：《报刊的四种理论》，中国人民大学新闻系译，新华出版社1980年版，第51页。

高于制造唱机的工业”，其他的自由，也就不能确保。美国哈佛大学教授赫金（W. E. Hocking）主张，表达自由乃是核心的自由，因为没有这种自由的地方，其他的自由就变得不安全。并认为“表现自由实在是保障并且发扬其他自由的一种自由”[1]。瑞士学者托马斯·弗莱纳认为，“表达自由属于人类理性的核心成分。人，作为有理性的动物，只有当他能够自己拿主意并按自己的信念行动时，才可能生存”。[2]

与对表达自由的重视相伴随，学界对表达自己的具体含义的探讨和分析也是非常之多。对表达自由的界定，比较典型的主要有以下几种：

（1）表达自由主要是指言论和出版自由，其外延要远远大于言论自由。《布莱克法律词典》将表达自由解释为：由美国宪法第一修正案保护的权利：包括宗教、言论和出版自由。[3] 加拿大宪法学家豪格指出，“加拿大权利宪章或美国宪法第一修正案都保护‘言论’自由，‘言论’一词都比‘表达’狭窄”。[4]

（2）表达自由即表述意见或表达意思的自由。《法学大辞典》指出，各国宪法规定的意见自由，其含义大体有三：第一，思想自由，指公民可进行任何思想，不受任何剥夺；第二，沉默自由，指任何人不受强迫发表自己内心的意见或思想；第三，表现自由，指公民可自由发表意见，不受非法干扰。[5]

上述观点还有其历史的渊源，我国宪法学家王世杰、钱端升等认为，所谓意见自由，只是表示意见的自由。同时，意见自由的外延要大于言论自由。“国人常有意见自由为言论自由者；然言论自由的意义实甚狭窄，不足以包括意见自由的全部。”[6] 这一理论由我国台湾诸多学者所承继，他们认为，表达自由即指公民有表达其意思的自由，而不受其他外来因素干扰。[7] 我国台湾学者谢瑞智认为，意见自由就是人民得自由拥有任何意见，并得发

---

〔1〕 李敖：《法眼看台湾》，中国友谊出版公司 2002 年版，第 43 页。

〔2〕 ［瑞士］托马斯·弗莱纳：《人权是什么?》，谢鹏程译，中国社会科学出版社 2000 年版，第 32 页。

〔3〕 Black’s Law Dictionary, West publishing Co., 1979, 5th Edition.

〔4〕 Hogg, Peter W., Constitution Law of Canada, The Carswell Company Limited, 1985, p. 713.

〔5〕 邹瑜、顾明主编：《法学大辞典》，中国政法大学出版社 1991 年版，第 793 页。

〔6〕 王世杰、钱端升：《比较宪法》，中国政法大学出版社 2004 年版，第 95 页。

〔7〕 朱国斌：《中国宪法与政治制度》，法律出版社 1997 年，第 254 页。

表自由发表意见，不受非法侵犯之意。[1] 也有学者认为，表现自由是指人民有表现其意思之自由，不受非法干扰而言。[2] 还有学者指出，表达自由是指公民有权通过口头、书面或音像设备自由表达自己的思想和意见。[3]

(3) 表达自由等同于言论自由。有学者认为，现代意义上的言论自由、表达自由、言论和表达自由是内涵完全相同的概念。表述自由，实质上就是指以语言或者任何其他方式表达思想的自由。[4] 《牛津法律大辞典》认为，言论和表述自由是主要的公民权之一。其含义是指公民在任何问题上均有以口头、书面、出版、广播或其他方法发表意见或看法的自由。这一自由权受到了尊重他人利益之要求的限制，而他人利益在某种程度上是由诽谤法、藐视法和其他法规加以保证的。该自由权还要受到尊重社会公共利益之要求的限制，而这些公共利益是由禁止淫秽出版物法加以保证的。[5]

(4) 表达自由包括新闻自由与“演说”自由。法国学者指出，按照《欧洲人权公约》的规定，表达自由是比新闻自由更为广泛的概念。这种自由权适用于所有的表达方式（出版媒体、广播及其他），不仅包括新闻出版自由，也包括“演说”自由。《欧洲人权公约》第10条所提供的保护不只是及于表达信息和观点的权利，而且还包括接受信息和观点的权利。这种权利与美国联邦宪法第一修正案中所暗含并在美国逐步形成的知情权颇为类似。[6]

(5) 表达自由系指借由特定的手段和媒介发表观点、意见、思想的自由。在日本，日本宪法规定的表现自由是指言论、出版及其他一切表现的自由，是指通过各种手段发表思想的自由，包括绘画、照相、电影、音乐、唱片、收音机、电视机、报纸、杂志等。[7] 日本有斐阁出版的《法律学小辞典》中，表达自由是指通过言论或作品表明思想的自由，电影、电视、广播、戏剧等的自由以及集团示威运动的自由，个人向外部表现其思想、主

---

〔1〕 谢瑞智：《宪法辞典》，台北文笙书局1979年版，第250页。
〔2〕 林纪东：《比较宪法》，五南图书出版公司1980年版，第197页。
〔3〕 李怀德：《论表达自由》，《现代法学》1988年第12期。
〔4〕 张新宝：《言论表述和新闻出版自由与隐私权保护》，《法学研究》1996年第6期。
〔5〕 ［英］戴维·M. 沃克：《牛津法律大辞典》，光明日报出版社1988年版，第354页。
〔6〕 ［法］罗杰·埃内拉：《美国、法国与其他欧洲国家的新闻和出版自由》，载于路易斯·亨金、阿尔伯特·J. 罗森塔尔编：《宪政与权利》，郑戈、赵晓力、强世功译，生活·读书·新知三联书店1996年版，第78页。
〔7〕 许崇德：《宪法学》（外国部分），高等教育出版社1996年版，第275页。

张、意思、感情的自由。日本宪法保障这些“所有的表达自由”。[1] 国内有学者提出，表达自由是指公民在法律规定或认可的情况下，使用各种媒介或方式表明、显示或公开传递思想、意见、观点、主张、情感或信息、知识等内容而不受他人干涉、约束或惩罚的自主性状态。[2]

在这些关于表达自由的见解中，大多是围绕着“表达”与“言论”来进行分析的。的确，从一般意义上来讲，言论的表达无疑是表达自由的主要方式，但诚如有学者指出的，“言论”只是表达自由众多方式中的一种方式而已。除了言论之外，还有诸如动作、神态、无言等诸多表达方式。某种程度上，正是因为表达方式的多样化，导致了表达自由概念内涵的丰富难以确定。为了确定表达自由的基本含义，笔者认为，首先需要将表达自由与其他自由形式作一简要区分，通过这种区分，来明晰表达自由的含义。

1. 表达自由与表现自由

在很多学者看来，表现自由与表达自由是完全同义的，表达自由即是表现自由。在其看来，表现自由有狭义和广义上的理解，狭义上的表现自由是指言论自由和出版自由，包括以报纸、杂志、绘画、服饰、电影、照相、音乐、唱片、收音机、电视机、电脑等一切手段发表思想的自由。广义的表现自由则还包括了采访自由、集会自由和结社自由。[3] 在规范的表达上，根据有关学者的统计，只有日本宪法中明确规定了“表现自由”。《日本宪法》第21条规定：保障集会、结社、言论、出版及其他一切表现的自由。该条款将集会、结社、言论、出版等都归结为表现自由的内涵之中。同时，日本法院判例也将集会、结社自由纳入表现自由的范围。粗看起来，表达自由与表现自由的区别的确不甚明显，但这并非意味着两者之间没有差别。表达自由与表现自由在以下方面都有不同：（1）从主体的角度而言，表达自由的主体既可以是个人，也可以是组织，而表现自由的主体，则主要是指个体的“人”。以美国为例，美国最高法院在“波士顿第一国家银行诉贝洛蒂案”（1978）中，就明确将言论表达自由扩展到商业团体。（2）从方式与途径而言，表达与表现都可以借由各种方式来进行，但“表达”则内在地期待要将“某种信息传递给他人”。也就是说，从字义来理解，表达需要以与他者的社会关系

〔1〕 甄树青：《论表达自由》，社会科学文献出版社2000年版，第14页。
〔2〕 甄树青：《论表达自由》，社会科学文献出版社2000年版，第19页。
〔3〕 杜钢建：《论表现自由的保障原则》，《中外法学》1995年第2期。

来作为前提，而“表现”则不需要这样的前提和背景。(3) 从外在约束的角度而言，各种规范性文件对“表达”的约束，要强于和多于对“表现”的约束。如报刊检查制度对“内容”的审查，就是典型的对表达自由的约束。

2. 表达自由与言论自由

“言论”是表达的一种方式，言论自由主要是用语言的方式来表述意见、观点与思想。前述豪格等学者的观点，就显然注意到了这种差异。言论可以表述意见、观点与思想，可并非所有的意见、观点和思想都需要通过言论来表达。事实上，很多时候，无言也是一种表达，动作、笑容、眼神等都可以是一种表达。也就是说，就一般逻辑而言，“言论”的外延要比“表达”的外延小了许多。在言论自由中，观点可以认为是某一个体对自身和外在事务的一种认识，不以“他方”的存在为前提；“意见”在大多数情况下也是个体对自身和外在的认识，但这种认识是基于与其他个体之间的互动而产生的，相对观点而言，它往往更强调与他者的互动。以此而论，意见的自由，应当是可以概括在言论自由的范围内的。因为某人表述“意见”的目的，内在地包含有期待他人作出回应的意蕴。

3. 表达自由与发表自由

有一些国家的宪法规范中，没有直接采用“表达自由”的表述，而是采用“发表自由”的表述方式。在规范的表达上，摩纳哥、南斯拉夫采用的是“发表意见自由”，墨西哥宪法则规定了“发表见解自由”，秘鲁宪法则使用的是“发表意见和提供消息的自由”，在玻利维亚宪法中，则采用的是“发表意见和见解的自由权”。显然，与“发表”相比较，“表达”的含义无疑更加宽泛。就前者而言，“发表”一般意味着或者经由特定的媒介，或者以某种“物化”的形式表现出来；而“表达”则既包含了各种制度性的途径，也包含了许多非制度性的途径，既包括了许多正式的表达，也包含了许多非正式的、比较个性化的表达方式。因此，表达自由在概念外延上要远远超出“发表见解、发表观点”的范围。

4. 表达自由与信息自由

与表达自由密切相关的，还有信息自由。任何的表达，其背后其实都是以一定的信息存在作为表达的前提或者内容的。表达并非空泛的表达，无论这种表达是针对公权力的诉求，还是纯属对于个性的充分展现，都包含有非常丰富的信息在其中。信息在很多时候也可能成为表达的内容，比如，就某一公共问题发表的看法，就包含有非常多的信息在其中。这些信息可能是通过不同的方式加以收集，并且经过了表达者自己的思维加工。而信息自由，从宪法学的角度来理解，则主要是指公众拥有自主地收集、利用、加工、传播各种信息的自由。这些信息或是为公权力所掌握，或是为其他公共组织或个人所掌握。

从以上关于表达自由的分析中可见，表达自由的内涵和边界都是十分难以确定的。但不容否认，就一个表达的完整过程而言，它必然涵盖了表达的主体、内容、方式等诸多方面。不论是表达的主体、内容和方式，都与采访权有着相当紧密的联系，这种联系我们可以从表达自由与新闻自由的关联之中得以把握。为了分析这种表达自由与采访权的诸多关联，首先需要对新闻自由有所把握。

（二）新闻自由的含义简析

一般认为，最早论及新闻自由的是英国的约翰·弥尔顿，但弥尔顿当时是将其作为言论自由的一个主要部分来进行阐述的。他在17世纪中叶提出“人民的言论的自由是与生俱来的权利”。其后，弥尔顿对新闻自由的捍卫，给美国的建国先贤留下了非常深刻的影响。美国《独立宣言》的起草人托马斯·杰斐逊坚信：“我们的自由权利，基于新闻自由，不能限制，也不能丢失。”马克思为新闻自由作了有力的声辩：“新闻出版就是人类自由的实现”“没有新闻出版自由，其他一切自由都会成为泡影”。[1] 美国的爱默生教授曾用简洁的语言概括了新闻自由的四大价值：（1）促成个人的自我实现；（2）达致真理的手段；（3）保证社会成员参与国家决策过程；（4）维持社会稳定和变化之间的平衡。[2]

1991年，联合国教科文组织大会通过了题为《促进世界新闻自由的决议》，承认自由、多元化和独立的新闻是任何民主社会必不可少的组成部分。1993年，联合国大会正式宣布，每年的5月3日为“世界新闻自由日”。显然，新闻自由作为民主社会的一个必不可少的部分已经得到越来越多的国家所认同。

---

〔1〕［德］马克思、恩格斯：《马克思恩格斯全集》（第1卷），人民出版社1995年版，第166页、第201页。

〔2〕张诗蒂等编：《新闻法新探》，四川大学出版社2008年版，第265页。

关于新闻自由的含义，学界的认识仍然有着非常明显的分歧。国际新闻学会（International Press Institute）1951 年发表的一份文件中提出，新闻自由的内涵包括：（1）采访自由（Free Access to the news）；（2）传播自由（Free Transmission of news）；（3）出版自由（Free Publication of newspaper）；（4）批评自由（Free Expression of news）。日本新闻协会对新闻自由有一个权威性的定义："第一，符合事实的报道和评论的自由；第二，接近新闻出处、采访新闻的自由。"〔1〕我国台湾学者郑贞铭认为，新闻自由的内涵是变动的，随着时空因素的转变而有所不同，14 世纪的新闻自由不同于 20 世纪，美国的新闻自由与日本的新闻自由含义也有差异。就英国而言，其意义变化可以分为三个阶段：出版自由、意见（表达）自由和新闻自由。〔2〕郑贞铭把西方传统新闻自由的含义归纳为六个方面：一是出版前无须请领执照，亦无须缴纳保证金；二是出版前免予检查，出版后除须负法律责任外，不受干涉；三是有报道、讨论与批评公共事务的自由；四是政府不得以重税或其他经济力量迫害新闻事业，亦不得以财力津贴或贿赂新闻事业；五是自由接近新闻来源，加强新闻发布、保障采访自由；六是自由运用媒体，免于检查，保障传递自由。〔3〕另一位我国台湾学者也指出，新闻自由大略包括：出版之前免于检查；出版前无须请领执照或特许状，也无须缴纳保证金；政府不得以征税或其他经济力量迫害新闻事业；自由报道、讨论及批评公共事务；自由阅读、收听或不阅读、不收听；自由传播新闻并免于检查等。〔4〕

我国民法学者杨立新教授指出，新闻自由是新闻业为实现其为社会服务的目的，依法进行采访、写作、发表、出版新闻作品，不受非法控制、约束的权利。它包括两个层面：对记者、通讯员等新闻作者来说，其采访、写作、发表新闻作品不受非法控制、约束，属于言论自由的权利；对于报社、杂志社、新闻社等新闻单位来说，是组织新闻、出版新闻作品不受非法控制、约束，属于出版自由的权利。在我国，对新闻业的理解，应适当扩大，因为每一个公民都可以通过撰写新闻作品向新闻单位投稿而成为新闻单位的业余通讯员，因此，新闻自由也是公民的一项权利。〔5〕就新闻自由的内涵而

〔1〕甄树青：《论表达自由》，社会科学文献出版社 2000 年版，第 49 页。

〔2〕郑贞铭：《新闻传播总论》，允晨文化实业股份有限公司 1984 年版，第 165—166 页。

〔3〕郑贞铭：《新闻传播总论》，允晨文化实业股份有限公司 1984 年版，第 167 页。

〔4〕方蓝生：《新闻自由与新闻自律》，允晨文化实业股份有限公司 1988 年版，第 4 页。

〔5〕杨立新：《新闻侵权问题的再思考》，《中南政法学院学报》1994 年第 1 期。

言，新闻自由大致包括以下几个方面的权利：发表权或报道权、答辩权或更正权、知晓权和采访权（这是指了解政府工作情况及其他各种信息的权利和记者正当的采访权利）、保护新闻来源权（这是指新闻工作者有权不向外界透露提供消息者的姓名和身份，不公开消息来源渠道）、使用新闻传媒权、对新闻侵权的诉讼权利。[1]

各国对新闻自由的保护也在宪法文本中得到了体现。在美国，美国宪法第一修正案被认为是新闻自由的保护伞。在第一修正案的保护下，新闻自由受到普遍的尊重，“新闻自由是人类的重大权利，应当受到保护”，同时，它也宣布“报纸不应侵犯私人权利的感情”。《德意志联邦共和国基本法》第5条在规定新闻出版自由的同时，规定：“上述权利仅受到普通法、保护青少年法和保护个人名誉权利法的限制。”世界各国立法在规定新闻自由的同时又加以上述限制，就在于实行新闻自由的最大危险，就是侵害他人的人格权。[2] 在法国，一般认为1789年《人权宣言》第11条是规定新闻自由的依据：“自由交流思想与意见，为人类最宝贵的权利之一。因此，每一个公民享有言论、著作和出版自由。”1946年11月《日本国宪法》第21条规定：“报纸除有害于公共利益和法律禁止的场合外，享有报道、评论的完全自由。”在巴拉圭的宪法中，至少有4个宪法条款关系到新闻自由。它们是宪法第26条的言论和出版的自由、第27条利用大众传媒的自由、第28条获取信息的自由和第29条新闻实践的自由。从规范的意义而言，这4个条款为新闻自由提供了非常全面的保护。同时，对于新闻自由，在一些国家的新闻法中也得到了明确规定。例如：《埃及新闻法》第1条至第3条规定了新闻自由权利，包括“解释舆论的倾向，运用各种表达方式形成和指导舆论，自由地行使自己为社会服务的使命”，以及新闻工作者“在工作中不受非法权力的约束”。《埃及新闻法》第6条规定：“新闻工作者对所发表的东西，要遵守宪法所明文规定的社会基本准则。”

（三）表达自由与新闻自由的关联与差异

表达自由包括了言论自由、出版自由、新闻自由和艺术表现自由等诸多

---

〔1〕 刘自贤：《新闻采访权的政治性质——对〈新闻采访权性质刍议〉的一点补充》，《新闻记者》2004年第5期。

〔2〕 杨立新：《新闻侵权问题的再思考》，《中南政法学院学报》1994年第1期。

方面，单就言论而言，也还可以作纯粹言论、象征性言论和附加言论等区分。[1] 从中，我们不难窥见表达自由与新闻自由不容否认的内在关联。这种关联主要体现在以下方面。

1. 新闻自由是表达自由的一种形式

国际上有许多法律都有这样的表述：公民的表达权实际上不仅仅是狭义的“表达”，还包含了“寻求”（seek）、“接受”（receive）和“给予”（impart）的权利。在这其中，无论是“寻求”“接受”抑或“传递”“传播”有关信息，都包含有表达的成分在内。如果没有“表达”，不仅无法获得有关信息，也无法有效地将有关信息传递他人，更别论有效传播有关信息了。事实上，任何人在获得有关信息之后，既可能将信息不做任何改动就传递出去，但也有可能将有关信息进行加工、处理之后，才传递出去。但不论是哪种形式，都离不开表达内容、表达方式与途径的选择与确定。

2. 新闻自由是一种制度化的表达

表达自由是有前提条件的，这种前提条件主要是个体自身的。比如，婴幼儿的表达，可能更多的是一种无意识的表达。尽管当我们从“个体—国家”的两极结构中来考察表达自由，但这仍然不能排除表达自由的内在条件。有学者提出，保障表达自由必须同时保障表达者获取外界信息，特别是国家和社会公共事务信息的权利。表达必须以他人为接受对象，保障表达自由又必须保障他人接受表达内容的权利。现代公民言论、出版自由是一项基本人权，而新闻自由则应是一种宪法保护的由新闻媒体专属享有之制度性权利。[2] 可以认为，新闻自由比一般意义上的表达自由有着更高的要求，有着更加制度化、职业化的特征。新闻自由是表达自由中的一种制度化表达，并且也是公众据以依靠的最经常的制度化的表达。

3. 新闻自由所“表达”的内容主要为“新近发生的事件及其相关信息”

新闻自由的要义在于对最近发生的新闻事件的自由采访与报道，这种采写和报道的过程，其主要是围绕特定新闻事件而展开，其所表达的主要对象与内容，也主要关涉特定新闻事件中的人、事和有关部门。可以认为，在新

[1] 许加彪：《法治与自律——新闻采访权的边界与结构分析》，山东人民出版社2005年版，第84页。
[2] 纪振永、匡春燕：《也论记者采访权的法律性质及立法保护》，《安徽广播电视大学学报》2006年第2期。

闻采写报道过程中的“表达”，相较于其他众多的表达形式与途径，更加具有明确性和针对性。

从以上三个方面而言，新闻自由与表达自由有着非常密切的关联。也就是说，新闻自由与表达自由有着较大程度的重合。这种重合，在许多国家的宪法规范中也得到了体现。比如，希腊、萨尔瓦多、吉尔吉斯斯坦、土耳其等国宪法中，采用了“表达和传播思想自由”提法；在格鲁吉亚的宪法中，则是指“言论、意见自由、知识创作自由、表达和传播意见自由、大众传媒自由”；而西班牙的宪法中则采用了“表达和传播思想、想法、意见自由”的表述；厄瓜多尔的宪法中则明确规定了“通过社会舆论工具表达思想权”。

然而，新闻自由与表达自由之间所存在的紧密关联，并非意味着表达自由可以完全涵盖新闻自由，这种密切联系并不能掩盖两者之间存在的诸多差异。

首先，新闻自由从其积极意义上而言，主要是指公权力需要及时向媒体和公众公开其所掌握的种种信息；就其消极意义而言，则主要是指特定个人和媒体有不受公权干扰而自行收集、获取有关信息的自由。甚至在某些场合之下，既需要公权部门及时公开有关信息，也需要有关部门排除干扰保障无阻碍地进行采访报道。而就表达自由而言，无论是特定的表达主体还是表达过程，甚或是表达形式与途径，都不需要有公权力的介入，在其与公权力的关系上，只需公权力非依法律不得干扰与阻碍即可。也就是说，表达自由更多的是一种“消极自由”，而新闻自由则兼具“积极自由”与“消极自由”双重特征。[1]

其次，新闻自由的重点在于信息的传播。新闻自由的一个重要功能是传播信息。诚然，表达本身也是在传递特定的信息，但诚如前述，新闻自由作为一种制度化的表达，更多的是对特定新闻事件信息的传播。这种传播体现着“表达”的诸多特征，因为，传播信息总是表达着传播者的态度、倾向或关注程度，但是，不可否认的是，传播者并不是信马由缰地告知、传递信息和消息的。在新闻自由的场域，传播者不仅仅是在表达“自我的感受、意见和观点”，也是在替公众“感受、感知和表达”。[2] 与一般意义上的表达自由相区别，新闻自由兼具个体和公众的双重主体特征。

---

〔1〕［英］以赛亚·伯林：《自由四论》（扩充版），胡传胜译，译林出版社2003年版。
〔2〕甄树青：《论表达自由》，社会科学文献出版社2000年版，第11页。

最后，就两种自由的发展历程而言，新闻自由的确立要晚于表达自由的规范确认与承认。在西方，“最先有了思想自由，然后产生了言论自由，再扩展到出版自由，于是，延伸而有了今日的新闻自由”。[1] 有学者在考察了西方新闻业的发展历程之后提出，西方新闻业经历了三个转变：第一，最初的言论、出版自由并不等于新闻或报刊自由，仅是一种达到思想自由的手段，只是后来因为新闻报刊（当时的媒体只有报刊）卷入政治并发挥了越来越大的作用，进而导致了统治者的压制。于是，当公众和媒体为了自身利益而奋起抗争时，言论、出版自由变成了“新闻自由”的争取，并最终成为欧美国家对新闻自由的一般性理解。第二，大众化报纸产生后，经济独立带来了角色变异，报纸成为代表民意，监督政府的独立力量，而新闻自由恰为免除政府对报纸的干涉提供了法律依据，于是法律中所规定的公民个体言论、出版自由实际上就变成了一种制度性的自由，并使媒体成为社会独立体制，也就是说媒体开始享有制度性组织自由。第三，制度性新闻自由权的实现与法律规定的个体言论、出版自由存在不和谐，即“法律无法保障新闻媒体的特殊地位”“新闻媒体享有的自由等同于在媒体工作的个人自由，与普通个人没有什么区别”。于是，法律界人士遂提出“第四权力”理论，试图重新界定新闻自由并使之与原有的个体言论、出版自由彻底分离，而成为新闻媒体专属的权利。[2]

采访权是新闻自由的一个重要方面，诚如美国最高法院怀特大法官在“布莱兹伯格诉海斯案”中说：“没有对新闻采集的某种方式的保护，出版自由也就是一句空话。”因此，采访权与新闻自由及表达自由的关联就是不言自明的。正是因为如此，在诸多西方国家中，鲜见探讨采访权宪法依据的文献，采访权常常被当成一种习惯性的权利就不难理解了。而在需要寻求采访权的宪法依据，以明了采访权法性质的场合，新闻自由与表达自由无疑是采访权强有力的规范支撑。行使采访权的过程，无疑是行使新闻自由的过程，也在很大程度上是行使表达自由的过程。但是，因为采访权的复合性质，也并非意味着只能从新闻自由、表达自由等宪法基本权利中阐释出采访权的宪法渊源。前文中我们曾经指出，采访权的行使是为公众知情权提供条件，也

---

〔1〕 吕光：《新闻自由与新闻法》，载徐佳士编：《新闻法律问题》，台湾学生书局 1975 年版，第 1—17 页。

〔2〕 纪振永、匡春燕：《也论记者采访权的法律性质及立法保护》，《安徽广播电视大学学报》2006 年第 2 期。

为公众监督权提供条件。在对新闻媒体有着特殊角色定位的地方，在确立了表达自由、新闻自由的同时，也可以从知情权、公众监督权等基本权利中引申而出。作如此引申，并不是将采访权的宪法依据问题加以宽泛稀释，恰恰相反，而是为采访权寻求更加充分的宪法养分。

三、公众知情权与监督权

（一）知情权是民主社会极其重要的一项权利

1. 知情权随着现代福利国家理念的兴起而日渐突出

与众多其他基本权利相比较，知情权对民主社会的重要意义日渐凸显，人们对知情权的认识也是晚近才逐渐加强。从较长历史时段而言，知情权理念的产生及彰显，因市民社会与公权力二元结构的形成而得以形成和发展。

在自由资本主义发展初期，政府对公民个人生活和市民社会干预较少，公众也不愿主动了解政府活动的有关信息，知情权的问题并不突出，并因而为民众所忽略。威廉·韦德指出，“除了邮局和警察以外，一名具有守法意识的英国人可以度过一生却几乎没有意识到政府的存在”。[1] 其后，随着自由市场的失灵及凯恩斯主义的兴起，以“有形之手”来引导、监督和管理“无形之手”成了众多国家的理性和现实选择。在此过程中，国家的职能逐渐加强，政府机构不断增加，政府对公众生活干预的范围、幅度和广度都大大加强。曾任美国第四任总统的詹姆斯·麦迪逊指出：如果不掌握正确的信息情报及获取信息情报的方法，所谓人民的政府只能是滑稽喜剧或悲剧的序幕，或者除此两者之外什么也不是，掌握情报者通常支配不掌握情报者。因此，要自然成为统治者的人民，必须从信息情报中获取知识，把自身武装起来。[2]

在现代社会，随着“福利国家、保护国家、助长行政等现代行政理念的兴起，政府的行政机能更是以几何级数倍增”。[3] 由此导致了对于信息掌握的极端不对称，一方面是公权力以种种名义将种种信息牢牢掌握，“民可使

[1] ［英］威廉·韦德：《行政法》，徐炳等译，中国大百科全书出版社1997年版。

[2] 赵正群：《得知权理念及其在我国的初步实践》，《中国法学》2001年第3期。

[3] 城仲模：《行政法之基础理论》，三民书局1994年版，第4—5页。

由之，不可使知之”，信息本身就成了权力的象征与重要渊源；另一方面，公众也深感越来越多的公权限制，并且也需要公众在种种公益面前作出让步与牺牲，因此，公众就强烈希望了解政府决策的过程及结果，强烈呼吁政府公开其所掌握的种种信息。诚如有学者所指出的，在当代，知情权作为一项基本人权逐渐得到确立，依法知悉和获取信息被逐步确立为人按其本质应享有并不容侵犯的一项基本权利与自由。在现代社会中离开了对信息的自由选择和获知，人就丧失了自身同社会联结的纽带，失去了自立于现代文明社会的起码资格。[1]

2. 知情权的含义与属性

一般认为，知情权的概念是有肯特·库珀在1945年前后最先使用，其意指民众享有通过新闻媒介了解其政府工作情况的法定权利。[2] 也有学者认为，知情权的概念是由美国最高法院大法官詹姆斯·威尔逊在1791年围绕“国会议事录”是否应该向国民公开的争论中提出的，他指出：“人民有权知道他们的代表正在做什么，已经做了什么。”这一“知情权”的概念，后来引申为“人民的知情权”概念。[3]

一方面因为“知情权”得到重视的时间比较短，另一方面也由于对知情权的研究还不够深入，关于知情权的具体含义及其范围等问题在学界仍然是值得深入探讨和分析的话题。有学者强调知情权所指向的“相关信息”。知情权是指自然人、法人及其他社会组织依法享有的知悉、获取、了解与法律赋予该主体权利相关的各种信息的自由和权利。也有学者认为，知情权是公民享有的从行使公共权力的国家机关或其他组织那里了解、获取、知悉相关信息的权利[4]；有学者则强调是“应该知道的信息”。知情权的基本含义是公民有权知道其应该知道的信息，国家应当保障公民在最大范围内享有获取各种信息的权利，特别是有关国家政务信息的权利。知情权是公民以“知悉、获取信息”作为自己实体性的权利要求和利益目标，即公民作为权利人在法不禁止的范围内可以自主地知悉、获取信息；义务人依法主动或应权利

[1] 宋小卫：《略论我国公民的知情权》，《法律科学》1994年第5期。

[2] 徐耀魁主编：《西方新闻理论评析》，新华出版社1998年版，第186页。

[3] 黄德林：《略论美国“情报自由法”之形成与发展》，《法学评论》2000年第1期。

[4] 刘广登：《论知情权》，见杨海坤主编：《宪法基本权利新论》，北京大学出版社2004年版，第159页。

人要求公布、告示、提供一定的信息。[1] 徐显明教授在《应以宪法固定化的十种权利》一文中认为：知情权是现代民主制度及信息化社会的基础性权利，政治活动如果被认为是公共产品，那么该产品的生产进程及工艺与成分，获得产品的人就有权知悉。[2] 从这些关于知情权的界定中，主要是围绕着知情权的主体、知情权的客体与指向而进行的。就其权利客体而论，学界的分歧主要存在于“政府所掌握的一切信息、公众应当知道的信息、相关主体的相关信息、相关信息”等区分。

有学者将知情权作了狭义与广义的区分，并且认为，狭义知情权主要是指获取官方的消息、情报和信息的权利，是当代情报自由法所涉及的基本制度，当代情报自由法的目的在于事先政府公开化和保障公民获取政府情报的权利。[3] 广义的知情权包括三个基本方面：一是知政权即对政治领域内的重大事件，政府官员的工作作风等情况知晓的权利；二是社会知情权，即普通公民对政治领域以外的社会情况和公众人物生存状态知晓的权利；三是个人知情权即公民对有关自身的情况全面了解的权利。由于自身的精力和条件的限制个人不可能一一了解自己想知应知的“情况”，这就要借助大众媒介。因此，记者除了与一般公民拥有同样的采访权外，还必须拥有专门的采访权。本文要研究的就是记者的这种职业采访权。狭义的知情权仅仅是指公民获得、知悉官方信息的自由和权利，即知政权，这构成了记者采访权的重要来源。[4] 也有学者提出，知情权包括两种情况：一是消极知情权，即对于社会上各种公开的信息，只要没有他人干预，每个公民都有自由收集、传递这类信息的权利；二是积极知情权，即对于尚未公开，但公民有权且应该知道的信息，公民有积极要求信息控制者（机构）公开这类信息的权利。[5] 就其范围而言，知情权包括的范围很广，是指人们有权了解他应该知道的事情，如对有关的个人信息，对政府官员的道德品质、财产状况，对社会上出现的新鲜事物，对国家政治、经济发展状况等，都有了解的权利。[6]

3. 知情权法律制度

在西方国家中最早确立与知情权有关的法律制度的国家是北欧的瑞典。

---

〔1〕 刘斌：《权力还是权利——采访权初论》，《政法论坛：中国政法大学学报》2005 年第 2 期。
〔2〕 徐显明：《应以宪法固定化的十种权利》，《领导决策信息》2002 年第 11 期。
〔3〕 杜钢建：《知情权制度比较研究——当代国外权利立法的新动向》，《中国法学》1993 年第 2 期。
〔4〕 刘娜：《初探新闻采访权》，《武汉大学研究生学报》2005 年第 3 期。
〔5〕 罗颖凤：《记者与新闻采访权》，《东南传播》2006 年第 11 期。
〔6〕 王利明、杨立新主编：《人格权与新闻侵权》，中国方正出版社 2000 年版，第 463 页。

1766年，瑞典就制定了有关著作与出版自由的宪法性法律，宣扬印刷和出版自由，逐步确立了“公文书公开”的观念和公文书公开的相关制度。这一制度虽然其间由于王政复辟出现暂时的倒退，但不久再次经宪法性法律确认。瑞典的有关知情权的法律制度，对北欧各国产生了重要影响，第二次世界大战以后，芬兰、丹麦、挪威分别制定了《公务文件公开法》《公文书公开法》《行政公开法》。[1]

20世纪30年代，美国就先后制定了《联邦公开法》《联邦规则法》，但由于“二战”的爆发，这两部行政公开的法律对政府行为和信息的公开并没有起到多少作用，原因在于在“二战”中和“二战”后的一段时期，政府把许多信息、情报、资讯当成国家秘密怠于公开。在媒体界和法学界的推动下，1946年杜鲁门政府颁布了促进行政公开的《行政程序法》，规定公众可以得到政府文件。到了20世纪50年代和60年代，美国新闻界为了保证信息来源和报道自由，举起了反对秘密主义的大旗。1950年美国新闻学会设立了“情报自由委员会”，编辑、记者、法学家、律师和广大民众一起发起修改1946年制定的有很多缺陷的行政程序法的活动，经过多年努力，美国国会制定了《情报自由法》。该法第一次赋予美国公民取得政府档案和文件的法定权利，它规定任何人享有向行政机关申请查阅、复制行政情报的权利，政府机关有义务对公众的请求作出决定，如果政府机关拒绝公众的特定请求，它必须说明理由，任何政府决定都可以被提请复议和司法审查。[2] 1972年制定的《咨询委员会法》规定了联邦行政机关的咨询委员会的组织、监督，文件和会议的公开等。1974年制定的《隐私权法》则主要解决了情报公开与保护个人隐私的矛盾。

1976年制定的《阳光政府法案》对公民的知情权作了进一步的扩大。根据该法规定，公众不仅有权要求政府公开信息和情报，而且规定会议制行政机关的会议必须公开，公众可以观察会议，取得会议的情报，“像法院的公开审理一样，公众可以观察会议的进程，取得会议的信息和文件”。美国国会在说明制定该法的目的和政策时说：“公众有权在可以实行的范围内，充分了解联邦政府作出决定的程序……同时保护个人的权利和政府执行职务

---

〔1〕 程洁：《宪政精义：法治下的开放政府》，中国政法大学出版社2002年版，第150页。

〔2〕 刘广登：《论知情权》，载杨海坤主编：《宪法基本权利新论》，北京大学出版社2004年版，第161—162页。

的能力。”[1] 1996 年，美国国会通过了《电子情报自由法修正案》。根据该法规定，政府机关要以电子数据方式为公众提供索引材料或本机关指南，以便公众提出信息请求和获得有关信息。

日本于 1981 年 1 月通过《情报公开权利宣言》，并将知情权列为国民的固有权利之一。欧盟于 1993 年制定了《向公众公开欧盟委员会及理事会资料的行动纲领》，1997 年通过的《阿姆斯特丹条约》则以法律形式赋予了欧盟成员国全体公民均可自由取得欧洲议会、理事会、委员会资料的权利。

4. 我国法律规范中的知情权

在我国，尽管宪法中并没有知情权的明确条款，但不能因此说这种权利在我国没有合法性基础。我国宪法除明确规定中华人民共和国公民有言论、出版自由（第 35 条），进行科学研究、文学艺术创作和其他文化活动的自由（第 47 条）外，还规定人民有管理国家事务、经济和文化事业、社会事务的权利（第 2 条），公民有向任何国家机关和国家工作人员提出批评和建议的权利（第 41 条）。这些规定，实际上已经包含了公民的知情权；公民如果不享有知悉国家、社会事务的权利，所谓的参政议政权也就无法落到实处。因此，知情权在我国虽然还不是法定权利，却是可以从宪法的规定中推理出来的权利。既然知情权可以从宪法规定中合理推出，作为知情权演绎权利的采访权，其合法性自然不证自明。[2]

宪法中没有确立知情权，但一些私法规范和地方性规范却开始逐渐明确知情权问题。1993 年第八届全国人大常委会第四次会议通过的《中华人民共和国消费者权益保护法》第一次明确规定了公民和社会组织以消费者身份所享有的对商品和服务的知情权，该法第 8 条第 1 款规定：“消费者享有知悉其购买、使用的商品或者接受的服务的真实情况的权利。”第 19 条和第 32 条还分别规定了经营者、消费者协会等知情权义务主体的义务和职责，这里的知情权属于民事私权的范畴。同时，在地方性规范中，知情权立法也得到了一定程度的展现。除了广州市在 2003 年 1 月 1 日实施了《广州市政府信息公开规定》之外，仅 2004 年这一年至少有上海市、湖北省、杭州市等 15 个

---

〔1〕 刘广登：《论知情权》，载杨海坤主编：《宪法基本权利新论》，北京大学出版社 2004 年版，第 162 页。

〔2〕 陈建云：《采访权与政府信息公开——从我国首例记者起诉政府部门信息不公开案件谈起》，《新闻记者》2006 年第 10 期。

省及地方市政府颁布实施了“政府信息公开办法”。[1] 在《广州市政府信息公开规定》中，其第1条明确规定了首要的立法宗旨就是“为保障个人和组织的知情权”。[2]

令人欣喜的是，《中华人民共和国政府信息公开条例》于2008年5月1日正式实施。该行政法规的颁布被认为是“一场工作制度的革命”。[3] 诚如有学者所认为的，尽管《中华人民共和国政府信息公开条例》没有宣示“知情权”，但知情权的内容可以说是尽入此《中华人民共和国政府信息公开条例》之中。也就是说，行政法规已经先行一步，为我国知情权法律制度的构建走出了非常重要的一步。

（二）新闻报道是知情权得以实现的制度化途径

在现代法治国家，知情权作为基本权利得到宪法确认，无疑是非常重要的一环。但是，相对于知情权是否得到宪法确认而言，知情权的实现途径与保障方式更是值得关注的环节。因为，从权利的实际拥有而言，后者显然是更为重要的途径。根据一般的宪权法理，一种权利在得到宪法确认之后，一般的模式主要是通过司法途径来予以实现和保障。诚然，就知情权而言，通过司法救济的途径来保障知情权，无疑也是非常重要的途径，但这对公众而言，尽管可能是最有力的实现途径，但却是成本较高收效甚微的途径。论者在论述知情权得不到实现的情状时，也大多沿袭了此种思路。

就知情权的实现而言，从实证的角度而言，新闻媒体无疑是知情权得到实现和保障的重要制度化途径。之所以如此，可以从以下几个方面得到说明：

其一，知情权是公众众多权利的基本前提。宪法规定的公民基本权利的实现，大多需要以知情权为前提和基础，知情权始终寓于行使其他基本权利的过程之中。西方学者普遍认为，知情权是公民行使一切民主自由权利的基本前提，没有知情权，公民的言论自由权、选举权、参政权、监督权等，都是一句空话。以言论自由为例，“说”和“知”是同一件事情的两面，言论

〔1〕 章剑生：《知情权及其保障——以〈政府信息公开条例〉为例》，《中国法学》2008年第4期。

〔2〕 杨合理：《知情权与新闻采访权》，《新闻爱好者》2004年第11期。

〔3〕《彻底调查：“政府信息公开条例”的台前幕后》，http://tech.sina.com.cn/it/e/2002-11-05/1011148038.shtml。转引自章剑生：《知情权及其保障——以〈政府信息公开条例〉为例》，《中国法学》2008年第4期。

自由本身就内在地蕴含着对知情权的保护。[1]“知”是说的前提，只有“了解、知道”事情和事务的基本状况，才能就该事务发表意见，才能“说”出自己的见解；同时，“知”也是“说”的内容，“说”出的信息，其实是一种信息的表达，其内涵主要是表达者所“知悉”的情况。如果不以“知”为前提，“说”的内容就十分空泛，就无异于梦中呓语；如果“说”的不是其所“知”，就只能是胡言乱语。

其二，知情权的实现途径具有多样性，新闻媒体是其最重要的途径。知情权的实现有多种途径，但对于大多数公民来说，最直接、最迅速、最多的情况是要依靠新闻媒体。让民众知情、让民众知晓事情的动态与发展，是新闻媒体的重要使命，也是其价值所在。换句话说，新闻媒体是公民实现知情权的主渠道。而新闻媒体要肩负起这一使命，就离不开记者的采访，记者的采访权就源于此。在加拿大著名传播学者马歇尔·麦克卢汉看来，“媒介就是人的延伸”[2]。某种意义上而言，正是通过媒体的多方面、多角度、多色彩的采访报道，公众扩大了自己的视觉、听觉等器官功能，对自己所处的国际环境、国内环境、尤其是本地情况有了相对充分的认识和了解，从而使公众知情权的内涵不断深化。

其三，采访权是知情权的合理延伸。由于普通个人和公共机构及其官员之间的信息不对称，再加上他以有限的精力追逐纷繁复杂的外界，所以普通人对信息的充分占有只能通过承担着以传播信息为第一要义的大众传媒来实现。记者的采访权就成为制成公众知情权的合理延伸。没有它，新闻自由就只能枯萎而亡，最终损害的是公众的知情权。[3]有学者在阐释新闻采访权与表达权、知情权的关系时，曾作出以下概括：宪法 > 表达权 > 知情权 > 采访权。[4]从此种关系中，足见新闻采访权对知情权的重要意义。日本的久田荣亚等学者认为，知情权这一概念可以从两个层次上理解：一方面是作为报道活动前提的知情权，这是为了保障信息传递者的自由，与“采访自由”几乎是同义的；另一方面则是信息接受者的自由，即收集、选择信息的自由。[5]

---

〔1〕魏永征：《中国新闻传播法纲要》，上海社会科学院出版社 1999 年版，第 52 页。
〔2〕［加］马歇尔·麦克卢汉：《理解媒介：论人的延伸》，何道宽译，商务印书馆 2000 年版。
〔3〕许加彪：《法治与自律——新闻采访权的边界与结构分析》，山东人民出版社 2005 年版，第 102 页。
〔4〕刘斌：《权力还是权利——采访权初论》，《政法论坛：中国政法大学学报》2005 年第 2 期。
〔5〕张庆福、吕艳滨：《论知情权》，《江苏行政学院学报》2002 年第 1 期。

在日本，知情权的内涵包括：第一，信息接收权；第二，信息收集权，该权利意味着采访自由，政府无权组织采访的自由权；第三，更为积极地要求公开政府掌握信息的权利；第四，指公众拥有公正接受多种信息、多种意见的权利。[1]

其四，个人受限于时间和精力，大多需要借助新闻媒体来获取有关信息，从而实现知情的目的。有学者认为，媒体记者就是“拟态公众”，能够代表公众了解公众想要知道的信息、能够帮助公众实现对公共事务的知情权。[2] 一方面，由于现代社会公共事务纷繁复杂，而人们直接获取信息的能力又有限，所以公民依法享有的这种言论出版的自由权利需要借助大众传媒来实现。人们通过媒体了解国内外的重要新闻，实现了知情权；人们通过媒体对新闻事实发表意见，实现了表达自由。因此，媒体的采访报道并不仅仅是其本身的权利，而是社会大众在行使言论和出版的自由。[3] 另一方面，由于社会空间的广阔性、社会生活的多样性、社会分工的复杂性、资源支配的差异性，公民的知情权与表达权必须借助新闻媒体来实现。记者具备自由的采访权，才能起到这种媒介桥梁作用，让公众获得最准确、最具有社会价值与新闻价值的信息，从而形成以良知与正义为基础的社会舆论，进而推动整个社会的文明进程。[4] 媒体要负担起保障公民（受众）知情权的责任，必须自身首先享有知情权，即媒体知情权。具体到记者采访，就是采访权问题。

我国新闻媒体大都直接或间接隶属于一定的党政机关，通过记者采访收集信息的行为在习惯上、在观念上得到了公认，比起普通公民有不可比拟的优势。这一点在有关规范中也得到了体现。比如，根据我国 1999 年 8 月 16 日颁行实施的《新闻出版署关于非新闻出版机构不得从事与报刊有关活动的通知》第 1 条的规定，经国家批准设立的新闻出版机构，有权依法从事新闻出版、采访、报道等活动，其他普通公民则没有此项权利。因此，长期地、日常性地收集、公布各种信息的任务，只有专业新闻记者能担当此任。[5] 通过记者这种职业化、制度化收集、了解和调查信息的方式，能为公众提供对事务相对全面、准确、及时的信息。诚如有学者所指出的：“新闻媒体与公

〔1〕 刘迪：《现代西方新闻法制概述》，中国法制出版社 1998 年版，第 91 页。
〔2〕 李楠：《论记者作为拟态公众的角色》，《现代传播（北京广播学院学报）》1998 年第 4 期。
〔3〕 刘斌：《权力还是权利——采访权初论》，《政法论坛：中国政法大学学报》2005 年第 2 期。
〔4〕 赵文胜：《记者采访权的界定与限制》，《传媒观察》2003 年第 4 期。
〔5〕 罗颖凤：《记者与新闻采访权》，《东南传播》2006 年第 11 期。

众知情权是一种唇齿相依的关系。知情权是媒体进行新闻报道的护身符，而媒体的新闻报道又是公众知情权的重要渠道和有力保障。”〔1〕

（三）知情权是监督权的前提与先决条件

知情权是公民行使一切自由权利的基本前提，是民主国家的基础要素，是信息社会运行的基础，也是监督政府的基本条件之一。人民主权的顺利实现，舆论监督的有效实施，都离不开对相关信息的充分占有，即知情权的保护。

1. 监督权的内涵

一般认为，监督权主要是指公民监督国家机关及其工作人员活动的权利。在我国，宪法学上的监督权概念，大多依据我国现行宪法第 41 条概括而来。根据该条规定，中华人民共和国公民对于任何国家机关和国家工作人员的违法及失职行为，有向有关国家机关提出申诉、控告或者检举的权利。宪法学上的监督权正是由“批评权、建议权、申诉权、控告权、检举权以及国家赔偿请求权”概括出来的一个概念。〔2〕大“监督权”这一用语超越了传统请愿权的悲情意义，体现出人民当家作主的宪法理想。〔3〕然而，就监督权对这些权利的概括而言，仍然存在几种不同的概括方式。第一种见解是将这六项权利表述为“批评建议、申诉、控告、检举权和取得赔偿权”，并且指出“人民群众有权关心国家大事，对于任何国家机关和国家工作人员的工作有权进行监督”〔4〕。第二种见解则将其概括为“公民的监督权、控告权和申诉权”，从而明确提出了监督权这一概念。〔5〕有学者认为，监督权的含义涵盖了这六项权利。〔6〕也有学者提出，监督权包括“批评、建议权”“控告、检举权”与“申诉权”。〔7〕从这些关于监督权的内涵的探讨中，大致可以认为，无论监督权包含了哪几种权利，都意味着监督权是一种综合性、概括性的权利，其间的区别在于，监督权所涵盖的权利不同，意味着监督权的

〔1〕张诗蒂等编：《新闻法新探》，四川大学出版社 2008 年版，第 55 页。
〔2〕许崇德主编：《中华法学大辞典（宪法学卷）》，中国检察出版社 1995 年版，第 414—416 页。
〔3〕林来梵：《从宪法规范到规范宪法》，法律出版社 2001 年版，第 145 页。
〔4〕吴家麟编：《宪法学》，群众出版社 1983 年版，第 375—376 页。
〔5〕肖蔚云等著：《宪法学概论》，北京大学出版社 2002 年版，第 277 页。
〔6〕许崇德主编：《中华法学大辞典（宪法学卷）》，中国检察出版社 1995 年版，第 414—416 页。
〔7〕董和平、韩大元、李树忠：《宪法学》，法律出版社 2000 年版，第 413 页。

边界的不同。但这种不同都不影响监督权的宪权性质。

宪法上的监督权，与现代宪政理念有着深厚的关联，是人民主权在公民与国家关系中的当然反映。诚如我国宪法所规定的，一切权力属于人民。在现代宪政国家中，大多承认和接受人民是最终的决定者。众多公权拥有者都是人民的“代表”而已，作为“代表”，人民自然有权对“代表们”的活动实行察看和督促，以便“代表”更好地履行自身职责。从此种视角来理解和认识监督权时，显然，“批评权、建议权、检举权、申诉权、控告权”等都应该是监督权的应有之义。而对于“取得赔偿的权利”，则可以不被监督权所涵摄。也许有人认为，人民与公权拥有者之间的关系是一种“委托”关系，作为“委托人”，对“受托人”所造成的损害，自然有取得赔偿的权利。从此种逻辑来进行推演的话，其实是将监督权中的“代表”关系混淆为民法中的“委托”关系。就意志的成分而言，“代表”的意志应该是结合了其本人和“被代表的人民”的双重意志，因为其在作为“代表”之前，其也是属于人民的一分子；而“委托”中的“受托人”则需要完全遵照“委托人的意志”行事。明确了此种差别，就基本上可以将“取得赔偿的权利”排除在监督权之外。此种认识，亦在我国国家赔偿法中得到了体现。根据国家赔偿法的规定，国家机关及其工作人员履行职务造成公民、法人或者其他组织损害的，应当依法予以赔偿。这无疑表明，“取得赔偿的权利”是以公民、法人或者其他组织受到损害为前提的。内中所反映的主要是“侵害”关系，而不是“监督关系”。故此，在我们看来，监督权主要涵盖“批评权、建议权、检举权、申诉权和控告权”五种权利，是这五种权利的综合体。

2. 知情权与公众监督权之间的差异性关联

从监督权内涵的探讨中可见，无论是“批评权”“建议权”“检举权”还是“申诉权”“控告权”，都与知情权有着一定的关联。也就是说，如果没有一定程度的知情权保障，监督权的就会流于形式。这在我国宪法中也得到了体现。我国宪法第 27 条第 2 款规定：“一切国家机关和国家工作人员必须依靠人民的支持，经常保持同人民的密切联系，倾听人民的意见和建议，接受人民的监督，努力为人民服务。”诚然，正如有学者所指出的，要接受人民的监督，就必须进行信息的传递，让人民真正能够了解国家机关及其工作人员行使职权的相关信息，比如重大事项决策的过程、执行过程和执行结果，公务人员是否勤政、廉政，是否依法行使职权。只有了解、掌握这些信息，监督才有可能。

同样的道理，公民要正确行使批评、建议、控告、检举的权利，国家机关必须公开有关信息，使公民及时知道国家的决策，政府的所作所为，才能对政府行为进行评判，从而及时地、有效地、针对性地发表意见，对有关国家机关及其工作人员提出批评和建议，防止违法行为的出现，减少控告、检举的可能。[1]

然而，因为监督权是一种概括性的权利，是多种权利的综合，在与知情权的关联上，并不是有着相同强度的关联性。在这里，我们以关联强度的概念来表征所需要知情的范围广度与幅度。也就是说，监督权中的各种权利对"知情"的要求是各不相同的。这种差异，无疑可以表征这些权利与知情权的内在关联。

在监督权中，"批评权"与"建议权"无疑是监督的主要形式。对某一公权机构及其工作人员进行批评，或者对某项公共事务或者公共利益进行批评，都是批评权的重要内容。但是，现在的问题是，这样的批评或者说针对公权机关的批评权，是否一定要以信息的充足作为前提？诚然，如果在掌握了足够的信息的时候，批评权的实现自然会更加理由充足。然而，正如我们在前述分析中所指出的，监督权的基本法理在于"人民主权的体现"，就公众的角度而言，公众对公权机关及其行为的批评，并非需要以十分完备的信息作为前提。也就是说，公众可以纯粹基于主观意识而对公权机关进行批评，而这也是言论自由的应有之义。这一点，在美国沙利文案所确立的"实质恶意"原则中就得到过很好的说明。诚如布伦南大法官所指出的，"即使是错误的言论，也应该有足够的呼吸空间"[2]。同理，"建议权"也与"批评权"一样，无须以充裕的信息作为前提。

就"申诉权"而言，之所以要"申诉"，是因为公民、法人或者其他组织主观上认为政府的行政行为不合理、不合法或者是没有得到平等对待。一般而言，在申诉的过程中，申诉人对所申诉事项是需要有一定的知情权保障的，这在一般行政行为中也有体现，比如行政行为依据要公开、决定要及时送达当事人，而且也需要告知相对人履行的期限与方式、申诉的程序等。这些事项，当事人基于自身利益的缘故，一般会积极了解其中的理由和依据，

---

〔1〕 刘广登：《论知情权》，载杨海坤主编：《宪法基本权利新论》，北京大学出版社2004年版，第164页。

〔2〕 New york times Co. v. Sullivan, 376 U. S. 254 (1964).

对行政过程中的信息是有一定把握的。但是，也应该认识到，当事人对这些信息的“知情”，在很多时候，并非是十分充裕的，但其不充裕，并不影响当事人进行申诉。恰恰相反，有关机关正是根据当事人的申诉来对其诉愿及行政行为进行评价的。

至于“检举权”与“控告权”，一般要求检举人和控告人掌握足够多的信息，并且这些信息应当是真实信息。如果公民检举、控告某政府机关或者官员，需要对其检举的事项提供足以证明其检举事项存在的证据，否则会构成诬告与诽谤犯罪。从另外的角度考察，检举权与控告权，如果没有知情权作为保障，是往往难于真正检举和控告公权机关及其工作人员的。同时，就公共官员而言，其之所以受到检举与控告，某种程度上正是公众知情权没有得到切实履行所导致的。

总体而言，就监督权中的批评权、建议权、申诉权、检举权、控告权与知情权的关联度而言，呈现出一种由弱渐强的格局。这种格局既揭示了监督权中的各种权利对知情权的依赖，也基本反映了其对知情权的依赖程度。

3. 舆论监督是一种有力的监督方式

在监督权的实现方式中，舆论监督是其重要方式之一。舆论监督作为宪政制度下的一项组织性的权利，其意义主要不是体现在具体地对于一般的监督对象的改变和促进上，更重要的是，它具有宪政意义和作用。[1] 通过舆论监督，让公众对特定公权机关的行为有了清晰的了解，能够形成强有力的民意压力，从而促使有关机关严格遵照法律的规定履行职责。

舆论监督是新闻界以及其他舆论界通过新闻媒介发表新闻、评论，对社会的政治生活、经济生活、文化生活等方面进行批评，实行监督的权利和功能。从严格的意义上来讲，舆论监督属于新闻自由的范畴，就是新闻批评的自由权利，新闻业通过行使新闻批评的自由权利，实现对社会生活的监督功能。新闻批评自由是新闻自由的一个组成部分。《德国北莱茵 - 威斯特伐利亚州新闻法》第 3 条明确规定：“新闻界履行一种特殊的公共职能，即采集并传播新闻，公开观点，提出批评，以及以其他形式制造舆论。”提出批评即为新闻界公共职能之一。[2]

对公权机关的舆论监督则主要体现在两个方面：一方面新闻媒体向一般

---

〔1〕 周甲禄：《舆论监督权论》，山东人民出版社 2006 年版，第 31—40 页。

〔2〕 杨立新：《新闻侵权问题的再思考》，《中南政法学院学报》1994 年第 1 期。

大众提供足够的资讯，让他们了解政府做了些什么，提供并促进公正讨论的机会，以形成公意，监督政府的施政；另一方面在现实中，人民并不能够有效地监督政府，尤其是现代政府是一个机构庞大的组织，要监督这样一个组织，必须要有一个结构良好、财务健全、拥有专业评论家、具有获得资讯能力，并能将其获得的资讯和评论传递给一般大众的组织，才足以担负监督政府的功能。诚然，舆论监督作为公众监督权的一种形式，主要是通过批评、建议等方式得到实现的，而并非是通过申诉、控告的方式予以实现。正是在这个意义上，舆论监督具备了监督权的诸多性质。诚如有学者所指出：根据宪法，公民有批评建议申诉控告的权利，有发表言论的自由，新闻记者的采访权正是这些宪法权利的公开运用。而且，因为报道与否不是由记者自己的意愿决定的，而是其职责所在，在记者和被采访者之间，形成的是一种监督与被监督的关系。〔1〕

〔1〕 杨合理：《知情权与新闻采访权》，《新闻爱好者》2004年第11期。

第三章　行政权对采访权的规制

一、行政权力规制采访权的原理与标准

采访权具有复合性，这种复合性也体现在采访权与公权力、私权利之间的关系上。在新闻实践中，由于新闻采访对行政权及司法权的关注要远远多于立法权，所以，在论述采访权与公权力之间的关系时，我们更多地将焦点集中于行政权与司法权。之所以作出此种选择，一方面是因为立法活动的频次与数量无法与行政权及司法权相提并论；另一方面也因为立法公开已几成惯例，相对于行政权与司法权要公开、透明许多。需要说明的是，此种选择并非意味着立法活动中不涉及采访权问题，而是恰恰相反，采访权其实与立法有着众多的关联。这种关联体现在：首先，立法活动可借由新闻媒体汇集更多智慧。立法草案公布之后，公众可以经由媒体参与讨论，充分沟通达成共识；有关机关也会收集媒体中的众多意见、评论，并据此对草案进行修改。其次，立法公开已成立法活动中的重要程序事项。立法公开不仅体现在提案的环节，体现在规划论证的环节，也体现在立法决策的过程，体现在法律法规公布的过程中。正因为立法的各个环节的公开，使得媒体有充分的接近立法活动权利，其采访权也得到比较充分的保障。最后，法律法规公布之后，更多的是需要监督行政机关及司法机关是否遵照其要求切实履行。因此，重点探析行政权及司法权对采访权的规制，是规制和保障采访权的重要内容。

（一）角色变迁："喉舌"、"挑战者"抑或"互动伙伴"

应当承认，要合理确定行政权力限定采访权的界限，首先需要对政府与

媒体之间的关系有比较深入的把握。政府与大众之间的关系，从理论的角度而言，主要有以下几种观点。

1. 媒体“喉舌”论

媒体“喉舌”论的基本观点在于，媒体的定位为某主体的喉舌，这一主体既可能是人民，也可能是政府或者政党。马克思指出，“报刊按其使命来说，是社会的捍卫者，是针对当权者的孜孜不倦的揭露者，是无处不在的耳目，是热情维护自己自由的人民精神的千呼万应的喉舌”。[1] 列宁沿用马克思的说法，认为：“合法存在的、以马克思主义思想为指针的俄国报纸，目前已成为向俄国社会民主党工人群众进行党的宣传鼓动工作的一个最重要的公开喉舌。”[2] 在我国，一直以来，媒体都是定位为党和政府的“喉舌”。毛泽东提出，“政治家办报”。其含义在于要从政治家的立场和高度来看待和认识报纸对人民、对党和政府的重要意义。[3] 邓小平要求，“党报党刊一定要无条件地宣传党的主张”。[4] 江泽民表示：“我们国家的报纸、广播、电视等是党、政府和人民的喉舌。”[5] 胡锦涛强调，党管宣传、党管意识形态，是我们党在长期实践中形成的重要制度，是坚持党的领导的一个重要方面，任何时候都不能动摇。[6] 在这些论述之中，都集中体现了党管媒体的原则，亦即媒体是党的宣传工具，是党、政府和人民的喉舌。媒体与执政党、政府的关系是部分与整体的关系。前者必须无条件地服从后者。显然，相对于执政党和政府，我国媒体具有先天的依附性和从属性。[7] 以此而论，政府和媒体之间的关系显然具有一体性，但“喉舌”应当听从大脑的意志则也是毫无疑义的。

---

〔1〕［德］卡尔·马克思：《〈新莱茵报〉审判案——马克思的发言》，中共中央编译局编：《马克思恩格斯全集》（第6卷），人民出版社1961年版，第275页。

〔2〕［沙俄］列宁：《论俄国社会民主工党的现状》，中共中央编译局编：《列宁全集》（第21卷），人民出版社1990年版，第453页。

〔3〕吴冷西：《关于新闻工作、办报和当记者——毛主席几次谈话的回忆》，《新闻战线》1993年第10期。

〔4〕邓小平：《目前的形势和任务》，中共中央文献编辑委员会编：《邓小平文选》（第2卷），人民出版社1994年版，第272页。

〔5〕江泽民：《关于党的新闻工作的几个问题——在新闻工作研讨班上的讲话提纲（1989年11月28日）》，载中共中央文献研究室编：《十三大以来重要文献选编》（中册），人民出版社1991年版，第766页。

〔6〕胡锦涛：《党管意识形态不能动摇》，《人民日报》2003年12月23日。

〔7〕王升华：《政府与媒体的互动关系》，《中共中央党校学报》2009年第4期。

2. “挑战者”论

此种观点认为，媒体犹如政府的挑战者，但这里的“挑战者”并不是政府权威的挑战者，而是指媒体能够更好地督促政府将各项工作做得更好。这一观点的源头在于国务院新闻办公室原主任赵启正对政府新闻发言人与记者之间关系的一种概括：“记者不是你的部下，不是你的学生，不是你的朋友，也不是你的敌人。他是你的挑战者。”[1] 之所以媒体会成为“挑战者”，有学者认为，这是由于我国媒体三元特征所决定的：对于媒体的角色，从政党和政府的角度来看是喉舌，从社会系统的运作来看有相对独立性，从信息经济的形态来看又是产业。这些论断表明我国媒体的多重属性——政治属性、产业属性和社会公共属性。我国媒体正从以往单纯的党的宣传工具发展成“双刃剑”：受控于国家，是政府手中的工具、传声筒；作为国家权力的组成部分，以新闻报道和舆论导向的方式控制着社会，引领着民众。[2] 有学者指出，随着社会市场化程度的提高，我国媒体的产业属性必将逐步增强。媒体被推向市场，激烈的市场竞争导致新闻媒体争相以市场为导向。无论报道形式还是报道内容，媒体都对各级政府形成挑战，争夺受众注意力，甚至是引导舆论。在相当长的时期内，这种现象决定了政府与媒体同时存在着从属关系、协作关系和博弈关系。[3]

3. “政府—媒体平衡论”

这种观点认为，政府与媒体之间应该保持平衡的关系状态。如果政府与媒体中的任何一方打破了这种平衡，双方的利益都会因此遭受伤害。一方面，对于政府与媒体来说，信息流通要相互依赖，加强社会管理、促成社会进步要相互制衡，涉及国家利益要相互协调；另一方面，作为信息源，政府应当善于设置媒体议题，熟知媒体运作特点，恰当选择信息发布对象。[4] 在这一基础上，有学者进一步提出，需要从一个更大的平台来看待媒体与政府之间的关系，认为这种光有政府与媒体之间的关系平衡还不够，还需要有公众、媒体与政府之间的平衡。其理由在于，社会是“人”的社会，而政府、

---

[1] 李斌：《深圳市长谈新闻发言人：记者不是敌人是挑战者》，中国频道网 2006 年 10 月 21 日．转引自王升华：《政府与媒体的互动关系》，《中共中央党校学报》2009 年第 4 期。

[2] 张诗蒂：《政府、媒体和公众关系的动态平衡》，《四川大学学报（哲学社会科学版）》2005 年第 1 期。

[3] 向颖轶：《新闻执政力：媒体动力圈中的控制革命》，传媒学术网 2007 年 4 月 25 日。

[4] 张宁：《政府传播：公共管理视野中的传播课题》，吉林人民出版社 2007 年版。

媒体、公众是组成当今这个“人”的社会的三要素。政府、媒体、公众的三角关系只有保持三足鼎立和相互制约的局面，才不至于破坏全社会的整体平衡。在社会的常态下，三方力量可以达到动态平衡，即媒体满足政府和公众的某种信息需求。任何一个明智的政府，都必须利用媒体，使媒体变成“一种力量的放大器、一种向对方施放信号的方法和工具”〔1〕。

4. 政府与媒体是“建设性合作伙伴”

清华大学国际传播研究中心主任李希光教授在广州市政府举办的首届市政府系统新闻发言人培训班上讲过：他们替我们传播我们想要传播的信息，而我们又为他们提供素材。这样就形成了合作的“伙伴”关系，形成了互利双赢的关系。我们利用他们传播声音，他们利用我们谋取利益。国务院新闻办公室原主任蔡武说过，国新办与国际媒体的关系是“建设性的合作伙伴”。在这里，“建设性”意味着，中国官员认识到境外媒体树立中国形象和传播中国政策能够起到正面作用，不再视其为搜寻负面报道的造谣惑众者；“合作”意味着，中国官员将“不怕和媒体打交道”，能够及时、公开地协助媒体进行报道，避免境外媒体发布不完整、不准确甚至被歪曲的信息；“伙伴”意味着，政府和媒体是平等的，没有地位高下之分，彼此尊重，各司其职。“建设性的合作伙伴”将政府与媒体的关系又向前推进了一步。〔2〕

这些关于媒体定位的分析和解读中，基本揭示了我国媒体角色的变迁历程，并在很大程度上揭示了我国媒体与政府之间的基本关系。媒体从“喉舌”“挑战者”向“平衡者”“合作者”的演进，一方面表明了随着市场经济的推进，媒体日益走向产业化、市场化，文化体制改革日渐深入；另一方面也表明，随着法治进程的加速，媒体与政府之间关系的定位与界限逐渐明晰。这种明晰，既有利于公众言论出版自由的保障和行使，也有利于公众知情权的保障。然而，在转型期的中国，简单地用一种模式来概述媒体与政府之间的关系是远远不够的，在我们看来，两者的关系与其说是众多学者所探究的单一关系模式，还不如说是一个多种关系模式的综合格局。也就是说，在更多时候，媒体既充当了“喉舌”，也充当了“挑战者、监督者”，还充当了“合作者”的角色。

---

〔1〕 张诗蒂：《政府、媒体和公众关系的动态平衡》，《四川大学学报（哲学社会科学版）》2005年第1期。

〔2〕 白烁：《政府与媒体理应是合作伙伴》，南方日报网2007年5月9日，转引自王升华：《政府与媒体的互动关系》，《中共中央党校学报》2009年第4期。

（二）新闻采访权遭遇不合理限制

现代社会中，理性而自由的新闻媒体承担着政府管理职能无法替代的作用，政府也会借助新闻活动的帮助来实现自己管理社会的职能。第一，在现代社会，新闻媒体是最为快速有效的大众传播工具，通过新闻媒体可以有效宣传政府的主张。第二，民众的意见可以借助新闻媒体得到有效宣泄。[1] 随着政府职能的扩张，对政府行为的知情与信息公开问题变得非常突出，政府权力的扩张，导致行政权力有着摆脱一切羁绊的内在冲动，而新闻媒体恰恰肩负着监督政府的天然职责。这种权力的等级结构及相互之间不同的动机，不可避免地导致了行政权力对媒体的管控。诚然，行政权力基于法律规定和公共利益的需要对采访权实施一定的限制无疑是必要的，但在现实生活中，尚存一些对采访权的不合理限制。总体而言，这些行政权对采访权的这种不合理规制，可以分为以下几种不同方式：（1）有条件停止采访资格。（2）限定采访对象"不接受采访"。（3）有的地方采访需要"领导层层审批"。（4）有的地方要求采访过程全程陪同。（5）有的地方要求提供专用采访证。

显然，这些针对记者采访活动和采访权的行为，其本质都在于对采访权的管控，在一定程度上对采访权行使形成了干扰和阻碍。在这些行政权力面前，采访权立身于一个完全不对称的权力结构中。在这种不对称结构中，一方面需要对这些行政权力加以更多限定，另一方面需要对采访权提供更多保障。因此，如何寻求两者之间的合理平衡，就是十分突出的问题。正如陈立丹先生所言：记者的采访权不是行政、司法和其他权力组织赋予的，因而这些权力组织也无权剥夺记者的采访权。但是我国行政、司法或其他权力组织，对采访活动拥有管理权，这是为了维护必要的社会活动秩序。例如，国家新闻出版总署负责颁发记者证和记者的培训，正是在行使其对传媒行业的管理权。

（三）行政权力限制采访权的基本原则

在国际人权文件中，新闻自由属于可克减的权利，世界上的三大人权公

---

〔1〕 张诗蒂等编：《新闻法新探》，四川大学出版社2008年版，第58页。

约《公民权利和政治权利国际公约》《欧洲人权公约》《美洲人权公约》均规定，为了保护和保障国家安全、公共秩序，可以对新闻自由予以限制。[1]其间所凸显的对克减权利的合法限制的理念，对于采访权而言，也是同样适用的。然而，应该承认并加以区别的是，不同的权力对采访权的限制不仅在量上有差异，在质上也有差别。比如，行政权力对采访权的限制就不同于司法权对采访权所施加的种种约束。行政权力对采访权的限制是最为有力，也最为频繁的，但这种限制也并非全然不合法，也并非全然不合理的。关键的问题在于，行政权对采访权的规制需要依循特定的原理与标准。这些原理与标准，有的内化为法律规范，在法律规范中得到了体现，但有的却并没有转化为法律规范的相应要求。

在新闻法治相对比较完善的国家，事实上，对采访权、新闻自由的限制都是遵循特定标准与原则而行。主要体现为以下原则。

1. 禁止事前抑制原则

就采访权而言，禁止事前抑制主要是指在采访活动之前，不应对拥有合法采访资格的记者的采访活动进行干扰、阻碍，而应该允许和保障记者根据自身采访计划自主地接近新闻源、自主确定采访对象、自主地同采访对象进行对谈。采访活动既是代表公众而接近新闻源的活动，也是新闻记者自身认识、知识与职业敏感的综合反映，往往会打上非常鲜明的个性烙印。如果对记者的采访权在事前加以约束，就无法保证记者能真正接近信息源、真正获取真实可靠的信息，也无法保障记者独立自主地进行信息采集活动。因此，就新闻活动而言，事前抑制的原则不利于公众知情权的保障。

但是，对记者颁发特定从业资格证的行为，是不是属于事前抑制呢？这显然不可同日而语。对记者采访权而言，首先是记者资格的获得与确认，如前文中所指出的，很多国家的新闻记者法中，都对记者的任职资格和要求有着非常苛刻的标准和要求。这在我国的有关规范中也有体现，比如，我国的记者证管理办法中，就对记者的任职要求有详细的规定。不仅如此，记者在我国是当作“特种行业”，在职称评聘上也遵循更加严苛的方式。在我们看来，对记者准入资格的要求和标准，更多的是从新闻职业的严肃性、重要性以及与众多基本权利的关联性而加以确定的。这种要求和标准，不应该认为是行政权力对采访权的事前抑制，恰恰相反，可以认为是行政权对拥有记者

---

〔1〕张诗蒂等编：《新闻法新探》，四川大学出版社2008年版，第272页。

证件人员的一种赋权行为。这种赋权行为可为记者采访权的行使提供更多的保障。

2. 明显且即刻的危险原则

明显且即刻原则是美国最高法院大法官霍姆斯在申克诉美利坚合众国一案中所确立的。[1] 该原则立基于对言论自由需要加以限制的理念之上，但在如何限制和怎样限制的问题上，则需要遵循“明显且即刻”的标准。根据霍姆斯的阐述，明显且即刻的含义在于，“所有案件的问题在于，所用的语言，是否产生联邦议会有权防止的实质性的危害、是否产生明显且现实的危险的状况下被使用、是否具有产生明显且即刻的危险的性质。这牵涉到（危险发生的）邻近及其程度的问题。当国家处于战争状态时，很多平时也许可以说的话，因为妨害国家对完成战争所作的努力，在人们进行战斗的时候就不允许说，而法院也不认为说这些话可以受到宪法上的什么权利的保护”。[2]

有学者从保护新闻自由的角度出发，将这一原则在新闻自由的领域体现归结为以下要点：（1）言论只有在对社会秩序已经造成或极有可能造成重大而实质性的危害时，才可予以限制或处罚；（2）言论发表者具有通过言论煽动或产生立即非法行为以破坏现存社会秩序的目的，或者说，具有如此之故意，是限制或惩罚的一个必要条件；（3）对社会秩序所产生或可能产生的破坏必须达到明显而严重的程度，才足以牺牲言论自由的利益；（4）言论之后的非法行为之产生有一种“立即性”或“可能性”，对于这种“可能性”，除非限制言论自由，否则无法阻止与避免。[3] 在新闻实践中，很多时候，一些地方政府或行政机关往往打着“有损地方形象、部门形象”“破坏社会稳定”等名目来对记者限制采访权，这显然是对“明显且即刻”原则的误解与滥用。事实上，就采访权行使过程而言，记者接近信息源、收集有关信息、与采访对象的交流等都还不是一个完整的表达过程，也就是说，由于新闻表达的职业特征与内部编辑流程，并非意味着记者的任何新闻采访和调查最终

---

〔1〕 Schenk v. United States 249U. S. 47，39S. Ct. 247，63L. Ed. 470（1919）. 申克是美国社会党的总书记，在第一次世界大战期间，申克散发传单反对征兵，指责美国政府无权把美国公民派往国外去枪杀其他国家的人民。联邦政府认为申克鼓动抵制征兵的行为违反了美国的间谍法案，在地区法院申克被大陪审团裁决有罪。上诉至最高法院后，霍姆斯法官在阐释判决理由时提出了“明显且即刻”原则。

〔2〕 ［日］藤仓皓一郎、木下毅等主编：《英美判例百选》，段匡、杨永庄译，北京大学出版社2005年版，第88—89页。

〔3〕 张诗蒂等编：《新闻法新探》，四川大学出版社2008年版，第275页。

都能够以文字的形式见诸报刊，只有真正见诸报刊之后，才可以认为是一个完整的表达过程。就此而言，在记者行使采访权的访查过程中，一般是不应该适用这一原则来对采访权加以限制的。诚然，这一点也并非绝对，比如在战时的新闻采访，就可能适用该原则而对采访权加以限制。但战时的这种限制，一般也可以从国家安全或者公共秩序的原则中得到阐释体现。

3. 国家安全与公共秩序原则

有学者将这一原则表述为国家安全、社会公共利益原则。[1] 诚然，国家安全无疑是最重要的社会公共利益，但是，应该表明的是，国家安全首先意味着一种秩序，这种秩序在国家之间、国家的内部各组成部分之间都有体现，一旦触及了其中的任何一种秩序，就是危及国家安全的行为。毫无疑问，根据一般的理解，社会公共利益的外延要远远大于公共秩序。公共秩序作为国家内部的一种秩序结构，本身就是社会公共利益的体现。不容否认的是，在公共秩序之外，还存在诸多公共利益，比如某省市的水利建设，就其省区范围而言，该项建设无疑是一种公共利益，但对它的采访和报道，一般是不应该有限制的。就此而言，对采访权的行使实施的限制，国家安全与公共秩序不仅是应该而且是必须要遵循的重要原则。

作为可资援用的限制采访权的一种原则，国家安全与公共秩序原则可以从两个不同的方面来加以把握。一方面，因为采访权的客体是信息，在这些信息中，有许多信息是跟国家安全与公共秩序密切相关的。比如，军队的布置情况、部队番号、尖端军事机密等，这些信息，无论是在战时还是在平时，都是维系国家安全的重要方面。因此，当记者的采访活动是为了获得这些信息时，无疑是需要加以严加甄别和严格限制的。另一方面，该原则也意味着记者行使采访权的活动，不能通过采访活动鼓动颠覆和破坏国家统一和领土完整，不得捏造诋毁国家和民族团结，也不得挑唆国家之间的对立情绪。这两个方面都是对采访权限制的重要内容。

其实，这一原则也是和政府与传媒之间的关系紧密相连的。诚如有学者所指出的，在具体的新闻管理活动中，新闻机构与其主管机关之间存在着管理与被管理的关系，是典型的隶属型行政法律关系……对于新闻主管机关的合法管理行为，新闻媒体及其从业人员必须接受，新闻活动不能妨害国家机

---

〔1〕 张诗蒂等编：《新闻法新探》，四川大学出版社2008年版，第274页。

关正常行使国家管理的权力。[1]

4. 公共利益与社会善良风俗原则

在很多时候，公共利益是相对于个体利益而言的非常模糊的一个概念。按照日本有斐阁出版的《宪法》(改订版）的解释，公共利益的含义是“共同拥有社会生活的众人共有的生存发展的利益”。日本学者认为，公共福祉应是个人利益的集合，是调整人权相互间冲突的实质性的公平原理。[2] 从这一解释中可以看出，公共利益需要以特定范围的确定作为前提，否则就会十分难以把握。从日本学者的这一概念而言，站在宪法学的角度，公共利益主要应当框定在国家的范围内。尽管我们界定公共利益面临着许多困难，但有一点是明确的，那就是公共利益跟每一个个体的利益都有着相关性，对其的损害意味着对每个人利益的损害。在新闻采访活动中，经常面临着公共利益的拷问。基于公共利益和社会善良风俗原则可以对采访权实施一定程度的限制，这主要体现在采访活动不能是对社会道德的腐蚀，不能挑战社会公认的道德标准，不能激发对宗教信仰的诽谤、污蔑。

以公共利益原则作为限定采访权的理由时，仍然有两个方面的问题值得探讨。第一，公共利益的层次问题。公共利益需要以特定的范围作为讨论框架，因此，在国家层面、地区层面甚至团体层面都会呈现出差异。这不同层面的公共利益，并非都可以作为限定采访权的合理标准。比如，我们并不能以某个村公共利益的层面来对发生在该村的新闻事件进行限定。第二，就是境内外媒体之间的差异。媒体的采访权，尽管从概念的角度并无差异，但从行政管控的角度而言却是有差异的，在对采访权进行限定时，这种差异无疑也是需要考虑的因素。这一点，在涉及社会善良风俗和道德时，差异尤其鲜明。比如对于同性恋以及同性婚姻问题，不同国家有着不同的见解和认识，相应的，在相关新闻信息的收集获取时，对采访权限制的强度与幅度无疑都是有差别的。

5. 公众人物名誉权减损原则

一般认为，“公众人物”原则是经由《纽约时报》诉沙利文案提出，经由其后一系列案件演化而最终确立的。[3] 公众人物的含义是什么呢？在柯蒂

---

〔1〕 张诗蒂等编：《新闻法新探》，四川大学出版社 2008 年版，第 255 页。

〔2〕 胡锦光、韩大元：《当代人权保障制度》，中国政法大学出版社 1993 年版，第 260 页。

〔3〕 New York Times Co. v. Sullivan，376 U. S. 254 （1964）.

斯案中，代表多数意见的沃伦大法官将其界定为："公众人物是指，在关系到公共问题和公共事件的观点与行为上，其影响力与政府官员相当的人"，而代表少数意见的哈兰大法官则将公共人物解释为："公众人物是卷入被证明为正当和重要的公共利益问题的人。"[1] 公众人物的名誉权、隐私权之所以有别于一般人，核心原因在于公共利益的需要。公共人物的言行直接影响到公共事务，因此他们与公共事务相关的言行应当接受公众的检验，而不能秘不示人，或者要求媒体不犯一点错。这种差异本质上体现了公共事务信息公开与个人隐私保护之间的关系，以及保护公共议论与允许信息有限错误之间的均衡关系。[2]

公众人物名誉权减损原则与其说是对采访权的限定，还不如说是对采访权的保护，因为它是通过平衡公众人物名誉权与采访自由之间的关系而得以确立的。该原则与其他原则最重要的差异在于，他是通过限定采访对象权利的方式而进行的。其之所以也可以作为限定采访权的原则，主要是因为这一原则意味着行政权力在克制自身从而接受舆论监督方面所作的最大限度的容忍。值得注意的是，这一原则并非故意放纵和容忍以各种方式采访公众人物隐私的行为，如不得偷拍偷录等，都是这一原则所当有的界限。

6. 时间—地点—方式原则

这一原则是力图摆脱拘泥于内容取向的一种原则，在美国州政府对采访权的限制中常有体现。"在美国，在不问内容的情况下，可以对表达的时间、地点、方式予以合理限制。例如，分送、散发小册子、传单，使用广播车、招贴牌均受宪法保护。但是，各州有权就出版物可以在何处出售作出合理的、不过问内容的规定。"[3] 在美国，封锁的现场经认可的记者常常得到警察当局的准许而越过防线。美国有些州的法律甚至规定了这样的特权。如加州《刑法典》第409（d）条规定，警官可准许"经适当授权的任何新闻服务部门的代表"进入已隔离的灾难发生地，"新闻服务部门的代表"意指任何持有新闻证件的人。除这种持凭证的新闻记者获准越过警察防线的例子外，还有国务院授予职业记者可到受限制的外国地区旅行的特殊权力的规

---

〔1〕 Curtis Publishing Co. v. Butts，388 U. S. 130，（1967）. 参见李瞻编译：《传播法——判例与说明》，黎明文化事业公司1992年版，第175页。

〔2〕 张诗蒂等编：《新闻法新探》，四川大学出版社2008年版，第276页。

〔3〕 ［美］詹姆斯·M. 伯恩斯、杰克·W. 佩尔塔森、托马斯·E. 克罗宁：《美国式民主》，谭君久等译，中国社会科学出版社1993年版。

定，如果旅行的目的是向公众提供有关这些地区的信息。[1] 事实上，该原则等于赋予了行政权力在限定采访权问题上的一定程度的自由裁量权。这种裁量权主要是在具体的时段和场合给予新闻记者以采访权，或者也可以认为在前述众多原则管控下的某个时段对相关信息予以公开的一种原则。比如，在战时，如果有关信息需要发布，可以借由统一的时间、地点以新闻发布会的方式予以发布。

在确定行政权力限制采访权的标准问题上，并非仅有以上这些原则，而是这些原则有助于确定行政权力限制采访权的幅度和强度，从而能给采访权相对比较广阔的权利空间。然而，需要说明的是，这些原则之间并非前后相续的递进关系，也并非这些原则单一地加以运用或者需要以全有的方式运用。但是，也应该承认，这些原则对于采访权限制的强度和幅度依然是有差异的。比如，如果禁止事前抑制，在战时的新闻报道中，仍然需要以国家安全和公共秩序原则对之加以检验和排除，并非能够实行完全的事前抑制。事实上，这一点，在美伊战争之前的新闻报道中有所体现，美国军方邀请其国内和众多外国媒体上美国的航空母舰上采访就是很好的明证。

二、书报检查制度及其当代演变

（一）书报检查制度的缘起

在行政权力对采访权的规制中，最为有力也最为明显的无过于书报检查制度。“书报检查制度（censorship）一词，源自拉丁语 censere，在古罗马时代，是指社会风纪检查和道德行为监督的地方行政官。”[2] 在《简明不列颠百科全书》的解释中，“进行书报检查，就是进行判断和批评，作出评价和估计，以及实行禁止和压制”[3]。英国学者 Sue Curry Jansen 指出，书报检查制度是捆绑权力与知识的一个死结。这个概念从古罗马时代起就与政府的管理密切相关，它首先代表了一种强制性的权力，公民必须按照检查官的要求去做，或者不允许有悖于执政者规定的言行；其次，户口调查的过程就是评

---

〔1〕 周甲禄：《论采访权的法律属性及其实现》，《湖北社会科学》2004 年第 10 期。

〔2〕 Oxford English Dictionary on Historical principles. 2nd Clarendon press，1989. v. 1 1029.

〔3〕《简明不列颠百科全书》，中国大百科全书出版社 1985 年版，第 342 页。

价和类分人群的过程，这需要建立某种标准，如果一个人的行为不符合这一标准，就会被检查官剥夺公民身份，而作出这种决定往往就带有主观武断的性质。[1] 美国学者 Henry Reichman 是这样定义书报检查的："因为文学艺术或教育类出版物中的图画、信息、体现的思想等内容不符合检查者的道德和其他标准，而为当局所限制、禁止流通甚至销毁出版物的一项制度……通俗地说就是：这本杂志和图书，不得让读者阅读，因为我不喜欢。"[2] 这些关于书报检查的定义中，都有一个非常明显的特征，即权力根据自身喜好来对出版物进行"检视"，其本质在于对思想和出版自由的干涉。或许，在统治当局看来，"保持社会的安宁比那些靠不住的社会和思想实验更为重要"[3]。

"书报检查制度"究竟起于何时，学界并没有统一的说法。在西方学者的争议中，有的认为这一制度起源于古罗马时代，并认为这一制度导源于古罗马时代的户口调查制度。[4] 有的认为是教皇的发明，[5] 教皇庇护九世认为，自由表达意见将导致行为和思想的双重腐败；[6] 文字是有很强传染力的黑死病[7]，是比子弹还要厉害百倍的"纸弹"，子弹只能伤害肉体，而"纸弹"却能改变思想[8]；也有学者提出，这一制度的源头也许可以追溯到古希腊对智者派哲学家普罗泰戈拉和苏格拉底的迫害。[9] 也有学者提出，事前放任事后干涉的原则最早产生于中国，中国出版业的产生要比欧洲早得多……在欧洲，随着印刷业的出现和发展，对于出版物采取事前检查制度，在英国事前

〔1〕 Sue Curry Jansen. Censorship: the Knot that Binds Power and Knowledge. Oxford University press, 1988. 41.

〔2〕 Henry Reichman. Censorship and Selection: Issues and Answers for school. American Library Association, 1993. 2.

〔3〕 [美] 罗德·霍顿、文森特·霍珀：《欧洲文学背景》，人民文学出版社 1992 年版，第 7—8 页。

〔4〕 George Haven Putman. Censorship and the Public Library: With other Papers. Wilson, 1931. 14. 前引 Sue Curry Jansen 显然也是持该观点。见 Sue Curry Jansen. Censorship: the Knot that Binds Power and Knowledge. Oxford University press, 1988. 41。

〔5〕 Robert Downs (ed.) . The First Freedom : Liberty and Justice on the World of Books and Reading. American Library Asso. , 1960, 1.

〔6〕 Robert Justin Goldstein. Political Censorship of Arts and the Press in Nineteenth Century Europe. St. Martin' s Press, 1989. 27.

〔7〕 Roderick Cave. The Private Press. 2nd ed. Bowker, 1983. 68.

〔8〕 C. R. Elsendrath. Press Freedom in France: Private Ownership and State Control. In: Jane Leftwich Lurry &Joan Dassin (eds.), Press Control Around the World. Praeger Scientific, 1982. 62，转引自沈固朝：《欧洲书报检查制度的兴衰》，南京大学出版社 1999 年版，第 6 页。

〔9〕 沈固朝：《欧洲书报检查制度的兴衰》，南京大学出版社 1999 年版，第 5 页。

检查制度的实行主要是15世纪和16世纪的事情。[1] 在这些观点中，显然都有支撑其观点的种种依据，但对于书报检查制度的缘起而言，我们认为，这样几个因素是应该加以辨别的：（1）“书报检查”中的“书”和“报”究竟所指为何？从广义上而言，作为思想和表达的“载体”，是否一定要经由印刷术并在纸质载体上得到体现？如果从最广泛的意义上加以考察，古罗马的户口调查，更多的主要是一种身份的审查，虽然在审查的过程中，会一并对人的言行依据一定的标准进行审查，但这种审查除了“人”自身之外，并没有通过其他的“载体”。发生在我国秦朝的“焚书坑儒”事件，虽然不能排除其对儒家理论及其信奉者的政治打压，但也的确是对“书籍”进行了甄别和分类，并且将不符合统治阶层需要的种种书籍全部“焚毁”，完全可以认为是“书报检查”的制度体现。以此而论，在我国，书报检查制度的历史更为长远。正因为如此，有学者指出这一制度最早产生于中国，并且在清代以前，中国对出版物都采用了“事前放任事后审查”的原则。（2）对“书”的审查和对“报”的审查并不同步。这应该是很好理解的问题，书报都是言论表达和思想的重要载体，但两者的发展并不同步，对两者采取审查的措施也并不同步。书籍的历史要远远长于报刊的历史。“在西方，第一本印刷图书于1473年在里昂出版，印刷报纸的出现几乎是紧随其后。起初，这种报纸的出版是无规律的：这正是15世纪末到16世纪初报纸发展初期最大的特点。”[2] 根据戈公振在《中国报学史》中的记述，最早的报纸，无论在中国，还是在西方，其都是属于“官报”的性质。[3] 既然是“官报”，本就是“官方”自身态度和立场的表达，其审查显然也就无从谈起。（3）对“书”的审查和对“报”审查的方式既有共同之处，也有诸多差异之处。比如，对书籍的审查，比如在中世纪时期，形成了“查”（出版许可）、“禁”（禁书目录）、“审”（检查官、主教和宗教裁判所）和“罚”诸多手段互相配合的，更严密、更系统、更连贯的体系。[4]

---

〔1〕 杜钢建：《出版自由的法律保障比较研究》，南京师范大学法制现代化研究中心编：《法制现代化研究》（第一卷），南京师范大学出版社1995年版。

〔2〕 [法] 让-诺埃尔·让纳内：《西方媒介史》，段慧敏译，广西师范大学出版社2005年版，第19页。

〔3〕 戈公振：《中国报学史》，上海古籍出版社2003年版，第31—33页。

〔4〕 沈固朝：《欧洲书报检查制度的兴衰》，南京大学出版社1999年版，第6页。

（二）书报检查制度的变迁

1. 书报检查制度的演变

在很长一段时间内，出版前检查制度就是“书报检查”的代名词。有学者指出，“在英国，1695 年《许可证法》废除前以出版前检查为主，1695 年后则以出版后检查为主，其他国家也遵循同样的规律”。[1] 意即出版物在发行和出版之前，必须先经过特定机关的检定，经排除不予公开出版的内容之后再予以出版的制度。事实上，经过这一检查制度，往往可能导致三种结果：通过审定，得以出版；修改后出版；列入禁书目录。国家对于出版自由的干涉通常以两种方式进行，一是对出版业进行干涉，要求出版业包括印刷业或发行业必须由国家特许的机关或公司经营。国家对出版业实行许可制度。二是对出版物进行干预，国家对出版物干预的方式逐渐由事前检查制度向事后追惩制发展。[2]

就该制度的具体落实而言，并不是完全通过对出版物的内容审查来实现管制目的的。“与这类检查相关的出版前控制措施有特许制或批准制、登记制、保证金制以及相应的惩罚制度，其主要目的是防止图书内容‘出轨’，并将‘出轨’的书籍扼杀在它传播以前。”[3]

（1）预防性许可。在西方，预防性许可最早产生于教会对异端思想的审查。其基本含义是指在出版物出版之前，需通过当局的检定许可之后，才能予以印刷，或者通过限制印刷的方式，来阻止不符合当局偏好的书籍发表的制度。在书籍还处于手抄本的时代，在中外的历史上，基本是通过焚毁一本书，甚至整座图书馆的方式来阻止异端思想的传播。“随着印刷术的发明，焚毁政策的效用大大降低，于是，发布书籍管制令、对印刷采取预防性许可制度制度，用禁书目录限制书籍的流通就成为新形势下教会禁书的新举措。”[4] 据学者介绍，1501 年罗马教皇亚历山大六世下令不得刊印一切未经教会检查的书；1512 年第五次拉特兰宗教会议批准了对印刷品的事先检查制

---

〔1〕 Neil Sammells. Writing and Censorship：An Introduction. In：Paul Hyland & Neil Sammells（eds），Writing and Censorship in Britain. Routledge，1992. 1.

〔2〕 杜钢建：《出版自由的法律保障比较研究》，南京师范大学法制现代化研究中心编：《法制现代化研究》（第一卷），南京师范大学出版社 1995 年版。

〔3〕 沈固朝：《欧洲书报检查制度的兴衰》，南京大学出版社 1999 年版，第 2 页。

〔4〕 沈固朝：《欧洲书报检查制度的兴衰》，南京大学出版社 1999 年版，第 19 页。

度，并命令各地主教会同宗教裁判官组成书报检查机构，一切书籍须经它批准，不服从命令的印刷商要受革除教籍、罚款和停业的惩罚。[1] 在预防性许可之下，无论是书籍还是报刊的出版，都处在教会及其宗教裁判所的严密监视之下，其出版自由受到非常严格的限制。凡与教会不一致的思想和言论，都无可避免地受到打压和迫害。

（2）王家特许状与新闻检查。随着文艺复兴和启蒙运动的兴起，人们更多地以"人"而不是"神"的视角来感受和体认现实世界。与此相伴随的是，教会力量的日渐衰弱和世俗君主力量的强大。"宗教裁判所让位于国王的法院和秘密警察，出版控制的工具——禁书目录（原本是重要的版前审查制度）成了国王和议会的印刷特许状，以及各种检查法和知识税，书报检查制度从形式到内容都发生了许多变化。"[2] 然而，世俗力量的兴起并没有放弃对出版物的管控。到了 16 世纪，英国出现了报纸，当时英国国王及政府对报刊出版设立了限制，主要采取三大限制措施：第一，出版许可；第二，星座法院和宗教高等法院；第三，事前审查制度（Prepublishing censorship）。1530 年，英国国王亨利八世首先设立了出版许可制度，1557 年，英国国王向书籍、出版公会颁发王家特许状，当时获得王家特许状的，基本上都是书商公会成员。[3] 书商公会的后台便是"星座法院和宗教高等法院"[4]。

1586 年，伊丽莎白女王制定了《星法院法令》。根据该条例，印刷业所有师傅必须登记，禁止在伦敦以外的地区印刷；新的师傅就任，须"宗教高等必须法院"同意，在斯图亚特时代前期，有关批判国王以及政府的言论均作为名誉侵权罪在星座法院加以处罚。1576 年，英国又制定了一项新闻检查制度，规定每个星期由两名检查员对伦敦所有印刷品进行一次搜查，对有些印刷品可以没收。1641 年，对国王专制不满的英国议会废除了"星座法院"书籍，出版公会的权力有所下降，这是历史上英国首次实现报刊书籍的自由出版。但此后出现了人身攻击的报道，1643 年英国制定了《新闻法》，同年英国设立"许可证"（Board of Licensers）。1647 年又制定了《印刷限令》（Act for Regulating printing）。1655 年，英国制定了《印刷令》（Orders on the

〔1〕 沈固朝：《欧洲书报检查制度的兴衰》，南京大学出版社 1999 年版，第 20 页。
〔2〕 沈固朝：《欧洲书报检查制度的兴衰》，南京大学出版社 1999 年版，第 56 页。
〔3〕［英］詹姆斯·密尔：《论出版自由》，吴小坤译，上海交通大学出版社 2008 年版，序言第 3 页。
〔4〕 沈固朝：《欧洲书报检查制度的兴衰》，南京大学出版社 1999 年版，第 65 页。

press)。1662 年，查理二世重新颁布了《出版物检查法》，进一步加强了对言论的控制。[1] 在法国，1631 年，路易十三授予雷诺道特和他的后代独家特权，可以出售国内外新闻书、公报。路易十四还特许雷诺道特家族办《法国公报》和另外两家官报，享受不受检查的特权，雷诺道特家族利用这一特权垄断法国报业达 131 年之久。[2]

(3) 知识税与保证金。知识税出现于 17 世纪末、18 世纪初的英国，其指代了一系列的税种，如印花税、广告税等。知识税的直接目的在于限制报业的发展，或者更具体说是限制弱小印刷商、报人办报和穷人阅报。曾有议案估计，向周报征税可将发行量从 45000 份降至 30000 份。[3] “向出版物征税，就是向新闻征税……向知识征税……向人类进步征税。”[4] 保证金制度是法国在拿破仑第三时代实行的对出版物管制的一项制度。在保证金制度之下，开办报刊不仅需要得到警察机关或其他专门机关的特许，还要交付保证金。由于出版商交付了保证金到行政当局手中，报刊要发表批判当局及其政策的报道和评论时，就会有所顾及。与知识税制度一样，两者都是从财产的角度来对出版自由实施管控，其意在通过对财产的掌握和剥夺来限制人们的言论表达。尽管从表面看起来，这两种制度都没有直接针对出版自由，但对出版自由的影响绝对不可以轻易忽略。事实上，知识税和保证金制度，一方面提高了报刊机构准入的门槛，必须有足够的资金来应对知识税和保证金；另一方面也加大了传媒生存的难度。但其最大的冲击还是民众对公共事务的知情权以及通过媒体表达言论的自由和权利。

(4) 津贴制度。津贴制度是指通过向特定出版商提供津贴的方式，来减少这些出版商批评当局及其政策的可能，并且可以通过这一制度来变相惩罚那些“不听话”的出版商和媒体。津贴制度不仅针对报纸和报社，也对一些著名报人实行。显然，津贴制度不像知识税那样着重“控制”，而是恰恰相反，而是“扶持”，但因为其“扶持”不仅有着自身目的，而且也意味着对没有得到津贴的媒体的打压，其实质是通过“一提一压”的方式来拉拢和争

---

[1] ［英］詹姆斯·密尔:《论出版自由》，吴小坤译，上海交通大学出版社 2008 年版，序言第 3—4 页。

[2] 沈固朝:《欧洲书报检查制度的兴衰》，南京大学出版社 1999 年版，第 129 页。

[3] Siebert, Fredrick Seaton. Freedom of the Press in England, 1476-1776. University of Illinois Press, 1965, 309.

[4] Robert Justin Goldstein. Political Censorship of Arts and the Press in Nineteenth Century Europe. St. Martin's Press, 1989, 53.

取有利于自身的舆论和宣传，从而实现抑制民众出版自由和表达自由的目的。

以上种种措施，都是对出版自由的不同程度的限制，其所受到的批判也异常猛烈。弥尔顿认为出版检查制度是对人性和尊严的漠视，是对学者、民众、国家甚至教会人员的轻蔑。对于一个明达人士来说是一个莫大的侮辱，对于已故的贤哲流传后世的著作，也是一个莫大的损害，所以，在弥尔顿看来，这对整个的国家都是一种污蔑和损害……没有他们的监督这一切就不能通过，不经过他们的漏斗过滤，没有他们的亲笔签署就不能发行，不论他们的禀赋多么好，我们也不能如此轻视英国的文化，真理和悟性绝不能像商品一样加以垄断。[1] 他还指出，“只要心灵纯洁，知识是不可能使人腐化的，书籍当然也不可能使人腐化……对于坏的胃口来说，好肉和坏肉一样有害，最好的书在一个愚顽的人心中也并非不能用来作恶”。[2] 尤其是富有理性和判断力的人，更是能够以毒攻毒，以异端的“书籍来反对异端”[3]。马克思也曾对印花税政策大力抨击，认为“唯恐人民有出版自由和比较广泛的政治情报来源而死死抓住6便士广告税不放，硬说这一项税是为补充印花税所必需，只不过是因为害怕出版自由而已”。[4]

2. “事后追惩”

“事后追惩制是现代各国普遍实行的一种制度，根据此种制度，出版物在出版以前不受任何干预，但出版后如有违法，须受法律制裁……在追惩制下，通常只有法院才能决定出版物是否违法。”[5] 从其源头上而言，这一制度依然可以追溯到英国的煽动性诽谤司法。

煽动性诽谤罪在中世纪法规中主要用来制裁散布有损于国王和贵族的谣言的人，但到了英国的斯图亚特王朝，诽谤罪常被星座法院、枢密院、最高宗教委员会用来对付批评政治和宗教制度，制止会引起争议的讨论以及“扰乱国家安宁的诽谤”，而不是惩治破坏他人名誉的行为。有学者提出，“诽谤

〔1〕［美］詹姆斯·密尔：《论出版自由》，吴小坤译，上海交通大学出版社2008年版，序言第9页。

〔2〕［英］约翰·弥尔顿：《论出版自由》，吴之椿译，商务印书馆1995年版，第14—15页。

〔3〕［英］约翰·弥尔顿：《论出版自由》，吴之椿译，商务印书馆1995年版，第14—15页。

〔4〕［德］马克思：《土耳其战争问题——〈纽约论坛报〉在下院——印度的管理》（1853），载［德］马克思、恩格斯：《马克思恩格斯全集》（第9卷），人民出版社1985年版，第198—200页。

〔5〕杜钢建：《出版自由的法律保障比较研究》，南京师范大学法制现代化研究中心编：《法制现代化研究》（第一卷），南京师范大学出版社1995年版。

罪的诉讼程序不是为保护清白而设计，而是为定罪而设计，法院根据告密或怀疑就可以逮捕被告；无论起诉或定罪都不依靠陪审团；普通法无法约束国王特权支持的诽谤罪的审理……"[1] 在煽动性诽谤的制度之下，对出版物的检定更为严格，并且还披上了法律的外衣。据学者统计，从 1600 年至 1685 年，巡回法庭审理了 17 个郡 241 起对诽谤性文字的控告。[2]

3. 检查制度的废止

与对出版物的预防性控制不同，诽谤诉讼是通过事后追惩的方式，对出版物中的内容进行审查，从而追究出版商法律责任的一种制度，其最大的特点在于，某出版物是否非法以及是否具有非法内容，不再由国王直接判断，而是由国王的法院判断。在星座法院时代，因为没有陪审团，法官可以完全遵从自身判断，因而也具有了更多的恣意，成了限制出版物的重要手段。但到了普通法时代，出版商是否构成诽谤以及用以证明诽谤的证据，都是法官不得不面对的问题，这种对法官恣意的克服，某种程度上是对出版自由的轻微解放。事后追惩制度的确立，某种程度上也是出版前审查制度瓦解和废止的序曲。

迄今为止，多国都通过明确的宪法规范废除了出版前检查制度。事前检查制度的废止，最早始于英国。英国于 1695 年废除了事先检查制度，此后，美国等国家受到英国的影响，也宣布检查制度是违宪的。1813 年《比利时宪法》第 18 条规定，"出版自由、出版品之检查不得施行"。《日本宪法》第 21 条规定，"保障集会、结社、言论、出版及其一切表现的自由。不得进行检查。通信的秘密不受侵犯"。1976 年《葡萄牙宪法》第 38 条规定，"每个人都有权以文字、图像或其他任何手段表达和发表观点，并不受阻碍、不受歧视地获得情报。这些权利的行使不得以任何方式的检查加以制止或限制"。《意大利共和国宪法》第 21 条规定，"出版无须得到准许或经过检查。即使在出版法明确规定应予查封的违法情况下或该法对指定的负责人所发出的规则遭到破坏的情况下，亦须根据司法当局的说明理由的文书始得实行查封"。

（三）当代变体：出版法制中的检查制度

毋庸置疑的是，现代国家都以各种表达方式在宪法规范中承认或确立了

---

[1] 沈固朝：《欧洲书报检查制度的兴衰》，南京大学出版社 1999 年版，第 74 页。

[2] Buchanan Sharp. Popular Political Opinion in England, 1660-1685. History of European Ideas, 1989.(10): 13-15.

公民的出版自由，并明确规定“不得检查”。这里的“不得检查”一般是指“不得事前检查”。宪法的这一规范，在各国几成惯例。但是，检查制度的废止并非如汽车制动系统一般可以戛然而止，其留有的种种余韵，仍然需要通过相应法制去逐渐剔除。当代的关于新闻自由的种种约束，虽然表面看起来还带有“检查制度”的嫌疑，但也是逐渐走向出版法制所必需的。

1. 新闻机构的设立许可

不论从怎样狭窄的角度来理解，新闻业都可以在出版自由的规定中找到存续的空间，因此，对出版自由的种种约束，对新闻自由的约束也有同样的效果。新闻自由中包含了“开业的自由”，其开业的自由主要是指“设立新闻机构”的自由。关于新闻机构的设立，仍然从两个方面留有“许可制度”的痕迹。其一，名为允许新闻机构自由设立，其本质则是商业媒体大行其道。在西方国家，一般对新闻机构的设立采取登记制度，在这种制度之下，新闻媒体往往为商业机构所控制。诚如美国《华尔街日报》的 W. P. Hamilton 所言：“报纸是私人企业，大众并未赋予报纸特许权，因此报纸不欠大众任何东西，也不受大众利益的影响。它完全是报纸老板个人的财产，报纸老板自己冒着风险销售制成的产品。”[1] 由商业团体控制的媒体，显然不是公众新闻自由的体现，尽管政府没有给这些媒体“津贴”，但其所体现的是对特定商业阶层的利益的保护，其他公众设立的新闻机构根本无力与其竞争。其二，新闻机构的设立需要特定许可。我国目前依然采用的是对新闻机构的审批制度。1999 年 8 月 16 日，中国国家新闻出版署颁布《新闻出版署关于非新闻出版机构不得从事与报刊有关活动的通知》，通知第 1 条指出，“非新闻出版机构未经国家新闻出版行政管理部门批准，不得从事新闻活动”。在我国的《广播电视管理条例》中，也明确规定了“地方设立广播电台、电视台的，由县、不设区的市以上地方人民政府广播电视行政部门提出申请，本级人民政府审查同意后，逐级上报，经国务院广播电视行政部门审查批准后，方可筹建”。

2. 记者的行业准入制度

在对新闻机构实施设立许可的同时，多国对记者的职业准入也作了众多的规定。这些规定，无疑是对公众新闻表达自由的一种变相约束。意大利

[1] 魏永征、张咏华、林琳：《西方传媒的法制、管理和自律》，中国人民大学出版社 2003 年版，第 44 页。

1963 年 2 月 3 日制定的 69 号法律规定，记者必须在全国记者公会登记，否则不得称为记者，并严禁从事任何新闻事业活动。而且法律还规定了其他条件限制：意大利公民，21 岁以上；连续接受 18 个月以上的新闻专业教育；需经过新闻专业笔试及格，考试由罗马高等法院法官及全国记者公会遴选代表组成为会员主持之。[1] 哥斯达黎加 1969 年通过了 4420 号法律，规定成立哥斯达黎加新闻记者协会，仅能由具有该国大学新闻学士学位者组成。此协会可准许其他人，经审核其条件、专业知识、道德水准之后执业。记者协会的任务是训练记者和发给记者执照。有执照才可以从事新闻工作。如无执照从事新闻工作，则属犯罪，可被判入狱和罚款。[2]

中国新闻出版总署在 2003 年起与人事部共同建立中国的新闻从业人员资格准入制度。这意味着中国将进行全国新闻从业人员资格考试，获得资格证书后才能从事新闻采访活动，新闻单位必须录用有新闻从业资格证书的人员。因此，我国现行的新闻媒体设立制度和正在逐步建立与完善新闻记者资格认定等新闻工作者准入制度，这表明了新闻媒体的特殊社会组织性质和新闻记者有别于普通公民的鲜明特征。当然，新闻媒体和新闻记者在行使此项权利的同时也承担着更为严格的法律责任和社会责任。《新闻记者证管理办法》中规定，新闻记者证是我国新闻机构的新闻采编人员从事新闻采访活动使用的有效工作身份证件，由新闻出版总署统一印制并核发。其第 9 条规定："新闻机构中领取新闻记者证的人员须同时具备下列条件：（一）遵守国家法律、法规和新闻工作者职业道德；（二）具备大学专科以上学历并获得国务院有关部门认定的新闻采编从业资格；（三）在新闻机构编制内从事新闻采编工作的人员，或者经新闻机构正式聘用从事新闻采编岗位工作且具有一年以上新闻采编工作经历的人员。"并且，根据《新闻专业人员职务试行条例》的规定，将新闻从业人员的职称级别作了限定：编辑职务设高级编辑、主任编辑、编辑和助理编辑四级。新闻记者的专业职务分为高级记者、主任记者、记者和助理记者四级。[3]

3. 报刊内容审查

在我国，媒体既是党和政府的"喉舌"，也与政府有着新型互动合作

---

〔1〕 许加彪：《法治与自律——新闻采访权的边界与结构分析》，山东人民出版社 2005 年版，第 30 页。
〔2〕 尤英夫：《新闻法论（下）》，三民书局 1994 年版，第 153 页。
〔3〕 张诗蒂等编：《新闻法新探》，四川大学出版社 2008 年版，第 52 页。

关系。在具体的新闻实践中，我国依然对新闻媒体采取特定的检查制度。正如学者曾指出的，新闻出版总署是我国新闻出版事业的最高管理机关。下设新闻管理局，依据《出版管理条例》及其相关的部门规章对全国的出版活动实施监督管理。职责包括制定关于新闻出版管理的方针、政策、法律法规；进行新闻检查；制定并实施新闻出版事业发展规划等。[1] 在新闻报道，尤其是比较重要的涉及政府及其政策的报道时，媒体大都会要求有关部门的有关人士进行“审稿”，待“审稿”完成并附有有关人士签名之后才进入用稿程序。而在国内的各大新闻机构的把关手册中，也有关于类似的审稿要求。只不过，我国国内媒体的这种审稿流程，大多是媒体出于惯例“主动要求审稿”的。

当新闻报道见诸版面之后，并非意味着“审查”的完成，在我国，还有一道由有关部门进行的“审读”程序。“报刊审读是加强报刊宏观管理的重要手段之一，是正确把握舆论导向，提高舆论水平，促进报刊业健康发展的重要保证……报刊审读工作起步于1989年，经过多年的实践和探索，逐步建立健全了审读制度，组建了审读机构和审读队伍，并以多种形式同通报和交流审读信息。”[2] 显然，这里的“审读”既是针对报道的内容，也是针对报道的形式，甚至涵括了报道的篇幅大小。这种“审读”的目的，诚如所言，是为了“加强管理，提高舆论水平，促进报刊健康发展”。但应当承认，这种“审读”，尽管是一种“事后评价机制”，也应当看作是检查制度的一种变体。

诚然，自书报产生以来，对其的检查就相伴而生。在关于书报检查的种种制度中，尽管我们不得不承认其中的许多制度都是对出版自由和新闻自由的限制和约束，但也应该承认，这种约束和限制也并非全然是负面的。因为，在我们看来，无论是出版自由还是新闻自由，都需要与当时的社会经济、政治、文化甚至社会整体风尚相适应。我们希望排除的是那些与时代不相应的、与民众意志相去甚远的不合理的检查和抑制。

三、政府信息公开法中的采访权

行政权力与新闻采访权之间的关系的良性平衡，可以从两个方面进行着

---

[1] 张诗蒂等编：《新闻法新探》，四川大学出版社2008年版，第54页。
[2] 浙江省新闻出版局报刊处编：《报刊审读手记》，浙江人民出版社2003年版，序言第1页。

手，一方面是强化对行政权力所掌握公共信息的及时发布，从而及时地、准确地让公众获知；另一方面则是为采访权提供更多的法律保障，让其有充分地接近和获取有关信息的自由。无论是前者还是后者，其本质都是为了保障公众对权力过程的知情权、对社会进程的自我了解和认知的权益。在这其中，前者一般体现为信息公开法，其立法旨意在于规范行政权力对信息公开的内容、范围、程序和方式。一般认为，政府信息公开对采访权的保障具有相对重要的意义。有学者甚至指出，政府信息公开立法是广义上的新闻传播立法，它的受益者是所有社会公众，但其中最大的受益者还是新闻媒体，因为政府是媒体最大且最重要的新闻消息来源，政府信息公开为采访自由的实现提供了一块敲门砖。[1] 诺贝尔经济学奖得主斯蒂格利茨也认为，政府过分保守秘密导致信息的缺乏，产生寻租，官员有时仅仅向那些和自己相处“关系”好的新闻界人士公开信息，收取租金，使得新闻舆论对信息公开的要求呼声更加强烈。[2]

（一）在信息公开的法定范围内，新闻媒体享有充分的采访权

信息，或称情报，广义是指以各种方式传递与交流的具有一定目的与时效的消息。信息具有客观广泛性、容易获取性、迅速传递性以及共享性。[3] 显然，信息与消息有一定的交叉，而作为采访权客体的信息主要是新近发生事件和关系公共利益的情况和进展。在各国的信息公开法中，大多对信息公开的范围作了规定，这种规定意味着当新闻媒体需要获取公开范围内的信息时，应当具有充分的采访权。这种采访权本就是“依法”而行，不受任何行政权力的干预。信息公开的范围，可以从两个不同层面来加以把握。其一是内容的范围，内容的范围表明哪些信息是政府应该公开的；其二是公开主体的范围，即哪些机关掌握的信息应该予以公开。在对行政权力所掌握的信息的接近和获取中，信息的内容是采访权的客体，负有公开义务的主体则是采访权所针对的对象。

各国信息公开的范围大小，既是各国政府透明度的反映，也是权力接受

---

〔1〕 张诗蒂等编：《新闻法新探》，四川大学出版社2008年版，第255页。

〔2〕［美］斯蒂格利茨：《自由、知情权和公共话语——透明化在公共生活中的作用》，宋华琳译，《环球法律评论》2002年秋季号。

〔3〕 刘杰：《知情权与信息公开法》，清华大学出版社2005年版，第4—5页。

媒体与社会监督的综合指针。但是，各国在信息公开的内容范围和主体范围都有比较鲜明的差异。在美国，信息公开的重点是行政机关的记录。美国于1967 年 7 月 6 日正式实施的《信息自由法》是信息公开的主要法律。该法（《美国法典》第 5 编第 552 条第 1 款）规定，“每个机关都应使公众可以获得以下信息”，对行政信息分六项进行了详细规定。[1] 根据该法，政府信息和政府文件统称为行政机关的记录，记录是指一切记载信息的资料，不受特定的物质形状所限，包括书籍、公文、地图、照片、录音带和其他表现形态。1996 年美国又制定《电子信息自由法》，对《信息自由法》进行了补充，将电子媒体记录也包括在行政机关的记录中。《阳光法案》（The Federal Government in the Sunshine Act）则是《信息自由法》的姊妹篇，该法案只适用于委员制的行政机关（collegial agencies），不适用于独任制的行政机关（single-headed agencies）。该法要求委员制行政机关自觉向社会公开其会议过程，公众有权旁听会议，获得会议信息。该法还禁止机构官员与本机构和其有业务关系的公司代表之间的非正式联络，除非这样的联络作为公开档案的一部分记录在案。同时，该法也规定了十类免于公开会议的理由：所议事项涉及国防或外交机密、讨论控诉一个人的刑事犯罪或者正式指控某人、议论的信息过早公开将会严重妨碍机关执行预定的计划等。[2]

日本《关于行政机关保有的信息公开的法律》中，规定行政文书须依法公开。关于“行政文书”的含义，该法第 2 条第 2 项指出，行政文书是指行政机关的职员职务上作成或者取得的文书、图画以及电磁的记录（包括以电子方式、磁性方式以及其他方式制作的记录），并且为该行政机关的职员在组织上使用、为该机关所保有的文书资料。在法国，必须依法公开的是行政文件。法国的《改善行政机关与公共关系的多项措施及行政、社会和税务方面的各项规定》第 1 条规定：“行政文件是指具有书面、音像记录或无记名信息自动处理形式的包含对实体法的解释或对行政程序的描述、意见（最高行政法院和行政法院的意见除外）、预测和决定的各部所作的一切卷宗、报告、研究、汇报、笔录统计、指使、指令通令、通知及答复”。[3]

瑞典的《出版自由法》第 2 条规定，“……每一瑞典国民均可按下文所

---

〔1〕［美］欧内斯特·盖尔霍恩、罗纳德·M. 利文：《行政法和行政程序概要》，黄列译，中国社会科学出版社 1996 年版，第 258—262 页。

〔2〕许加彪：《法治与自律——新闻采访权的边界与结构分析》，山东人民出版社 2005 年版，第 96 页。

〔3〕应松年主编：《外国行政程序法汇编》，中国法制出版社 1999 年版，第 563 页。

规定的方式自由地接触官方文件”。“官方文件”的含义是指“由国家机关或市政机关保存的任何文件，不论是该机关所收到的或由其草拟的文件。这一规定同样适用于地图、图片及照片。有关文件的任何规定也应适用于任何电子资料处理的记录或其他借助技术工具阅读、收听的记录”。[1]

在我国的信息公开法中，采用的是“政府信息”的表达。所谓政府信息，根据《政府信息公开条例》，是指行政机关在履行职责过程中制作或者获取的，以一定形式记录、保存的信息。在我国的《政府信息公开条例》中，将“政府信息”作为公开的重点，既包括了政府机关的信息，也包括了政府部门的信息，甚至还包括了各机关和部门的组成人员的有关信息。这些信息并非行政机关在履行职责过程中制作或者获取的，但一般也已经予以公开。但政府机关和部门组成人员的信息，主要是与其履行职务相关的信息，其他信息，诸如民众呼声很高的领导财产公示，却还有待进一步推动。值得注意的是，在政府信息公开的范围问题上，我国的信息公开仍然采取的是分层公开的体制，也就是某一行政层级只能公开哪些信息。

显然，这些属于信息公开法规定应当公开的信息，当新闻采访试图获取这些信息时，可以自由地从有关的资料中获得。同时，信息公开还有一个主体范围的问题。这主要是指哪些机关或者组织负有公开信息的法定义务。关于这一点，各国的规定也有诸多差异。美国《信息自由法》适用于联邦行政部门、军事部门、联邦政府法人、受联邦政府规制约束的法人、联邦政府行政部门的其他机关（包括总统府）、所有独立委员会等机关。美国的《联邦咨询委员会法》（*The Federal Advisory Committee Act*）主要是适用于对行政机关提供意见和建议、本身并无行政事务决定权的咨询委员会。咨询委员会是指国会法律设立，或美国总统设立或利用的，或联邦行政机关设立或利用的，向总统或联邦行政机关或联邦官员提供建议或意见的委员会或类似团体及其分支机构。该法规定，联邦政府行政机关咨询委员会的组织、监督、文件和会议应公开。但是，根据该法规定，咨询委员会也可拒绝向公众提供《信息自由法》规定免除公开的政府文件。

瑞典《出版自由法》规定实施机关为国家行政机关、国会、教会会议、法院、地方公共团体等；法国《行政文书公开法》规定实施机关为国家行政机关、地方公共团体、营造物法人以及被赋予公共管理职能的私法人等；韩

[1] 刘杰：《知情权与信息公开法》，清华大学出版社2005年版，第18页。

国《信息公开法》规定实施机关为国家行政机关、国会、大法院、宪法法院、中央选举委员会、地方共同团体、政府投资的机关等；丹麦《行政文书公开法》的实施机关有国家行政机关、地方公共团体、电力、煤气、供热等公共服务管理企业。[1] 日本《信息公开法》规定的实施机关是国家机关，即中央行政机关。但具有独立法人地位的行政机关以及“特殊法人”也被要求适用信息公开法对信息公开的有关要求。而在地方公共团体信息公开方面，其实施机关也主要是地方行政机关，但一些地方的信息公开条例也将地方议会涵盖其中。[2] 日本的各级政府的信息公开，中央政府的态度相对比较消极，而各地方公共团体则大多采取积极的态度。有学者指出，“从 1982 年 4 月起，在山形县金山镇首先制定实施了信息公开条例，神奈川县也于 1982 年 10 月制定实施了信息公开条例，到 1988 年 3 月，已有 28 个都、道、府、县，93 个市、区、镇、村制定了信息公开条例或纲要”。[3] “至 1995 年末，全国 47 个都、道、府、县中，其中的 40 个实施了信息公开，5 个县制定了实施信息公开的纲要。青森县和奈良县也在 1996 年底实施了信息公开制度。”[4]

在我国的信息公开条例中，实施的机关分为三个层次：县级以上各级人民政府及其部门，设区的市级人民政府、县级人民政府及其部门，乡（镇）人民政府。其中，没有将法律、法规授权履行特定行政职责的组织涵盖其中。而且每一个层级能够主动公开的信息是各不相同的，此也意味着不同的行政层级拥有不同的信息公开权，这在我国政府实行的新闻发布制度也有体现。这一举措，显然更多的是强调政府对信息公开的把握，而非以公众知情权和媒体采访权为立法旨意。

（二）信息公开程序对采访权的抑制

信息公开范围的确定，对于新闻媒体而言，某种程度上仍然只是一种可能。也就是说，新闻媒体可以在信息公开的范围内接近、获取和收集信息，但是否最终能够如愿以偿地获得信息，则还是另外一个问题。而这与信息公开的程序有着很大的关系。比如，法律的确规定了某信息是应该公开的，但

---

〔1〕 刘杰：《知情权与信息公开法》，清华大学出版社 2005 年版，第 6 页、第 19 页。

〔2〕 ［日］井出嘉宪等：《信息公开》，东京行政社 1998 年版，第 180—181 页。转引自刘杰：《知情权与信息公开法》，清华大学出版社 2005 年版，第 6 页。

〔3〕 ［日］井出嘉宪等：《信息公开》，东京行政社 1998 年版，第 181 页、第 184 页。

〔4〕 ［日］平松毅：《信息公开条例的解释》，东京信山社 1998 年版，第 1 页。

大都给了信息公开相应的步骤、方式与期间。新闻媒体对实效性的重视则希望能在第一时间获得该信息，或者说希望能比其他媒体更早获得该信息抑或获得更多的信息。无论法律规定得如何严密，事实都给行政机关在信息公开问题上留有一定的自由空间。

首先，就接近、获知的信息而言，多数国家的信息公开法都对信息实行公开前审定，以明确哪些是可以公开的信息，哪些是不可公开的信息，哪些是完全公开的信息，哪些又是限制公开的信息。比如，美国的《信息自由法》明确规定了九类免除公开的信息：国防和外交秘密、行政机关内部的人事规制和惯例、其他法律明文规定可以免除公开的文件、贸易和商业秘密信息、行政机关内部或机关之间的备忘录或信函、个人隐私信息、执行记录和信息、金融机构的信息、油井地质和地球物理信息。

在日本的《信息公开法》中信息分为：（1）不公开的信息，包括个人信息、国家安全和外交信息、公共安全信息、国家机关和地方公共团体内部审议讨论信息、行政机关一定的事务事业信息。（2）部分公开和裁量公开的信息。当信息中有不公开内容时，将该部分内容去除后公布。裁量公开的信息则由行政长官根据是否为公益上必要而决定公开与否。（3）行政文书是否存在的信息。其中第8条规定，对于请求人而言，行政机关如果表明某行政文书的有无将会泄露该信息时，行政机关可以拒绝该项请求。

在我国的信息公开条例中，对信息区分为主动公开和申请公开两种形式。主动公开的信息包括四项：（1）涉及公民、法人或其他组织切身利益的；（2）需要社会公众广泛知晓或者参与的；（3）反映本行政机关机构设置、职能、办事程序等情况的；（4）其他依照法律、法规和国家有关规定应当主动公开的。申请公开的信息则需要请求人的申请，媒体是否可以作为请求人、可以请求的范围，则还需要更多的讨论。有学者指出，依申请公开信息，直接影响个人和组织的权利和利益，并且在一定情况下可能和国家利益、社会公共利益及其他个人的利益相矛盾。[1] 不容否认的是，对采访权而言，申请公开的信息的获得要远远难于主动公开的信息。

可以认为，将所掌握的信息依据一定的标准进行区分，很大程度上意味着新闻媒体能通过公开途径获得哪些信息。这种区分是与公开前的信息审查完全不同的，相对而言，这种区分的过程，行政机关往往具有较大的自由裁

〔1〕 刘杰：《知情权与信息公开法》，清华大学出版社2005年版，第8页。

量权。

其次，信息审查对采访权的抑制。行政权力所掌握的信息，依法律规定，有的免除公开，有的可以公开，有的必须公开，也有的信息公开与否并不明确。事实上，在信息公开之前，各国的信息公开制度中，都设置了信息审查作为信息公开之前的重要环节。这种信息审查，至少在两个方面抑制了采访权。在这里是“抑制”采访权，而不是“控制”或者“限制”采访权。“抑制”是表明对信息的性质、公开的程度、公开的范围与方式等还没有明确之时，行政权力应对采访权的一种举措。一方面，通过这种抑制，行政机关能及时对有关信息作出甄别和审查；另一方面，这种“抑制”往往也可体现为“时间上的一种合理拖延”，通过这种延缓，有助于确定该信息对公众、对公共事务的影响。

在日本的信息公开制度中，设有专门的信息公开审查会。其《信息公开法》第 18 条至第 35 条详细规定了审查会的设置、组织、委员任命、工作体制，行政机关向其咨询的义务，调查审议权限及程序等内容。在最早制定《出版自由法》的瑞典，其对免除公开的信息是由特别法予以明确规定的。该法规定，“只有出于下列情况的需要才可以对这一权利加以限制：王国的安全及对外关系；涉及政府机构的监察、控制或其他监督的活动；预防犯罪及对犯罪的追诉；保护国家、集体及个人的合法经济利益；保护个人隐私、人身安全、体面及道德”“根据上述原则应予保密的官方文件，由特别法予以明确规定”。

在我国的信息公开条例中，尽管没有明确规定信息审查制度，但事实上是存在非常严格的信息审查的。这主要体现在：（1）对于主动公开的信息的认定标准，该条例的表述都是十分模糊的。比如“切身利益”“广泛知晓”“广泛参与”，这都意味着行政权力在某信息是否属于主动公开的问题上具有非常大的自由裁量权。（2）不予公开的信息范围并不确定。在我国的信息公开条例中，对于信息有着多种表述，主动公开的信息、申请公开的信息、不予公开的信息、部分应予公开部分不予公开的信息、涉及商业秘密与个人隐私的信息等。这至少表明，从外延的角度而论，在公开与不予公开的界限处于浮动的状态。（3）不能当场答复的信息公开请求。根据《中华人民共和国政府信息公开条例》第 24 条的规定，对于公开信息的申请，能够当场答复的，应当当场予以答复；不能当场答复的，在 15 个工作日内答复；需要延长答复期限的，经政府信息公开工作机构负责人同意，可以延长不超过 15

个工作日。

最后，期限与其他因素。在信息公开的过程中，还存在其他诸多的对抑制采访权和公众知情权的因素。美国 1974 年的《信息自由法》修正案规定，行政机关对公众请求回答的期限为收到正式申请后的 10 个工作日，最多可延长 10 个工作日。1986 年的修正案增加了一个除外规定，在某些事项中，行政机关甚至可以回避承认文件是否存在。这些事项如下：违反刑法、涉及国际间谍和反间谍事项、恐怖主义活动等。该修正案还规定了申请人提出减免收费的原则：（1）文件的公开能够促进公共利益；（2）申请人有能力对公众散布上述文件。根据这项规定，新闻记者几乎都能免费得到政府文件，因为报业并不被认为是“商业”。〔1〕

同时，美国的《隐私权法案》（*The Privacy Act*）则主要是解决情报公开与保护私人秘密之间可能存在的矛盾的法律。该法规定，个人记录必须秉持对本人公开，而对第三者限制公开的原则。该法的一个重要例外是，公众根据信息自由法要求得到政府的文件，只要不属于免于公开的事项，行政机关无须任何个人同意就可以公开个人记录。这个例外的适用范围很广，美国新闻界特别强调这个例外。〔2〕 情报自由法实施之后，民众获得政府信息的情形大为改观，此法在申请程序和支付费用等方面也为新闻界提供了许多便利条件，媒体在接近政府信息和会议方面处于历史上的最佳时期。这些法规使得媒体能够曝光曾经深埋的政府政策缺失，最先受到记者的拥护。但随后几年，商业公司成为情报自由法数目最大的使用者。〔3〕 然而，这些看似保护了记者采访权的信息公开规定，现实之中却并不乐观。据美国新闻记者大卫·莫瑞斯的总结，政府部门在信息公开的过程中存在以下问题：对请求的应答迟缓，费用限制，滥用例外规定，不遵循法定期限、文件的分类不合适等。〔4〕

莫瑞斯总结的这些问题，在其他国家也并不鲜见。丹麦于 1970 年 6 月制定的《行政文书公开法》规定：（1）为了请求公文书公开，必须表明与特定案件的关系；（2）公开的例外条款非常模糊；（3）是否向官方直接请求，以何种形式请求，官方享有广泛的裁量权。挪威步丹麦后尘制定的《行政公开

---

〔1〕［美］唐纳德·M. 吉尔摩等：《美国大众传播法：判例评析》，梁宁等译，清华大学出版社 2002 年版，第 403 页。

〔2〕王名扬：《美国行政法》，中国法制出版社 2005 年版，第 1065 页。

〔3〕Ralph. Holsinger and Jon Paul Dilts：Media Law，P. 374，New York：McGrawhill，inc，1994.

〔4〕Ralph. Holsinger and Jon Paul Dilts：Media Law，P. 374，New York：McGrawhill，inc，1994.

法》也规定：（1）行政文书公开如果明显招致国民误解时，可以推迟公开甚至不公开；（2）文书公开的方法，要考虑公务的正确执行；（3）将既存文书排除在该法之外。[1] “在澳大利亚，越来越多的行政机关以商业秘密为由拒绝披露信息。”[2]

（三）信息公开中的媒体请求权问题

1. 信息公开法中的“请求人”

在美国《信息自由法》中明确了信息公开的四项原则：（1）政府文件公开是原则不是例外；（2）一切人具有同等得到政府文件的权利；（3）政府拒绝提供文件应负举证责任；（4）法院具有重新审理的权力。其中的第二个原则意味着在信息公开请求权的问题上，具有同等的地位。这一原则，在美国现今的《信息自由法》、《阳光法案》和《咨询委员会法》中得到了体现。在请求人问题上，对请求权的主体并没有施加过多限制，统一采用“公众”一词。“任何人”都可以根据法律规定要求公开行政机关的文件，或者观察合议制行政机关的会议，或者获得咨询委员会会议的有关记录、报告等文件。[3] 但是，其后美国有关法律对“请求人”的限定逐渐有所增加。对于依申请公开的信息，需要申请人在申请中“合理地描述该档案材料”，说明文件的性质、大致内容和时间，不能过于笼统。[4] 如在《隐私权法》中，请求权人的范围要缩小许多，其中的“个人”仅限定为“合众国的公民或合法获准永久居留的外国人”。这意味着在美国短暂停留的和在美国领土以外的外国人都不适用该法案。同时，在该法中规定了个人记录向本人公开和对第三者限制原则。

日本的《信息公开法》第3条规定，任何人都可以向行政长官提出信息公开的要求。在主体和使用目的上未作限制。根据《信息公开法纲要案的思考》的解释，请求权人不限于本国国民，在日本的外国人也可以成为信息公开的请求人；在国内没有居住地的限制，也没有是否与本人有利害关系的限

---

〔1〕［日］井出嘉宪等：《信息公开》，东京行政社1998年版，第73—75页。转自刘杰：《知情权与信息公开法》，清华大学出版社2005年版，第19页。

〔2〕刘杰：《知情权与信息公开法》，清华大学出版社2005年版，第21页。

〔3〕刘杰：《知情权与信息公开法》，清华大学出版社2005年，第114页。

〔4〕刘杰：《知情权与信息公开法》，清华大学出版社2005年，第125页。

制和将该信息作何使用的限制。[1] 然而，这并非意味着日本的信息公开法对请求人没有任何的限制。只不过，其对请求人的限制是通过另外的方式进行的。例如，在日本的信息公开中引入了第三人异议的制度。如果请求人请求公开的行政文书记录了关于第三人的有关信息，信息公开机关长官在收到该信息公开请求时会及时通知第三人，从而给予第三人提出异议的机会。这一制度，一方面是保护了第三人的信息权益，另一方面也是对请求权人的一种限制。

在北欧国家，如丹麦、挪威等国，则对请求权人有比较严格的限定，要求请求权人在请求公开文书时，必须表明与特定案件或该项信息的关系。德国尽管没有制定一般的信息公开法，但在有关环境信息的法案中，对于信息公开的手续费很高，也在很大程度上对信息公开请求权人形成妨碍。

2. 新闻媒体的“信息公开请求权”

毫无疑义，信息公开对媒体有着非常重要的意义。有学者指出，现代社会中，政府信息公开制度是建立在公民享有知情权和信息自由权的基础上的。世界各国公认政府是巨大的信息情报源之一。据测算，政府部门掌握着全社会信息资源的80%以上。如果政府不承担起信息情报公开的责任，一般公民是无法真正享有与充分利用本由全体公民创造提供的，并属于全民和全社会的所有信息情报源。只有政府实行政务公开，切实承担起信息公开的义务，才能使公民的知情权得以实现。对于大众媒体而言，新闻自由和舆论监督与政务公开、信息公开密切相关，或者说舆论公开和舆论监督是与政务公开、信息公开相配合的措施。[2]

如前所述，在大多数国家的《信息公开法》中，多以对“任何人”公开为原则。这里的任何人，理论上应该包括了个人、组织，新闻媒体和新闻记者也毫无疑义地包含在其中。但在实际的法律实施中，却往往内外有别，比如本国公民与外国公民，公民与媒体，本国媒体与外国媒体依然在信息公开请求上存在诸多问题。这些问题主要体现在以下方面。

（1）基于信息公开的平等原则，媒体在信息公开请求中并没有特权。在大多数国家的信息公开法中，并没有给予新闻媒体在信息公开上的特权。也就是说，无论是针对主动公开的信息、限制公开的信息还是申请公开的信

---

〔1〕 刘杰：《知情权与信息公开法》，清华大学出版社2005年，第14页。

〔2〕 毛晓伟：《信息公开制度与传媒体制改革》，《新闻界》2005年第4期。

息，大都对媒体没有作出例外规定。即使在瑞典，其《出版自由法》本就以维护出版自由为目的，也只明确了“任何人都有同等的权利就任何问题向任何出版物的作者、编辑、编辑部门以及为期刊提供消息的营业性企业单位，提供论述或传递信息以供出版”的自由。其中，并没有赋予媒体接近、获取和传递信息的种种特权。

（2）媒体的信息公开请求权差异化。媒体的信息公开请求权，应当主要以与公共利益相关的信息为客体。在我国的信息公开法中，“需要公众广泛知晓”的信息属于主动公开的信息，从理论上而言，媒体可以自由获得该方面的信息。但关键的问题是，谁来判断某项信息是否需要公众广泛知晓？行政机关、媒体还是公众？从逻辑上推演的话，似乎应当是由行政权力来决定。那么，当媒体的判断和政府机关对某一项信息“是否需要公众知晓”的认知并不一致的时候，该项信息是否应该公开、如何公开、向谁公开等都会对媒体的信息请求权造成影响。这至少在三个方面有所体现：其一，影响力大、层级较高的媒体，其信息公开请求权往往容易得到尊重。比如，在我国的新闻现实中，央视、新华社、《人民日报》媒体在信息公开请求之时，往往能得到较多的尊重。其二，本地媒体和外地媒体之间的差异化对待。在许多地方，或许是出于地方保护思想作祟，往往在一些信息的公开上，本地媒体与外地媒体之间的差异还是比较明显的。在一些地方政府的观念中，本地媒体比较“好打招呼”，外地媒体“不大听话”。这使得在信息公开的时候有意地对外地媒体进行限制，这种限制，比如实施“专用采访证”“需提前注册”等。其三，不同媒体之间的信息公开请求权并不一致。比如，为了在市场竞争中胜出，各家媒体都会千方百计谋求独家报道，有的基于人脉关系，有的基于互有所依，往往在同一事件中，不同的媒体获得的信息会有较大的差异。

（3）媒体的信息公开请求权应当以与公共利益相关的信息为主。在政府掌握的信息中，有的是属于公共信息，有的是属于个人信息。在日本，对于个人信息还有进一步的区分，分为识别型信息和隐私型信息。媒体负有协助公众实现知情权的特定功能，其接近、收集和获取的信息应当主要是关乎公共利益的。在个人信息的获得上，仍然应该给媒体更多的限制。并且，这种限制不能完全以事后通过当事人追惩的方式来进行保护，而应该为个人信息提供更多的行政保护。在关于公共信息上，行政机关可以依法定标准对信息进行分类、审查和提供，对不予公开、限制公开、部分公开的信息向有关媒体说明理由和依据。在个人利益上，即使是一些依法可以合法公开的识别信息上，也需要在向媒体公开时提醒媒体注意维护个人权益、不得将该信息用于非新闻报道以外的其他任何用途。

总之，在信息公开法中，需要对媒体在有关个人的信息上施加更多的限制，这既是保护个人信息的需要，也是防范媒体滥用采访权和信息公开请求权的需要。

第四章　司法过程中的采访权

一、司法公开与媒体采访

新闻自由和司法独立是现代社会不可或缺的两种基本价值，“只有独立的司法和自由的出版才是识别真正的自由社会和所有其他社会的标准”。[1]在现代社会中，司法与传媒的关系是值得重视和探讨的一个问题，并且也是无法避免的一个问题。法院及其司法过程是一个相对封闭和完整的过程，但在现代传媒的作用之下，法院很难独守自身的一番净土，法院及其所运作本身也不得不置身于现代传媒的高密度关注之下。原本只在一地一国有意义的案例或判例，借助于传媒的迅即传播，就有可能成为天下共知的事件，从而也将法院带入了公众的评价乃至批评之中。因此，如何既能捍卫新闻传播的自由，又能保障法院不失其独立特质，是各国司法所共同面临的难题。

（一）司法与传媒的一般关系

比较流行的观点认为，在媒体与司法的关系问题上，主要涉及两个方面的问题，一方面是媒体对司法过程、司法行为的自由报道与批评；另一方面是未决案件的媒体报道与被告得到公平审判的权利之间的平衡。[2] 这其实是以非常原则化的视角来看待和分析两者之间的关系，不仅略去了两者关系中的更多层面，也在一定的程度上容易将两者带入非此即彼的艰难境地之中。

---

〔1〕 车英、成协中、孙磊：《论新闻舆论监督与司法独立》，《武汉大学学报（人文科学版）》2002年第6期。

〔2〕 侯健：《传媒与司法的冲突及其调整——美国有关法律实践评述》，《比较法研究》2001年第1期。

对于这种原则化的思路，有学者已经加以指出：我们在探讨司法与传媒的关系时，首先，应跳出“司法与传媒的紧张关系”传统观念。原因有二：其一，我国传媒舆论监督尚未真正做到如西方传媒监督般强大，传媒对于司法做到所谓“干预”少之又少，传媒由于所受限制较多，即便随着民主化进程的推进，传媒多了些自由，但尚未与司法（法院）构成紧张关系。其二，司法尚未实现审判公开，我国司法审判过程有很大的封闭性，尽管法律规定“除了未成年人和法律规定不允许公开审判的案件以外，一律公开审理”。但实践中尚达不到法律所要求的司法公开程度，传媒对于司法的监督是非常有限的。其次，由于司法与传媒的关系，更多表现在监督之上，为了避免在监督一词理解上的尴尬，这里的监督，主要是指报纸、刊物、广播、电视等传媒对各种违法违纪行为，特别是对国家公职人员的违法、渎职和腐败行为所进行的揭露、报道、评论或抨击。在这里我们把“监督”主要界定为传媒的一种社会功能。[1]

的确，要在司法与传媒之间建构比较两性的平衡，无疑需要对两者的关系有所把握。就司法与传媒的关系而言，可以从以下方面加以分析。

1. 传媒对司法的监督

在西方国家，司法权被看作“正义的最后防线”，并且司法权大多以宪法为神器与立法和行政权力相抗衡。新闻媒介则被视为“第四权力”，是正义的“监视人”，具有监督立法、司法、行政权力的功能。法院的审判活动，是司法权运作的具体过程，新闻媒体对审判活动进行报道，既是司法公开的体现，也是公众知情权得以满足的重要途径。司法过程所蕴含的丰富内容以及司法过程所显示的刺激性，对于各国传媒都具有永恒的魅力。同时，通过新闻媒体的报道，对司法权的运作过程进行监督，一方面有利于正义“以看得见的方式得到实现”；另一方面也能有效督促法院及其法官依法公正办案，减少司法腐败。相对于其他众多的监督方式而言，新闻舆论监督具有范围广、影响大、传播迅速等诸多特点，能够对司法机关起到非常有力的监督作用。

然而，传媒对司法的这种监督作用，有必要将两种不同形式的监督加以区分。其一，是传媒对于司法机构及其人员是否依法公正办案、是否存在腐败等行为的监督。新闻界对于司法官员的腐败行为遮遮掩掩，或者不允许新

---

〔1〕 胡敏洁、刘雪：《论司法与传媒》，《行政与法》2002 年第 2 期。

闻媒体及时地揭露，表面上好像保护了那些官员，但最终却是把他们推进更可怕的深渊。[1] 其二，是传媒对进入到司法程序的案件的监督。诚然，在很多时候，两者之间基本一致甚至完全重合，但也必须承认，在更多的时候，两者之间并非完全一致。从传媒的立场而言，对前者的监督可能是“法院及其人员本身就是新闻关注的焦点”，而对于后者而言，“案件才是新闻关注的重点所在”。区分这样两种不同的监督，就权力架构而言，传媒所履行的监督主要是第一种形式的监督，而对“具体案件的监督”则主要是以满足公众知情权而进行的信息公开与传递。诚然，即使是后者，仍然具有积极意义。

2. 司法对传媒自由的保障

在法律规定的范围内，司法对传媒自由的保障也是两者之间关系的重要方面。自由并不是愿意做什么就做什么，而只是意味着“做法律所许可的一切事情的权利”[2]。孟德斯鸠的这一观点，对于新闻自由而言，仍然显得过于理想。一方面，无论是所掌握的资源，还是可以动用的策略，新闻自由相对于行政权力而言，尽管含有以“权利制约权力”的美好构思，仍然处于十分弱势的地位。在英美等国家，尽管已经给了新闻媒体足够的自由，但这种自由仍然不足以成为真正制约和抗衡行政权力的力量。即使为新闻界所津津乐道的“水门事件”，新闻媒体的作用也是十分有限的。诚如我们在前述关于采访权的限制的论说中所指出的，现实生活中存在着种种对于新闻自由的不合理限制乃至种种对于新闻自由的侵犯，新闻自由的有关法律规范，在很多时候的确很难真正得以贯彻。即使是在西方法治国家中，新闻自由也依然会面临着种种羁绊。以信息公开为例，尽管各国的信息公开法中都对信息公开有着诸多规定，但行政权力仍然有着诸多的策略对信息公开的方式、数量、程序等加以限制。由于信息的实效性对新闻媒体而言非常重要，行政权力也深知此点，让“新闻”变“旧闻”，只需要略施小计就能令新闻媒体无奈放弃。另一方面，当新闻来源并非行政权力而是普通的私主体时，新闻自由则面临着更多的约束与无奈。在特定新闻事件当中，新闻媒体既无权要求新闻当事人公开或供述有关事件的经过，也无权要求新闻当事人或见证人供述真实的新闻信息。同时，因为新闻媒体大多以揭露负面信息为已任，得罪特定的个人、群体、利益集团就无可避免，也因此而常遭报复。显然，这些

---

〔1〕 贺卫方：《传媒与司法三题》，《法学研究》1998 年第 6 期。
〔2〕 ［法］孟德斯鸠：《论法的精神》，张雁深译，商务印书馆 1997 年版，第 154 页。

方面都需要司法权对新闻自由予以有力保障。

事实上，在法治发达的国家，司法对新闻自由的保障是一种非常重要的屏障。在美国，“实质恶意”原则给了媒体相当大的自由空间，使得媒体在面对公权机关和公众人物时不至于因担心出错而提心吊胆。在英国，尽管偏向于对名誉权的保护，但法院往往会在自由裁量的范围内给予媒体一定的关照，其法院所秉持的“有限特权”原则在雷诺兹案中逐渐开始倒向对新闻自由的捍卫。司法可以借由“发现法律”“法官造法”“法律解释”等诸多途径，捍卫已有的新闻自由的界限，并且拓展新闻自由的空间。比如，在网络媒体兴起之后，众多案例中，就是将媒体的含义加以扩充，从而给予网络媒体相应的新闻自由。

3. 传媒对司法独立的推动

许多人在论述司法与传媒关系的时候，大多只论及传媒对司法独立的影响，这只是问题的一个方面。事实上，传媒自由也有助于推动司法独立。先哲汉密尔顿曾经正确地指出，“司法机关为分立的三权中最弱的一个，与其他二者不可比拟。司法部门绝对无从成功地反对其他两个部门；故应要求使它能以自保，免受其他两方面的侵犯”。显然，对于司法机关而言，要保持自身独立，依法独立行使审判权，绝非制度的简单设计就足以实现的。

反观现实，如何真正保障司法机关的独立性，或者说排除影响司法独立的外在因素，是当下中国的司法体制改革不得不认真面对的问题。行政权力对司法权的不合理干预，某种程度上却能受阻于新闻媒体的高密度关注。这一点在特定的案例中表现得非常充分，正如有学者所指出的，就目前的情况来看，传媒对不少案件的揭露都是有助于司法权更公正地行使的。

4. 传媒对司法过程的“不当介入”

在传媒与司法的关系中，还有非常重要的一个方面，即传媒对司法过程的“不当介入”和“过度介入”。司法权是判断权。[1] 司法过程主要是指司法决定形成的过程，在这个过程中，法院与法官应该尽可能不受干扰地从法律规则和原则中寻求答案。正因为如此，在一些受到公众高度关注的案例中，法院并非完全隔离于公众，媒体会对案件进行多方位的报道，此种时候，就有可能导致媒体对司法过程的“不当介入”。

---

〔1〕 孙笑侠：《法律对行政的控制——现代行政法的法理解释》，山东人民出版社 1999 年版，第 249 页。

这种情况在国外也并非鲜见，比如在美国辛普森案件中，媒体对案件的评断，就与法院的判决有着较大差异。不少传媒热衷于对一些法院未审结的案件加以报道，在报道时丝毫不顾及所使用的语言、表达的情感是否足以造成法院不得不听命于传媒的舆论环境。例如，直呼犯罪嫌疑人为“罪犯”，把检方的指控当作实际发生的情况，无所顾忌地使用煽情的和各种带有倾向性的话语，等等。[1] 新闻传媒任何不适当的“监督”，实际上是对司法独立的损害，司法为避免因不利于公平审判报道而使自身运行机制陷于瘫痪，往往以技术性理由限制传媒进入法院审判，新闻业繁荣的美国也不例外。[2] 媒体对司法过程的不当介入的重要体现即是我们平常的所谓“媒体审判”的问题，其基本的含义在于，媒体对于未决案件先行作了判断，从而影响法官、陪审团、律师乃至公众对案件和法院形象的认知。现在，各国都将“媒体审判”当作一个法律问题来加以对待，其对司法所产生的影响可见一斑。

（二）冲突本质：两种不同权益的交锋

尽管司法与传媒的关系呈现出多重性，但不得不承认，两者之间的冲突才是众多有识之士关注的重点。在彭伯看来，“当新闻界与刑事审判在我们的社会中相遇时，经常出现法律问题。这些问题通常是由两种表面上相互矛盾的宪法权利造成的：受《宪法第一修正案》保护的新闻自由与受《宪法第六修正案》保护的公正审判”。[3] 事实上，对新闻自由与公正审判这两种宪法权利的确认和保护，已是各国宪法的基本共识。因此，司法与传媒冲突的问题也显得更加普遍，并且，这种冲突在很大程度上是一种“结构性的冲突”，这种冲突在两者的权利性质、对事实的不同认定、两者所承担的功能等多个方面得到体现。

1. 天然对立的两种权利

司法权的本质是一种判断权，判断是一种认识。司法判断是针对真与假、是与非、曲与直等问题，根据特定的证据（事实）与既定的规则（法律），通过一定的程序进行的认识。司法权具有中立性、形式性、交涉性和

---

〔1〕 贺卫方：《传媒与司法三题》，《法学研究》1998年第6期。

〔2〕 胡敏洁、刘雪：《论司法与传媒》，《行政与法》2002年第2期。

〔3〕 [美] 唐·R. 彭伯：《大众传媒法》（第十三版），张金玺、赵刚译，中国人民大学出版社2005年版，第390页。

职业性等诸多特征。[1] 而对于采访权而言，采访权具有职业性、复合性、公共性、进攻性等诸多特征。[2] 就采访权而言，其行使是为了公众知情权的实现，无论是立法机关、行政机关还是司法机关，都是其代表公众密切注视的对象。并且，采访权在很大意义上也意味着一种表达和判断，自然会在言语表述的过程中不可避免地带有倾向性。两者之中，一个天然地希望在封闭的法律程序中运作，从而作出公正的评判，一个则天然地希望公开，从而将整个过程裸呈于公众视野之下；一个天然地具有保守性，遵循严格的规则与思维模式，一个则具有极强的进攻性，在案件与事件中，以“第一个到达现场，第一个发出消息”为自身追求；一个坚持尽可能做到不偏不倚，一个则往往经常站在大众的立场上思和想；一个注重交涉，一个注重接近与听闻……两者在性质上的差异，无疑是彭伯所言的“自相矛盾”的首要方面。

2. 相异的功能定位

就司法权而言，司法权的主要功能在于解决人们现实生活中的种种纠纷，是正义的最后防线，谋求公正的最终实现。新闻采访的主要功能在于充当社会和公众的耳目，让公众及时获得有关案件的信息，从而在心理上获得对司法权运作过程的把握感。这种相异的功能定位，也是造成两者常有冲突的重要因素。正如有学者所指出的，公民、法院和诉讼当事人之间存在着多重矛盾：公民和新闻媒介具有知悉案件审理过程与结果并且就此发表意见的欲望和利益，希望能够不受限制地旁听、报道、评论；法院负有保证诉讼当事人接受公正审判的责任，有维护自身权威形象等要求，法院允许公民和新闻记者合法地旁听和报道，但同时要求他们能够尊重司法独立和公正裁判，服从法院约束；诉讼当事人则有着保障自己接受公平审判、维护自身各项权益的要求。[3] 不同的功能定位，无可避免地导致了其对法庭新闻的不同认识。有学者经调查认为，媒体与司法两界对法庭新闻社会功能的认知有很大的不同。法官群体认为，公众关注法庭新闻最重要的目的是“了解法律知识”，而记者们却认为公众主要是“对有冲突、有悬念的故事感兴趣”，这是

---

〔1〕 孙笑侠：《法律对行政的控制——现代行政法的法理解释》，山东人民出版社 2004 年版，第 248—255 页。

〔2〕 见第一章第一节的有关采访权性质的论述。

〔3〕 魏永征、张咏华、林琳：《西方传媒的法制、管理和自律》，中国人民大学出版社 2003 年版，第 125—126 页。

导致新闻与司法冲突的认识基础之一。[1]

3. “法律真实”与“新闻真实”

比较有意思的是，司法权和新闻媒体都对事实十分关注。司法机关审理案件需要以事实为根据，而对新闻媒体而言，“真实性”则是新闻的生命力所在。然而，两者对事实的认定却有着明显差异。司法以事实为根据，以法律为准绳。但是什么样的事实是司法作为判案根据的事实？生活事实是客观存在的，并且是多样化和多层次性的。如果所有的生活事实不需要界定，直接上升到法官评判案件的根据的层面上，那么法官又回归到一个普通人的角色上，法律的价值也就相应丢失了。法官在形成判断的过程中有一个思维过程，就是涵摄，即将特定的案例事实置于法律规范的要件下，以获致一定的结论的一种思维过程。这个过程是一项严谨、精致的法学思维过程。[2] 可以这样简单理解，司法机关所认定的事实，是通过证据的证明和比对所能确认的事实，才可以作为审理案件的根据。而没有或者无法得到确证的事实，往往是不能作为司法机关审判根据的。这在刑事诉讼中的体现尤其明显，根据我国刑事诉讼法第195条规定，“（一）案件事实清楚，证据确实、充分，依据法律认定被告人有罪的，应当作出有罪判决……（三）证据不足，不能认定被告人有罪的，应当作出证据不足、指控的犯罪不能成立的无罪判决”。这表明，司法过程中的事实，可以区分为“有证据证明的事实和没有证据证明的当事人供述的事实”，其事实的“真实”状态，则主要是一种“法律上的真实”。这种“法律上的真实”，是依据相应证据，秉性法律思维逻辑，从而得出真实与否的结论。

“新闻真实”显然不同于“法律真实”。新闻的真实性，是指新闻与其所反映的客观现实必须完全相符。也就是说，新闻报道要如实地描述、解释生活的真相，不允许有些许的误差和曲解。[3] 新闻真实的含义可以从两个方面进行理解：其一，新闻真实主要是内容真实，也就是说新闻的内容要符合特定事件的实际状况；其二，新闻真实主要是一种“描述的真实”，在此意义上，新闻真实可以理解为一种“对事件的真实描述”。这里的“真实描述”，也就是强调现场，强调记者的“所见、所闻、所想”。显然，从司法机

---

〔1〕 徐迅：《中国媒体与司法关系现状评析》，《法学研究》2001年第6期。

〔2〕 王泽鉴：《法律思维与民法实例——请求权基础理论体系》，中国政法大学出版社2001年版，第207页。

〔3〕 沈爱国主编：《新闻学基础》，浙江大学出版社2001年版，第38页。

关看来，这种描述的真实，是不可以作为法律真实来加以确认的。有学者指出，尽管从法律上来说，新闻报道应尊重客观事实。但是这种限制是宽泛的，使得新闻传媒中未经严格审查的有关案情信息远远达不到法庭中可以作为定案证据使用的要求。[1]

4. 不同层面的法益博弈

司法与传媒相冲突，还在于两者在多个法益层面的难以协调和一致。这种冲突可以从不同的层面加以把握：首先，公益对公益的层面。就司法机关而言，司法独立是维系司法权威与司法秩序的重要保障，媒体则是担当了实现公众知情权的大任在身，其本身就是为了公益的实现。对民事或刑事诉讼或与民事、刑事诉讼有关的事项进行报道可能影响司法，特别是其可能对公正审判的权利造成损害，这是一个显而易见的危险。[2] 从比较公允的角度而言，两者都是为了公益的实现，但这两种公益的性质及其实现方式是各不相同的。前者主要是要进行“公平、公正的判断”，后者则主要是要进行公开与传播。公正判断需要的是独立思维，尽可能地排除外在因素干扰和影响；公开与传播则是希望将任何权力运作过程都及时为公众所知。事实上，众多论者在分析传媒与司法关系时，主要是从这个层面来加以分析和探讨的。

其次，传媒与司法的冲突也在于媒体所代表的公益与个案中当事人得到公平审判的权益之间的不一致性。就特定案件而言，公平审判对法院和当事人之间的意义并不完全一致。对法院而言，进行公平审判即是其基本职能，其本质在于维护司法秩序和司法尊严；对当事人而言，得到公平审判是其私益的重要方面，也就是说，对其可以意味着一种私益。因此，传媒所代表的公益与案件当事人的私益之间会存在比较明显的冲突。这在法律上其实也有体现，比如，我国民事诉讼法规定，离婚案件、涉及商业机密的案件，经当事人申请，也可以不公开审理。

最后，这种冲突还体现为媒体的“私益”与个案当事人权益之间的不和谐。在市场机制之下，媒体之间的竞争既体现为新闻质量的竞争，也体现为商业运作的竞争，并且这两者之间是互为影响的。因此，为了能在竞争中获胜，媒体千方百计地要先人一步，抢先到现场、抢先得到第一手资料、抢先发言。对媒体而言，为了获得独家报道，为了能够吸引更多读者，这都是媒

---

〔1〕 刘春来、刘玉民：《论传媒与司法关系的重构》，《人民司法》2004 年第 7 期。
〔2〕 ［英］萨莉·斯皮尔伯利：《媒体法》，周文译，武汉大学出版社 2004 年版，第 330 页。

体的私益所系。事实上，也正是在这种私益的推动下，导致媒体急于发言。当某一案件为公众所高度关注时，各家媒体都会使出浑身招数，从各个层面去获取有用的信息，以解公众的信息饥渴。比如，在湖北巴东的邓玉娇案件中，从法院得不到信息，媒体就转向出事的宾馆、律师和邓玉娇的家人。从司法的立场而言，媒体对未决案件的这种“穷追猛打”，无疑会影响到案件的审理。但是，此时，两者不一致又可以理解为媒体的私益与当事人权益之间的冲突。

可见，在司法与传媒之间，在权利性质、功能定位、事实认知以及不同法益层面都有着不一致之处，两者之间的互相触碰，在一定程度上就变得不可避免。然而，这两者对于公众而言，都是值得珍惜的权利，关键的问题在于如何协调两者之间的关系，使其能保持相对比较平衡的状态是十分必要的。

（三）艰难平衡：平衡司法与媒体关系的基本原则

1. 司法公开原则

在现代法治国家中，司法公开被认为是基本原则，而不公开只是在极少数情况下予以适用的例外。《世界人权宣言》第 10 条规定：“人人完全平等地有权由一个独立而无偏倚的法庭进行公正的和公开的审讯，以确定他的权利和义务并判定对他提出的任何刑事指控。”《公民权利和政治权利国际公约》第 14 条第 1 款中规定：“所有的人在法庭和裁判所前一律平等。在判定对任何人提出的任何刑事指控或确定他在一件诉讼案中的权利和义务时，人人有资格由一个依法设立的合格的、独立的和无偏倚的法庭进行公正的和公开的审讯……”《欧洲人权公约》规定，一般情况下，法院听审应该公开进行。例外的情形主要包括：为了道德，公共秩序或国家安全，或者为了青少年的利益或需要对当事人的私生活进行保护，或者在严格适用范围内，于某些特殊的情况下，就法院看来相关公开行为可能会损害司法利益的时候，才能将新闻界和公众排除在审判过程之外。

在美国，司法公开被认为是基本的原则，但直至 1980 年最高法院审理的里奇蒙德诉弗吉尼亚州法院案中才正式将其明确为宪法原则。[1] 在该案

---

〔1〕 魏永征、张咏华、林琳：《西方传媒的法制、管理和自律》，中国人民大学出版社 2003 年版，第 125—127 页。

中，以大法官伯格为代表的主流意见认为，根据以往长期公开审判的传统，作为政务活动场所的法庭已成为公众聚集的地方，宪法第一修正案自由集会的条款赋予记者和公众出席法庭审判的权利，所有的司法程序包括非审判程序在原则上应当公开；不公开审判的情况只能是特例，且仅在有足够证据显示只有不公开审判才能确保司法公正的情况下方能成立。[1]

在英国的民事诉讼规则中，对不予公开审理事项有非常明确的规定，可以秘密进行的情形主要是：（1）公开审理将不利于达到该听审的目的；（2）该案涉及国家安全；（3）该案涉及保密信息，而公开审理可能会损害该信息的保密性；（4）保护儿童或病人的利益，进行秘密听审是必要的；（5）该案中，申请听审是在没有进行通知的情况下作出的，如果进行公开审理的话，对被告人而言是不公平的；（6）该案涉及信托管理或死者财产管理中的无争议事项；（7）法院认为为了司法利益有必要进行秘密听审。

而在刑事程序中，英国却没有与民事诉讼相对应的规则。但是，将媒体和公众排除在听审之外，必须有非常有说服力的理由。在 AG v Leveller 案中，Diplock 法官强调，对司法公开原则的背离必须具有合理的理由，在一定程度上，并且只有在不超出这一程度的范围内，法院应该有理由相信这样做是为了服务于司法目的的。[2] 即使如此，如果存在替代方法能够维护司法利益，也应该尽量做到司法公开。

在我国，审判公开也有着众多法律规范的支撑。宪法第 125 条规定："人民法院审理案件，除法律规定的特别情况外，一律公开进行。被告人有权获得辩护。"刑事诉讼法第 11 条、人民法院组织法第 7 条、民事诉讼法第 10 条和行政诉讼法第 6 条都规定了审判公开的原则和基本规则。而在法院系统自身，也有关于司法公开和接收新闻舆论监督的诸多规定。1993 年 11 月 26 日，最高人民法院审判委员会第 617 次会议通过了《中华人民共和国人民法院法庭规则》，1999 年 3 月，又通过了《最高人民法院关于严格执行公开审判制度的若干规定》。这两个文件对落实旁听制度和记者采访权作了明确具体的规定。根据这些规定，公开审理的案件公民可以旁听，但不得录音、录像和摄影，而新闻记者经过人民法院许可，可以在庭审过程中录音、录像

[1] 魏永征、张咏华、林琳：《西方传媒的法制、管理和自律》，中国人民大学出版社 2003 年版，第 128 页。

[2] [英] 萨莉·斯皮尔伯利：《媒体法》，周文译，武汉大学出版社 2004 年版，第 350—353 页。

和摄影。

司法公开为什么很重要？英国Diplock法官曾经在AG v Leveller Magazine案件中进行了阐释："作为一般规则，英国的司法系统的确要求司法必须公开。如果法院的所作所为无法隐藏而为公众所知悉，这将为防止司法独断专行提供保障，并维持公众对司法的信心。司法公开原则的适用包括两个方面：一方面，就法院自身程序而言，该原则要求，法院的程序应该在公开的法庭上进行，新闻机构和公众可以获准旁听，无论在任何一个级别的刑事案件中，所有向法庭提交的证据都要向公众公开。另一方面，在涉及向广大公众就法庭上所进行的程序作出公平和准确的报道时，司法公开原则要求不得采取任何行动来妨碍这种报道。"〔1〕

2. 司法舆论监督有限性原则

司法公开之所以应当成为平衡司法与传媒关系的首要原则，其本质即在于，司法过程的公开已经内在地包含了司法过程主动接收舆论监督的意蕴在其中。也就是说，司法公开的主要目的也是为了能让公众更多地知悉司法权运作的全过程，这其中，理所当然地包含了保障传媒在司法过程中的自由采访和报道。这一精神，在"马德里原则"〔2〕中有着很好的体现。该原则明确，新闻自由对一个民主与法治的社会是至关重要的，表达自由是每一个民主社会最重要的基础，媒体有职责和权利收集情况，并向公众传达信息，法官有责任本着有利于新闻自由的原则，承认和落实新闻自由。传媒对司法的监督除了法律规定不公开的案件、事项、环节外，都应接受传媒的监督。当然，这里讲的自由不是绝对的、任意的，而是相对的、有规范的。

然而，针对司法过程中的舆论监督并不是没有任何限制的。当新闻舆论监督的利益可能侵害国家安全、社会公共利益、公共道德、他人名誉和权利时，仍然可以对其加以限制。根据《欧洲人权公约》第10条第2款的规定，"由于以上这些（注：言论自由条款）自由涉及义务和责任，所以在行使这些自由权利时应服从法律所规定的且在民主社会必须遵循的手续、条件、限制以及惩罚，而且还要服从于国家安全、地区完整和公共安全的利益，并旨

---

〔1〕 AG v Leveller Magazine（1979）AC440，pp. 449-450.

〔2〕 1994年1月，20多个国家的40位知名法律专家和新闻媒体的代表聚集西班牙马德里，专门讨论传媒监督与司法独立的关系问题，之后形成了处理司法与传媒关系的基本国际准则，统称为"马德里原则"。

在预防扰乱公共秩序和犯罪、维护健康和道德、维护他人的名誉和权利、防止泄露在信任前提下获得的信息并维护司法机关的权威和公正。"[1]

在我国也有相似的规定，2009 年 12 月最高人民法院下发的《最高人民法院关于人民法院接受新闻媒体舆论监督的若干规定》中规定，人民法院发现新闻媒体在采访报道法院工作时有下列情形之一的，可以向新闻主管部门、新闻记者自律组织或者新闻单位等通报情况并提出建议。违反法律规定的，依法追究相应责任。在该份文件中明确规定，媒体对司法活动的采访报道不得存在以下情形：（1）损害国家安全和社会公共利益的，泄露国家秘密、商业秘密的；（2）对正在审理的案件报道严重失实或者恶意进行倾向性报道，损害司法权威、影响公正审判的；（3）以侮辱、诽谤等方式损害法官名誉，或者损害当事人名誉权等人格权，侵犯诉讼参与人的隐私和安全的；（4）接受一方当事人请托，歪曲事实，恶意炒作，干扰人民法院审判、执行活动，造成严重不良影响的；（5）其他严重损害司法权威、影响司法公正的。

这些规定表明，当新闻媒体对司法过程的报道涉及更大的法益需要保护的时候，法院应当采取措施维护这一利益，并且对新闻媒体作出适当的限制，从而能使不同的法益得到平衡的保护。从实际操作而言，秉持司法舆论监督有限的原则，既表明司法公开是基本原则，同时也表明，当法院对新闻媒体加以拒绝时，需要有充分的理由予以说明，同时尽可能取得媒体的谅解与支持。

3. 媒介自律原则

这里所说的媒介自律，主要是指当媒体涉及司法的有关报道时，媒体需要以更加审慎自律的态度来报道有关案件和新闻事件，在追求新闻时，不应该忽视法庭为提供公平与正义而奉行的敏感机制。[2] 这种自律，在西方国家已经成为媒体关于案件报道的一个通则。以美国为例，有超过 24 个州建立了新闻界—律师—法官委员会，该委员会的主要宗旨就在于解决新闻自由与司法公正之间的难题。这样的委员会通常就特定案件应该报道什么、不应该报道什么、报道的尺度等作出协商，从而更好地平衡有关各方的利益。

在法治成熟的国家中，媒介自律对司法的意义尚且如此重要，在司法独

---

〔1〕 Perry Kelly. The Media in Britain: Institutions, polices and laws. The British Council. 2001, p. 11.

〔2〕［美］唐·R. 彭伯：《大众传媒法》（第十三版），张金玺、赵刚译，中国人民大学出版社 2005 年版，第 433 页。

立尚未完成的转型国家，则显得更加必要和紧迫。因为，在这些国家中，司法独立经常受到来自行政权力的侵扰和干预，司法独立经常得不到实质性保障，甚至有可能对行政权力存在高度依赖。此时，如果媒体再过度介入司法过程，不仅会轻而易举地越过监督司法的界限，更有可能为行政权力干预司法提供足够的民意基础。这种状况，或许在某一个案例中，能换来民众的击掌叫好，但从长远而言，则是对法治进程的拖延与阻碍。因为，司法独立在面对行政权力时已显虚弱，代表民意的媒体的压力则更会令其战战兢兢，并且媒体的“轰炸式的报道”也常有可能触发行政权力对司法权的更多和更强的不合理干预。

媒体的自律显得如此必要，不仅是因为我国的媒体有着深厚的机关报的特色，也不仅是因为媒体的这种自律能减少其对他者权益的侵犯，更是因为这种自律，在很大程度上也是法治事业的一部分。而对媒体而言，法治的发展，也将带来媒体自由的实现和保障。如学者所言：“传媒的行业自律是传媒谋求自身政治空间、争取社会广泛认同的必要措施，同时也是传媒自身独立品性的保证。在对司法监督问题上，传媒不仅需要从一般性的职业标准出发约束自己的行为，而且基于司法在政治框架和社会生活中的特殊地位，传媒更需要审慎地处理同司法之间的关系，特别是需要在公众社会要求与司法立场之间寻求恰当的平衡点。”〔1〕

二、“媒体审判”的实质与特征管窥

近年来，媒体与司法的关系日益被学者所关注，尤其是媒体采访报道对司法过程的不当切入，被学界概括为“媒体审判”。尽管无法度量媒体对司法公正的切实影响，但绝不意味着媒体对司法就没有影响，尤其是在司法独立尚未得以确立的当下，“媒体审判”与其说是一个理论课题，还不如说是一个不争的事实。

（一）现实审视：“媒体审判”并非言过其实

案例一：刘涌案。媒体审判乃至民意判决对司法的影响与威力，在2000

〔1〕 顾培东：《论对司法的传媒监督》，《法学研究》1999年第6期。

年7月案发的刘涌涉黑案中便有淋漓尽致的体现，此案不仅审判过程起伏跌宕，更开“民众拷问司法公信力”之先河，可谓是中国司法审判史上具有象征意义的符号性案例。[1] 从2000年7月刘涌案发到三年后他被终审判决，公众对该案的关注一刻也没有停止。2003年12月22日上午，最高人民法院经过再审后作出判决：判处刘涌死刑，剥夺政治权利终身。

一审法院先是判决“被告人刘涌犯故意伤害罪，判处死刑，剥夺政治权利终身……”二审中，刘涌的辩护律师向法庭提交了一份14位一流法学家作出的“沈阳刘涌涉黑案专家论证意见书”。根据这份意见书，法学家们一致认为：本案在证据方面存在严重问题。辽宁省高级法院二审改变了一审死刑判决，“刘涌所犯故意伤害罪，论罪应当判处死刑，但鉴于其犯罪的事实、性质、情节和对社会的危害程度以及本案的具体情况，对其判处死刑，可不立即执行”。改判结果出人意料，改判理由更成为舆论炮轰的焦点。在媒体的压力之下，两个月之后，最高人民法院于2003年10月向刘涌送达了再审决定，最终判处刘涌死刑。

从一审死刑到二审死缓，再到死刑核准，刘涌涉黑案一波三折，其复杂程度让人眼花缭乱，刘涌最终未能逃脱法律的制裁。在此过程中，媒体发表的一系列评论：如《判处刘涌死刑也是舆论监督的胜利》《刘涌案再改判：最重要的是“说法”》《新闻评论：刘涌案中法学家错在了哪儿?》《网友评论：舆论促使错误的纠正没有错》《评论：刑事审判中的“专家论证”必须根本取消》《刘涌案，中国法学界的耻辱还是光荣?》等，甚至连国家新闻机构新华社都就该案相继播发了《沈阳“黑道霸主”覆灭记》《“黑道霸主”刘涌是如何“当”上人大代表的?》等稿件。许多媒体都纷纷转载这两篇电讯稿，在社会上引起了强烈的反响。正如一位学者所言：“刘涌很可能死得并不冤枉，但他的死亡之路上却掺杂了太多法律之外的东西，我们不知道这其中有多少次的‘负负得正’，但每个‘负号’，都意味着法治遭到了漠视，难道我们就该为这个最后的‘正号’欢呼吗?”

案例二：许霆案。2006年4月21日晚10时，被告人许霆来到广州天河区黄埔大道某银行的ATM取款机前取款。结果取出1000元后，他惊讶地发现银行卡账户里只被扣了1元，狂喜之下，许霆连续取款5.4万元。当晚，许霆回到住处，将此事告诉了同伴郭安山。两人随即再次前往提款，之后反

〔1〕 尹恒：《法律的“瘟神”？——民意与司法的博弈》，《重庆律师》2009年第2期。

复操作多次。后经警方查实，许霆先后取款171笔，合计17.5万元；郭安山则取款1.8万元。事后，二人各携赃款潜逃。同年11月7日，郭安山向公安机关投案自首，并全额退还赃款1.8万元。经天河区法院审理后，法院认定其构成盗窃罪，但考虑到其自首并主动退赃，故对其判处有期徒刑一年，并处罚金1000元。而潜逃一年的许霆，17.5万元赃款因投资失败而挥霍一空，2007年5月在陕西宝鸡火车站被警方抓获。广州市中院审理后认为，被告许霆以非法侵占为目的，伙同同案人采用秘密手段，盗窃金融机构，数额特别巨大，行为已构成盗窃罪，遂判处无期徒刑，剥夺政治权利终身，并处没收个人全部财产。许霆随后提出上诉，2008年3月，广州中院认定许霆犯盗窃罪，判处有期徒刑5年。许霆再度上诉，2008年5月，广东省高院二审驳回上诉，维持原判。

许霆案也被认为是典型的"媒体审判"的案例。在普通大众的法治观念里，许霆利用ATM机故障恶意取款的行为，其应受非难谴责的程度比较低，对其的规范评价不会很严厉。但如果需付出其终生自由乃至要牺牲生命为代价，在大多数人看来，这是苛酷和难以接受的，严重偏离了社会大众对正义的期盼和长期以来滋养的伦理情感。在许霆案一审判决后，媒体的报道激发起汹涌的民意，对判决提出强烈质疑。从原判决所激发出的汹涌民意来看，大家矛头所指，并不是事实和证据，而是法律本身。"民意不可违"，法院最终听取了民意，重审后由无期徒刑改判为5年有期徒刑。

案例三：邓玉娇案。2009年5月10日晚，湖北省巴东县野三关镇招商办主任邓贵大、副主任黄德智等，酒后到巴东县野三关镇雄风宾馆梦幻城玩乐。邓、黄等人欲去水疗区做异性洗浴。黄德智发现VIP5包房内正在洗衣的邓玉娇后，进入房间，向邓玉娇提出陪其洗浴的要求。邓玉娇称自己不是水疗区的服务员，拒绝了其要求。随后，邓玉娇离开VIP5包房进入服务员休息室。黄德智紧跟邓玉娇进入休息室，对其进行辱骂。邓贵大闻声赶到休息室，得知邓玉娇拒绝为黄德智提供陪浴服务后，便与黄德智一起对邓玉娇进行辱骂，拿出一沓钱炫耀并朝邓玉娇面部、肩部扇击。邓玉娇欲离开休息室，被邓贵大拉回。邓玉娇欲再次离开，邓贵大又将其拉回并推倒在沙发上。邓玉娇站起来从随身斜挎包中掏出一把水果刀藏于背后。邓贵大再次用力将邓玉娇推倒在沙发上。邓玉娇双脚朝邓贵大乱蹬，把邓贵大蹬开，并站起来。邓贵大再次扑向邓玉娇，邓玉娇持水果刀朝邓贵大刺击，致邓贵大的左颈部、左小臂、右胸部、右肩部四处受伤。黄德智上前阻拦，亦被邓玉娇刺伤右臂。邓贵大因伤势严重，经抢救无效死亡。

2009年6月16日上午11时，“邓玉娇刺死官员案”在湖北巴东县法院一审结案。合议庭当庭宣判，邓玉娇的行为构成故意伤害罪，但属于防卫过当，且邓玉娇属于限制刑事责任能力，又有自首情节，所以对其免除处罚。在邓玉娇案中，案件还在调查的过程中，有多家媒体就将焦点聚集于“官员寻欢作乐”“官员腐败”等民愤意见甚大的话题上，而在采访受到阻碍之时，则更是加重了媒体和公众的怒气。众多媒体的评论，鲜有从事实与法律的角度去追问，更多的是从情感和道德的立场去追问案件。如《邓玉娇没被强奸不等于没被性侵犯》《邓玉娇案中的事实与常识》《邓玉娇案件，拷问了什么》等，在媒体如此铺天盖地的新闻攻势下，法院想要遵循法律逻辑依法判案，所面临的压力可想而知。

更早些时候，在1995年的“夹江打假案”中，媒体对“夹江打假案”的报道，许多媒体在“焦点访谈”进行报道后，纷纷跟进，形成了一边倒的舆论态势。许多媒体的新闻标题诸如《恶人先告状》《制假者是过街老鼠，谁都该打》《打假者怎能有错》《制假者状告打假者，咄咄怪事》等，几乎把矛头指向了制假者。此外，1997年8月24日发生的“张金柱案”，张金柱在临刑前也说记者害了他，并因之成为媒体审判的经典案例。

（二）“媒体审判”的实质与特征

“媒体审判”一词出自美国，又称“媒介审判”“舆论审判”“舆论法庭”[1]，系指对特定的案件，新闻媒体利用其公开传播的新闻报道，于法院判决之前对案件进行判断，从而干预、影响司法独立和司法公正。一般而言，媒体审判主要表现为媒体罔顾司法程序而对正在审理的案件的案情分析、案件定性、涉案人员定罪量刑等问题作出公开判断和结论，形成一种足以影响司法独立的舆论氛围，从而使审判在不同程度上失去其公正性。其实质是以新闻自由干预司法独立，以道德评判取消司法审判，以媒介的“话语强权”代替舆论监督。[2] 这种“不当介入”，最为明显的就是媒体对具体案件的监督超过了合理的界限。什么是媒体超越监督的合理界限？就是传媒侵

---

〔1〕 孙笑侠：《公案的民意、主题与信息对称》，《中国法学》2010年第3期。

〔2〕 慕明春：《“媒介审判”的机理与对策》，《现代传播》2005年第1期。

犯了司法的独立，造成传媒而不是法院对案件进行审判的情况。[1] 1999 年 2 月 28 日北京大学法律系教授朱苏力在《中国合作新报》发表文章指出：“新闻媒介应该恪守‘不在其位不谋其政’的原则，从目前来看，媒体已经在某些方面逾越了自身权限，侵犯到了司法权和个人隐私权。在操作中制造为民请命的形象，谋求宣传效应，乃至在事实上造成超越司法的后果，由此引发的负面效应在短期内看不出来，但可能是灾难性的。”

从上述案例之中，不论从怎样的角度去分析，也不论基于怎样的立场来捍卫媒体采访自由，媒体对司法的影响都是无法忽略的。从中我们不难发现，“媒体审判”大多具有以下特征。

1. “媒体审判”大多发生于民众关心的案件

的确，并不是所有案件都会引致媒体关注，媒体关注的往往是那些民众较为关心的案件。有学者认为，以下六类案件往往容易引起民意及媒体的关注：官民冲突案件、权贵身份案件、民生案件、道德底线案件、公德困境案件、迷离疑难案件。[2] 在这些案件中，因为存有许多公众十分关注的主题元素，因而也往往容易成为媒体关注的重点。

从记者获取相关案件信息来源而言，新闻媒体对特定案件的报道，或者是来自法院提供的新闻线索，或者是来自记者对于特定案件的新闻判断，或者是来自公众的热切关注。事实上，就发生“媒体审判”的可能而言，上述六类案件中还需要排除来自法院提供线索的案件。这在现实中并不缺少相应的案例支持，比如发生在 2005 年 8 月的嘉兴“人跪狗”案例，显然就是牵涉到道德底线的案件，但对该案的报道，基本上都是法院邀请有关媒体进行的。在媒体获知了有关信息之后，媒体一般也会经过相对程序化的“新闻职业判断”，才能最终导致对有关案件的深入报道。在新闻报道的过程中，一般的媒体都有当日的报题程序，一线采编人员根据有关新闻线索，先报本部门领导，本部门领导从中挑选有新闻价值的线索，上报编委会，由编委会最终定夺。因此，对于一些可能发生“媒体审判”的案例，媒体的关注首先是基于新闻职业作出的判断，而随后的铺天盖地的新闻报道，则往往导致了为学界和法律实务界所关注的“媒体审判”问题。

---

〔1〕 贺卫方：《传媒与司法三题》，《法学研究》1998 年第 6 期。

〔2〕 孙笑侠：《公案的民意、主题与信息对称》，《中国法学》2010 年第 3 期。

2. “媒体审判”有很强的主观性、渲染性

在特定案件的采写中，尽管记者是作为“拟态公众”的身份[1]，代表公众听和看，但这种听和看，本质上还是记者个人在“听和看”，当记者将自己所见所闻表述出来的时候，难免带有很大的主观性。比如，在刘涌案中，一些媒体就刻意用“恶行”替代“罪行”，用“血案”替代“罪案”，实际上以公布罪状方式撰写的报道，无异已经在法院判决以前确定了刘涌有罪，而且“组织黑社会性质的犯罪集团”“黑道霸主”“黑帮”“黑老大”一类词语，远远胜过罪犯一词的分量，事实上宣布了刘涌的罪行十分严重。这些语词表述的背后，其实是包含了记者的主观判断在其中。也就是说，在一些特定案例报道中，记者往往从主观视角出发来叙述自己的所见所闻。而就其获知的信息而言，也往往都是其听来或看到的内容，新闻职业强调“第一现场”“强调抢先发言”，都在有意无意地强化这种主观性。同时，采访对象向记者描述的内容，也有着很强的主观性，甚至添加了个人的想象在其中。记者通过这种主观性的渲染，无疑会在公众心中引起某种共鸣，当这种共鸣体现在对于特定案件的关注时，无疑就会形成“媒体判断”的结局。

3. “媒体审判”体现的是大众生活逻辑

大众生活逻辑是与司法职业逻辑相对而言的。媒体记者以自身所采写材料作为基础，来依据如何能更令公众感兴趣的方式来表现新闻事实。在这个过程中，媒体记者所关注的是“新闻如何能更好地被公众所接受”，也就是说媒体必须要秉持大众的一般逻辑，以符合公众的基本情趣、取向、阅读习惯和心理渴求。这种逻辑自然会与司法的职业逻辑有着鲜明差别。因此，大众逻辑往往表现为一种朴素的公平观、直觉的正义观和道德感。司法职业的逻辑则与之截然不同，“法律乃是一门艺术，一个人只有经过长期的学习和实践才能获得对它的认知……法律是技术理性，法官是技术理性的拥有者，因此，法律就是一个职业等级的领地”。[2]“法律活动职业化必然导致法律的形式化、非大众化……对法律自治的追求也就出现了职业主义的倾向，因而也就造就了专业化的法官，进而也就出现了法律职业的专门逻辑。”[3]有学者指出，在一些案件的报道中，媒体会营造一种一边倒的气氛，把一个相

---

〔1〕许加彪：《法治与自律——新闻采访权的边界与结构分析》，山东人民出版社2005年版，第69页。

〔2〕［美］爱德华·S. 考文：《美国宪法的“高级法”背景》，强世功译，生活·读书·新知三联书店1996年版，第35页。

〔3〕孙笑侠：《程序的法理》，商务印书馆2005年版，第70—71页。

当复杂的法律和程序问题变成了一个是非分明的道德问题。这样的媒体监督既无从使案件获得合乎法律的公正的解决，更使得本来在我们这里就极为脆弱的正当程序观念愈发稀薄。[1]

尽管采访权具有职业性的特征，但这种特征主要是表现为对新闻的职业敏感、对新闻现象的认识和判别、对传播规律的把握，其也有自身的规律所在。究其本质，记者只能“站在公众的视角采写新闻、站在读者的立场编辑和处理新闻”，因此，记者反而尽可能需要与公众的生活逻辑保持一致。这与司法职业的职业逻辑是有区别的。因此，当出现特定案件的时候，媒体自然会迎合公众的需求，渲染那些公众感兴趣的情节，并且也时常自视为“公众代言人”，从而难免会形成对特定案件的特定倾向。然而，“司法活动正确与否从来不取决于它是否得到公众的欢迎或是否符合大多数人的想法与做法”。[2] 当媒体对特定案件作出倾向性报道之后，自然会强化公众的生活逻辑与司法逻辑的背离甚至冲突。诚如昂格尔所指出的，“公平愈是屈从于规则的逻辑，官方法律与老百姓的正义感之间的差距也就愈大”。[3]

（三）“媒体审判”的形成机理

就采访权对司法过程的影响而言，包含了两个方面的问题。其一，采访权对公平审判权的影响；其二，采访权对司法独立的影响。在特定案例中，如前述刘涌案，媒体对刘涌案的过度曝光，从刘涌的角度来考察，显然损害了其得到公平审判的权益；从司法机关的角度而言，司法机关的权威与尊严也因此而遭到了损失，从而对司法独立也是一种伤害。这是因为，司法独立，并不仅仅是指司法机关建制意义上的独立，而主要是指司法权的依法自主运用，在不受外界干扰的情况下，以事实为根据、以法律为准绳，自主地就案件的性质、违法程度、量刑情节等作出判断。然而，这种本质上的一致性，并不能否决两者之间的差别。在实行陪审团制度的国家，对于特定的案例，媒体的过度曝光，与其说是对司法独立的影响，不如说是对公平审判权的影响。因为，在这些国家中，陪审团就案件的事实问题作出

---

〔1〕 贺卫方：《传媒与司法三题》，《法学研究》1998 年第 6 期。

〔2〕 ［美］加里·沃塞曼：《美国政治基础》，陆震纶等译，中国社会科学出版社 1994 年版，第 149—151 页。

〔3〕 ［美］R. M. 昂格尔：《现代社会中的法律》，吴玉章等译，译林出版社 2008 年版，第 191 页。

判断，陪审团成员也往往来自公众，本就受公众道德的较多影响，媒体的过度曝光，自会对其产生影响。此时，对司法独立的影响的确不是问题的重点。但在大陆法系国家中，案件判决的过程是由法官主导的，媒体对案件的过度曝光，往往会直接影响法官的独立判断，此时，对公平审判权的影响与对司法独立的影响，在很大程度上是重合的。我国的情形，自然是属于后者。

因此，有必要分析媒体影响司法独立的层面与路径问题，以进一步阐明两者之间关系的真实状况。在我国的当下，“司法独立”包含了法院的“司法独立”和检察院的“司法独立”。〔1〕我们论述的部分，主要是指传媒对法院的司法独立的影响。关于司法独立的含义，日本的长谷川正安教授认为，司法权独立概念应该包括三层含义：（1）相对于立法权与行政权的司法权独立；（2）每个法院的独立；（3）每个法官的独立。〔2〕也有学者指出，司法权独立主要包含两层含义：法院审判权的独立；法官职权的独立。〔3〕根据我国宪法第126条的规定：“人民法院依照法律规定独立行使审判权，不受行政机关、社会团体和个人的干涉”，有学者据此认为，该条款中规定了审判权的独立，不包含法官个人职权的独立。〔4〕在我们看来，在媒体对法院审判权的影响的问题上，主要是会否影响其“独立行使审判权”，而正是在这种意义上，媒体的过度曝光会导致人民法院不能“独立行使审判权”。

具体而言，媒体对司法独立的影响，结合媒体传播规律来分析，“媒体审判”得以成形，一般是经由以下压力机制：

（1）媒体—法官。法官如何对待媒体的问题，或许可以认为，应该由法官就媒体与民意的存在及其影响，结合其对法律的认识来独立作出判断。在推行陪审团的国家，实际上，陪审团就事实作出裁定，法官根据陪审团的事实裁定作出判决，本意上也属于法官近距离接触民意，并现场吸纳民意，再作出判决。但应该看到，这种“接触”或是“吸纳”都是法官“独立地思考、甄别和吸纳”的，并没有冲击“法官独立”。因此，关键的问题是，怎样才能做到“法官独立地思考、甄别和吸纳民意”。同时，如果媒体通过有关报道，直接对受理和审判某案件的法官的人格和能力加以质疑，无疑会给

〔1〕谭世贵：《司法改革的理论探索》，法律出版社2003年版，第57页。
〔2〕［日］长谷川正安：《司法权的独立》，新日本出版社1971年版，第66—68页。
〔3〕林来梵：《从宪法规范到规范宪法》，法律出版社2001年版，第375页。
〔4〕谭世贵：《司法改革的理论探索》，法律出版社2003年版，第59页。

该法官施加无形的压力。尽管法官基于职业逻辑，在特定案件中，可以远离媒体和公众质疑，但法官毕竟也是人，要真正摆脱其中的影响，只能是一种幻觉。媒体的造势会使法官面临各种压力，尤其是来自上级主管部门、人大、政府部门的压力，不得不违心作出不公正裁判。而法官坚持忠于法律和事实，则有可能受到批评、处分、调职，被压制等。[1]

（2）媒体—法院—法官。在更多案件中，媒体并非直接针对具体办案法官，而是将整个法院作为关注中心。在众多论者的论述中，大多以媒体与法院的关系作为论证焦点。但就“媒体审判”而言，媒体对特定案件作出道德性评价，本质上是以公众的生活逻辑挑战甚至淹没法官职业逻辑。在很多时候，媒体对法院受理的特定案件的报道，一方面，会导致公众对法院的负面评价，尤其是媒体在报道的时候，有时候不仅仅会针对目前在审理的案件，还会将相关案件甚或该法院受理的其他案件一并作为资料整理登载出来。这本是媒体操作的常规，但在特定的案件中，容易导致公众对法院的倾向性评价。另一方面，媒体对法官、对特定案件的评价，比如对特定案件中法官腐败或者法官徇私枉法的报道，其最终的结果又必然是由法院来承受。这种路径表明，媒体关于特定案件的报道，将整个法院置于舆论关注的中心，法院内部出于舆论的压力，可能会选择向有关法官明示或暗示：案件应该怎样办？应该注意哪些事项？媒体的报道有哪些要点等。这种明示或暗示，显然就是一种压力机制。

（3）媒体—行政权力—法官。这既是我国长久秉持的“全能政府”的自然结果，也是我国媒体的基本定位所必然。“在过去相当长的一段时期，一些政府官员和司法部门将媒体当作自己的传声筒，纯粹将媒体看作管理的工具，往往给媒体行政指令，先由报纸定性和预演，然后司法介入审判的做法几成惯例。媒体长期在这样的思维范式下，难免出现代替司法进行审判的现象。”[2] 例如，2003 年 1 月 20 日，沈阳市民营企业李氏集团董事长李军涉嫌报复伤害沈阳市土地规划局局长一案，在沈阳市大东区人民法院公开开庭审理。尽管这一案件备受公众关注，但这家法院却以沈阳市某位领导“有批示”为由，拒绝了多家新闻媒体法庭旁听的请求。当天已进入旁听席，并

---

〔1〕 刘珊：《理解、自律、宽容、沟通——媒体与司法契合的制度构建》，《广西政法管理干部学院学报》2007 年第 6 期。

〔2〕 付松聚：《我国“媒介审判”现象流变探析》，见 http：//www. fjsen. com/n/2009-09/28/content_1117273. htm，浏览日期 2011 年 3 月 8 日。

遵守有关旁听规定的新华社记者，被强行逐出法庭。[1]

(4) 媒体—行政权力—法院—法官。更为复杂的情况或许是，媒体的报道，引发一些行政机关关注，有的行政机关对法院施加压力，法院内部“指示”法官如何办理某案。之所以会出现这种压力机制，主要是因为，我国现在的司法独立还处在前述的“独立行使审判权的”状态，离审判权的独立尚有很大的差距。比如，我们常说的司法权保障“三个不足”问题中的法院的经费及其法官工资、检察院的经费及其检察官工资等，这都是由同级政府财政部门解决，法院根本无法也无力摆脱地方政府的影响。

在“媒体审判”的过程当中，事实上，并不是媒体在“审判”，而是媒体通过铺天盖地的报道，以“民意代言人”的身份，影响行政权力、法院和法官，从而在一定程度上将报道中所体现的主观意志在判决中得到体现。媒体的社会角色是大众传播工具，它本身并不具备也不应当具备处理社会纠纷、解决社会矛盾的裁决功能。而我国的媒体在进行批评性报道中，常常以舆论监督的名义，扮演了不该扮演的角色，以审判者自居，轻易地给司法机关尚在处理的事件定性，媒体社会角色的错位现象时有发生。[2] 一位大法官曾经指出：“我国司法独立机制尚不够完善，法官的独立精神尚待培育，在某种程度上，新闻舆论左右司法判决的力度很大。”他指出：“一方面是法院大量生效判决得不到执行；另一方面是公民有了利益纠纷和冲突不去寻求司法救济。这实际上表明公民对法律没有信心，对司法机关没有信心。媒体对司法机关的过度贬损对当前在我国社会培育法治意识只会起到负作用。”[3]

尽管“媒体审判”广受关注，但媒体究竟是否真正影响了法院审判？或者说在多大程度上影响了法院审判，学界却至今没有令人满意的答案。美国威斯康星大学研究者罗伯特·E. 德雷切尔（Robert E. Drechsel）经过大量的研究指出，“证据还显示，公正审判与新闻自由问题的严重性可能被夸大了。大多数法官和其他司法界人士似乎没有把经常出现的主要问题与带有偏见的

[1] 按照最高人民法院的规定，凡涉及国家机密、商业机密和个人隐私等不宜向社会公开的案件不公开审理，其他案件都要公开审理，允许记者旁听。李氏集团案只是一般的刑事案件，法院又是公开审理，是符合最高人民法院关于允许旁听和记者采访有关规定的，却仅凭沈阳市某领导的一纸批示，就剥夺了记者的采访权，这实质上等同于剥夺公众的知情权。转引自刘斌：《权力还是权利——采访权初论：中国政法大学学报》，《政法论坛》2005 年第 2 期。

[2] 黄晓：《媒体审判与角色错位》，《中国记者》2003 年第 11 期。

[3] 李修源：《关于舆论监督与司法独立的两个话题》，《人民司法》2000 年第 8 期。

报道联系起来，并以有偏见的立场来理解这些问题”。[1] 国内也有学者认为，这种对“媒体审判”的担心完全没有必要。反映在媒体报道上，“媒体审判”是否在理，法官完全可以作出裁判。[2]

三、司法权限制采访权：理由、性质与方式

对信息的收集、接受和传递，使得媒体具备了强大的影响力。关于舆论的影响力，美国联邦党人早就有了深刻的认识：同样真实的是，舆论在每个人身上的力量以及对个人行为的实际影响，主要决定于他认为持有同一意见的人数……当加强舆论的例子不仅数目多而且又是年代久远时，他们就会有加倍的效果而为人所知。[3] 而对于司法权而言，汉密尔顿曾经指出，“司法部门既无军权，又无财权，不能支配社会的力量与财富，不能采取任何主动的行动”，同时，“司法部门……与人民那么疏远，以至于不能受到他们的偏爱”[4]。媒体作为聚合民意的一种机制，又打上了“多数人”的烙印，而司法判断则与“少数人决断”密切关联。这种力量格局，的确，当司法机关置身于民意旋涡之中，非常容易发生前述“媒体审判”的实例。如何走出这种困局，如何让法院置身民意之网而能依然得以独善其身？强化各自的职业精神，提高新闻从业人员的法律素养，强化两者之间的良性互动等都是解决之道，但从司法的角度而言，通过司法权对媒体的采访权予以一定程度的限制，也显属必要。

（一）司法权限制采访权的一般探讨

在探讨传媒与司法的关系时，很多人都将司法公开原则作为论述司法权限制采访权的基本前提。以此得出的基本结论是，司法权不应当限制采访权，因为司法公开是基本原则。而那些相信司法权应当对采访权加以限制的学者，则又从“法律规定了不公开审理”的案件中去寻找规范的依据和理论支撑，并因而认为，司法权完全可以对采访权加以诸多限制。在我们看来，

---

〔1〕 Drechsel, Robert E. “An Alternative View of Media-Judiciary Relations: What the Non-Legal Evidence Suggests about the Fair Trial-Free Press Issue”, Hof star Law Review18 (1989): 1.

〔2〕 艾勃，刘晓梅：《新闻舆论监督与司法公正》，《兰州学刊》2001 年第 5 期。

〔3〕 ［美］汉密尔顿等：《联邦党人文集》，程逢如等译，商务印书馆 2009 年版，第 258 页。

〔4〕 ［美］汉密尔顿等：《联邦党人文集》，程逢如等译，商务印书馆 2009 年版，第 259 页。

有必要厘清在怎样的情况下才发生司法权限制采访权的问题，也有必要明晰司法权加诸于采访权的限制的性质。

首先，司法权限制采访权的必要性。有学者从以下三个方面谈到了司法权对媒体采访权的限制问题：媒体报道司法活动的法律限制，媒体采集司法信息的法律限制，媒体报道司法活动中侵权行为的法律限制。[1] 按理说，对于媒体报道和评论，一个合格、称职、有理性的法官，应该明白自己判案是以法庭审理查明的事实为依据，以法律为准绳，而不是以媒体报道的事实为依据，不是以舆论为准绳；既不能直接地顺应民意作出判决，也不能无视案件事实和法律，任由媒体的报道和舆论牵着鼻子走。[2] 然而，事实上，这种对法官的要求无疑是有些苛刻的，因为法官也是人，也有了解新闻动态的心理需求。我们总不能设想，成为法官，就不应该读报、看电视、听广播、不上网；也不能设想，当法官看到有关案件的新闻报道时，马上翻过、切换频道和切断网络。因此，在媒体对特定案件处于高度的热情的时候，我们能够做的是，通过怎样的制度能让媒体保持在合理的限度之内。

为了保证司法中立，避免司法工作受到舆论影响，国际公约以及许多国家法律对媒体的采访报道都会有所限制。联合国《国际新闻自由公约草案》规定，“妨碍法庭审判之公正举行的新闻列为禁载内容之一”。世界刑法学会决议强调反对“媒体情感性的审判”。[3] 1994 年，世界刑法学会第十五届代表大会《关于刑事诉讼法中人权问题的决议》第 15 条规定：公众传媒对法庭审判的报道，必须避免产生预先定罪或者形成情感性审判的效果。如果预期可能出现这种影响，可以限制或禁止无线电台和电视台播送审判情况。

其次，立法权对采访权的限制与司法权对采访权的限制各不相同。事实上，尽管我们没有对立法权与采访权的关系问题进行分析和探讨，但立法权对采访权存在限制是不容置疑的。这种限制的最明显表现在于，以立法的方式规定哪些案件应该公开审理、哪些案件可以公开审理和哪些案件不公开审理。立法作这种规定的目的，本就是在司法权和新闻自由权之间作了“立法的决断”，从而为司法与传媒之间画出了一条基本界限。英国的民事诉讼规

---

[1] 简海燕：《媒体报道司法活动的法律限制》，中国政法大学 2006 年博士学位论文。

[2] 许身健：《冲突中的平衡——媒体监督与独立审判》，《人民检察》2006 年第 3 期（上）。

[3] 姚广宜：《论新闻采访权及其权源》，《当代传播》2008 年第 6 期。

则第39条第2款第（3）项规定，在下列情况下可以秘密进行听审：（1）公开审理将不利于达到该听审的目的的；（2）该案涉及国家安全；（3）该案涉及保密信息，而公开审理可能会损害该信息的保密性；（4）为保护相关儿童或病人的利益；（5）该案中，申请听审是在没有进行通知的情况下作出的，如果进行公开审理的话，对被告人而言是不公平的；（6）该案涉及信托管理或死者财产管理中的无争议事项；（7）法院认为为了司法利益有必要进行秘密审理的情况。在我国的诉讼法中，也对不公开审理的案件有明确的规定：民事诉讼法第134条规定，涉及国家秘密、个人隐私或法律另有规定的案件不公开审理，离婚案件、涉及商业秘密的案件可以在申请之后不公开审理。刑事诉讼法第183条规定，有关国家秘密、个人隐私、未成年人以及涉及商业秘密的案件不公开审理。立法规定不公开审理的案件，媒体自然没有对案件的采访权。事实上，前述涉及“媒体审判”的案例，一般都不是法律规定不公开审理的案件，媒体对这些基本的原则规定也自然会有所了解和知悉。因此，可以认为，司法权对采访权的限制一般只能发生在以下案件中：法律授权司法机关自由裁量是否需要不公开审理的案件和公开审理的案件。只有在这些案件中，我们才有探讨司法权限制采访权的必要。

最后，司法权对采访权的限制具有“防御性”。对于采访权的限制，在我们看来，存在规制性限制和防御性限制两种不同性质的限制。规制性限制主要是指对采访权的规制而言的，可以简单地理解为，“为采访权确定权利的范围”，立法权以及行政权对采访权的限制大多属于这种性质。在这种限制之下，采访权的获得、采访权的主体、采访权行使的范围，都受到一定的规制。然而，司法权对采访权的限制，却依循的是另外的路径来得以进行的，即通过限定司法程序中的信息流动，来实现对采访权的限制，这种限制本质上是一种“防御性”的限制。即司法机关为了捍卫“司法城堡及其城堡内的活动”〔1〕。我们曾经指出，采访权具有进攻性，这种进攻性主要体现为对信息的收集。司法权具有相应的封闭性，需要在一个封闭的空间内实现独立的法律推理和法律判断。事实上，司法权并无法走出“城堡”规制采访

---

〔1〕 此处，我们以“司法城堡”的比喻来阐明司法权所具有的封闭性，这种封闭性在某种意义上就犹如一座城堡一般，将外界的影响隔离于城堡之外。以此比喻来概述司法权与采访权的关系，我们觉得还是比较贴切的。

权，而只能通过更多的措施使城堡的密封性更好。正是在这种意义上，可以认为，司法权对采访权的限制具有非常明显的防御性。

（二）司法权限制采访权的理由探析

司法权对采访权可以予以限制，但这种限制并不是司法权可以任意为之的。如果任意为之，有可能导致司法权的恣意行为，对采访权的限制就会转变为对采访权的规制，甚至导致对采访权的剥夺。因此，在司法权对采访权进行限制时，需要有充分的理由才能进行。司法权对采访权实施限制的理由，诚然包括了立法权限制采访权的种种理由，如国家安全、社会公共道德、公共利益等。除了一般性的理由外，就司法过程而言，还有以下方面可以作为限制采访权的理由。

1. 司法独立

在现代法治国家中，司法独立是非常重要的法治保障。这不仅是因为司法权是社会正义的最后防线，也是因为司法权在国家基本权力结构中的地位使然。在法治先进国家中，司法独立诚然是制度设计的结果，但也不能否认，也是司法机关捍卫自身独立性的结果。以确立了美国司法独立的“马伯里诉麦迪逊”案而言，通过该案明确了最高法院“宪法解释者和捍卫者”的角色，从而捍卫了司法机关的独立性。“（该案）通过了可以说是最后堡垒的司法部门，成功地在政治上确立了自己的政治理念……”〔1〕在日本司法独立得以确立的进程中，浦和充子事件〔2〕确立了“即使是国家最高权力机关，也不能介入司法机关具体的审判活动”的规则。平贺信札事件〔3〕则被认为是法官个人捍卫司法独立的重要案例。这些都表明，司法独立，是在很大程度上由司法机关自身作出努力的。因此，当采访权对司法机关、未决案件的报道有损司法独立之时，司法机关可以对采访权实施一定程度的限制。

---

〔1〕［日］藤仓皓一郎、木下毅等编：《英美判例百选》，段匡、杨永庄译，北京大学出版社 2005 年版。

〔2〕浦和充子事件：昭和二十三年（1948 年），被告人浦和充子（女）因不堪生活重负绞杀三个子女，然后自杀未遂。地方法院判处其有期徒刑三年、缓刑三年。日本参议院经调查后认为法院事实认定有问题，量刑过轻，遂向国会提出报告加以谴责。日本最高法院发表声明进行抗议，称参议院此举危害司法独立。

〔3〕平贺信札事件：昭和四十四年（1969 年），在长沼地对空导弹基地诉讼案中，札幌地方法院院长平贺健太致信该院案件审判长福岛重雄，授意其驳回判决。福岛认为其行为侵犯法官个人职权的独立，将信札公开，引发舆论界、学术界普遍针砭。

2. 公平审判

有学者提出，媒体采访对司法独立的影响与其对公平审判的影响，是两个不同的问题。[1] 值得指出的是，媒体对公平审判的影响，既有可能发生在刑事诉讼中，也有可能发生在民事诉讼中。前者案例已经很多，产生了对被告人不利的气氛并影响和左右了判决结果；后者如“泸州二奶遗产纠纷案”[2]就是例证。也有学者指出，新闻媒体固然可以反映民意，但它同样可以激起甚至制造民意。当法院处于新闻媒体所激起的公众舆论喧嚣包围时，强大的舆论有可能对公正审判造成巨大压力，使法院的审判丧失公正性和独立性。正是由于存在这种危险，即使在崇尚新闻自由的美国，为了维护司法独立和正当程序原则，法院和法官历来都对新闻媒体抱有极大的警惕和戒备心理，一位训练有素的法官不会受他在报纸上读到或在电视上看到的任何东西的影响。[3]

正是出于维护公正审判权益的考虑，在谢泼德案中[4]，美国联邦最高法院认为，该案的陪审员事先都阅读过媒体对案件的报道，审判法官有权也有义务对媒体采访实施有效控制，以保障被告人接受公平审判的权利。克拉

---

〔1〕 孙笑侠：《公案的民意、主题及信息对称》，《中国法学》2010 年第 3 期。

〔2〕 60 岁的蒋伦芳与四川省泸州市纳溪区某厂职工黄永彬于 1963 年 6 月经恋爱登记婚姻，婚后夫妻关系一直较好。因双方未能生育子女，便收养一子（黄勇，现年 31 岁，已成家另过）。1990 年 7 月，蒋伦芳因继承父母遗产取得原泸州市市中区顺城街 67 号房屋所有权，面积为 51 平方米。1995 年，因城市建设，该房被拆迁，由拆迁单位将位于泸州市江阳区新马路 6-2-8-2 号的 77.2 平方米住房一套作补偿安置给了蒋伦芳，并以蒋伦芳个人名义办理了房屋产权登记手续。1996 年，年近六旬的黄永彬与比他小近 30 岁的张学英相识后，便一直在外租房公开非法同居生活，其居住地的周围群众都认为二人是老夫少妻关系。2000 年 9 月，黄永彬与蒋伦芳将蒋伦芳继承所得的位于泸州市江阳区新马路 6-2-8-2 号的房产，以 8 万元的价格出售给陈蓉。双方约定在房屋交易中产生的税费由蒋伦芳承担，故实际卖房得款不足 8 万元。2001 年春节，黄永彬、蒋伦芳夫妇将售房款中的 3 万元赠予其养子黄勇另购买商品房。2001 年年初，黄永彬因患肝癌病晚期住院治疗，张学英去医院准备照顾黄永彬，但遭到蒋伦芳及其亲友的怒骂，并相互发生抓扯。黄永彬于 2001 年 4 月 18 日立下书面遗嘱，将其所得的住房补贴金、公积金、抚恤金和卖泸州市江阳区新马路 6—2—8—2 号住房所获款的一半计 4 万元及自己所用的手机一部，总计 6 万元的财产赠予“朋友”张学英所有。2001 年 4 月 20 日，泸州市纳溪区公证处对该遗嘱出具了（2000）泸纳证字第 148 号公证书。2001 年 4 月 22 日，黄永彬因病去世。黄永彬的遗体火化前，张学英偕同律师上前阻拦，并公开当着原配蒋伦芳的面宣布了黄永彬留下的遗嘱。蒋伦芳和亲属们感到十分震惊，气愤之下，双方再次发生争吵。当日下午，张学英以蒋伦芳侵害其财产权为由，迫不及待地诉讼至泸州市纳溪区人民法院，公然与黄妻争夺遗产。法院于 2001 年 10 月 11 日作出宣判，驳回张学英的请求。

〔3〕 许身健：《冲突中的平衡——媒体监督与独立审判》，《人民检察》2006 年第 3 期（上）。

〔4〕 Sheppard v. Maxwell，384 U. S. 333（1966）.

克大法官在终审判决意见中写道，“正当程序原则给予被告获得不受外界影响的公正陪审员审理的权利。鉴于现代传媒的煽动能力和将陪审员与有倾向性的报道隔绝开来的困难，初审法院必须采取有力措施以保证法律之天平绝不会不利于被告这一端。如果审判活动被公开报道而可能失去公正，应令重新审判。但是，推翻判决只是治标之道；有效措施乃是那些将偏见消除在萌芽状态之中的措施”[1]。显然，克拉克大法官此处的“将偏见消除在萌芽状态”的表述，应该包含了这样的含义：司法机关为了维护当事人得到公平审判的权益，可以对采访权实施有条件的限制。

3. 隐私利益

当特定的报道会伤及当事人的隐私利益时，司法权自然有必要为这种隐私利益提供一定程度的保障。“在一个民主社会中，言论自由（或表达自由）、出版自由是较之名誉（隐私）权位阶更高的权利，司法机关在处理相关案件时，必须对于后者给予更高的重视。”在案件审理过程中，如果存在可能泄露当事人隐私的信息，并且这种隐私利益将在很大程度上影响到公众对当事人的评价时，法院应当采取措施保护当事人的隐私利益，诸如封存有关文件，禁止媒体接触这些文件，禁止有关人员向媒体提供信息等。其背后的理由在于，法院本就是个人权利的堡垒，不能以牺牲当事人某些权益的方式来实现正义，尤其是这种权益并非关乎公众根本利益的时候，更是如此。

4. 公共安全考虑

在一些情境下，法院也可以基于公共安全的需要，限制媒体对有关案件的报道。公共安全不能完全等同于国家安全，很多时候，一些案件和问题经由媒体不加鉴别地传播之后，有可能演绎为公共事件，并进而影响公共安全。1991年美国的罗德尼·金案件便属于此种意义上的案件。1991年，罗德尼·金因酗酒驾车、违规超速，耍蛮拒捕。4名警察为了制伏他，用警棍对其进行殴打的过程被人录像，警察因刑事罪遭到起诉，案件由加州地方法院审理。在法庭上播放给陪审团看的证据录像中，有罗德尼·金在拒捕过程中攻击警察的镜头，而三大电视新闻网播放的电视录像，却把不利于罗德民·金的镜头全给掐掉了。新闻媒体用偏离事实真相的司法新闻误导民众，在法院作出独立判决之前，媒体已用被删剪的电视画面预先提供了警察有罪的证据，对警察作出了有罪判决，致使大多数民众在法庭审判前，就已认定涉案警察恶贯

---

[1] 许身健：《冲突中的平衡——媒体监督与独立审判》，《人民检察》2006年第3期（上）。

满盈，罪责难逃。然而，大陪审团观看的是完整录像带，于 1992 年 4 月 29 日作出 4 名警官无罪的决定。而在此之前的调查显示，92% 的美国民众认为电视画面上的警察有罪。2 个小时之后，洛杉矶暴动就发生了。当时的总统乔治·布什为了平息这场骚乱，共动用了 4500 名士兵。50 多人在这场骚乱中丧生、2300 人受伤，约 17000 人被捕，整个城市的损失达到 10 亿美元。此案表明，在针对采访权实施限制的问题上，公共安全的考虑，有时也是充分的理由。

5. 法庭秩序与司法尊严

基于法庭秩序和尊严的需要，而对采访权实施不同程度的限制。如 1994 年生效的《法国刑法典》第 434 条规定："对正在履行职责的法官、陪审员、其他司法建制中的任何人，以言语、动作或威胁或各种未公开的文字、形象，寄送任何物品，对其进行侮辱，旨在侵犯其尊严或妨碍其所担负职责的，处一年监禁并处 10 万法郎罚金。"英国 1981 年《藐视法庭法》第 4 节第 2 款规定：关于正在进行的诉讼程序或任何其他处于未决或迫近状态下的诉讼程序，当似乎有必要采取措施以避免对相关司法程序造成损害的时候，法院可以命令，在其认为有必要的一段时间之内，推迟对相关诉讼程序或诉讼程序某一部分所作的报道。在我国的有关条文中，如根据刑事诉讼法第 194 条的规定，"在法庭审判过程中，如果诉讼参与人或者旁听人员违反法庭秩序，审判长应当警告制止。对不听制止的，可以强行带出法庭；情节严重的，处以一千元以下的罚款或者十五日以下的拘留"。这些规定表明，如果记者在庭审过程中有扰乱法庭秩序的行为，如庭审过程中的高声喧哗、提问甚至起哄等，当采访权行使过程伴随有扰乱法庭秩序的行为时，法庭可以基于法庭秩序的需要，以"警告、强行带出、罚款"等方式限制媒体对案件的采访和报道。

（三）规避与防范：司法权限制采访权的路径选择

美国最高法院大法官布莱克有句名言："言论自由与公正审判是我们文明中两种最为珍贵的东西，实在难以在二者之间取舍。"此言表明，在言论自由与公正审判的问题上，不能是一个简单的舍此取彼的关系，而是需要通过制度的预设来实现两者之间的平衡。有学者指出，在处理媒体与司法关系的问题上，西方主要法治国家采用的模式是不相同的。美国采用的是不限制媒体的“司法自我约束模式”；英国采用的是“司法限制媒体模式”；大陆法系国家则采用了一种近乎“放任自流”的“司法向媒体开放模式”。[1] 对于这样的分类，实有商榷的必要。因为这种区分方式，既不能揭示司法权限制采访权的“防御性”特征，也容易引起以下的误会：一方面似乎英国的司法对媒体有近乎严苛的限制；另一方面又会让人以为大陆法系国家的司法对媒体没有任何的限制。在前面的论述中，笔者提出，司法权对采访权的限制本质上是一种“防御性的限制”，在具体的限制方式上，则又可以分为“积极防御”与“消极规避”，事实上，这两者共同构成了司法权限制采访权的基本方式。

1. 司法权对采访权的“积极防御”

司法权对采访权的“积极防御”，是指司法权在案件审判之前、审判之中采取积极措施排除媒体影响的方式。对“积极防御”而言，包含了两个方面的内容：其一，在特定案件中，司法权主动与媒体沟通，从而使得媒体在报道内容与报道频次上能尽可能地减少武断和轻率。其二，通过发布命令的方式，明确限制媒体对特定案件报道的内容、方式、频次等。在各国司法同行的做法中，以下方式可以认为是司法权对采访权的积极防御：

（1）新闻发布会。新闻发布会的目的是及时将案件的有关情况和进展及时向媒体和公众作出通报，从而让新闻媒体得到的是比较权威的、基于司法专业逻辑的信息。通过新闻发布会的方式，一方面可以满足公众的知情权，另一方面也可以在报道的措辞和基调上提供比较专业的表达，亦可以通过权威发布的方式，及时公开有关信息以正视听。在媒体特别关注的案件中，由司法机关举办的新闻发布会，将案件的“话语权”与“主导权”紧紧地掌控在司法进程之下，从而有助于案件的顺利进行，并且也有助于减小媒体报道的负面影响。

（2）法官—律师—新闻界指导委员会。由法官、律师和新闻界组成的司法新闻指导委员会，其本质是综合司法专业判断和新闻价值判断的一种模式，实现法院、律师与新闻记者三者之间的互动。一方面，法官和律师可以提醒新闻媒体在报道特定案件时注意哪些事项、哪些内容的报道应该谨慎，从而有利于新闻媒体更好地处理新闻报道中的法律问题；另一方面，新闻媒体亦可以向法官和律师表达自身对信息的诉求，也能对法律职业人士的担忧

[1] 高一飞：《媒体与司法关系规则的三种模式》，《时代法学》2010 年第 1 期。

与焦虑有更深的理解，从而在报道中采取更加克制的态度。在美国的实例中，“法官、律师与新闻界发现，协作、克制与互信可以有效地保护被告人的权利，同时较少地侵犯民众的权利”。同时，“法官—律师—新闻界指导原则通常向执法人员建议，关于刑事犯罪嫌疑人与犯罪的特定信息可以在不损害审判程序的情况下加以公布和报道。这些原则也向新闻记者建议，报道关于案件的特定信息可能会损害被告人接受公正审判的权利，同时也会向公众提供有用的、重要的信息”。这一指导原则很好地处理了新闻自由与公正审判所面临的两难困境。[1]

（3）控制报道的限制性命令。司法机关作为公权机关，在其认为必要时，可以对媒体报道的新闻进行控制，从而限制采访权的实际行使。这种控制性命令，被许多新闻记者称为“钳口令”“它们禁止涉新闻界报道和评论一起案件的某些具体方面”。一般认为，前述的谢泼德案件是美国最早采行“钳口令”的案例。在该案中，汤姆·克拉克大法官写道：“注意到大规模的预审报道，法官原该采取更加严厉的措施，管理新闻人对审判室的使用……法庭原该把证人（与媒介）隔离开来……法庭原该采取措施，控制警察、证人、双方律师向新闻界提供消息和流言……此外，也应该警告撰写或播出预审报道的记者，报道审判中不被法庭采信的材料是不恰当的。”[2]“限制性命令成为法官控制新闻界报道未决案件的常用武器。”[3] 这种针对新闻界的“钳口令”，直至内布拉斯加州新闻协会诉斯图尔特案[4]才因为被指有违美国宪法第一修正案而受到限制。在该案中，首席大法官为针对新闻界的限制性命令能否通过美国宪法第一修正案的审查确立了三条标准：确实存在关于案件的密集的、广泛的报道；没有其他替代方法可以减轻预审报道

〔1〕［美］唐·R. 彭伯：《大众传媒法》（第十三版），张金玺、赵刚译，中国人民大学出版社2005年版，第432页。

〔2〕Sheppard v. Maxwell, 384 U. S. 333 (1966).

〔3〕［美］唐·R. 彭伯：《大众传媒法》（第十三版），张金玺、赵刚译，中国人民大学出版社2005年版，第402页。

〔4〕内布拉斯加州新闻协会诉斯图尔特案：1975年内布拉斯加州发生一起轰动性的谋杀案，欧文·西蒙斯被控杀害了亨利·凯利一家六口而被捕。西蒙斯的被捕吸引了全国的新闻界，主审法官斯图尔特手上堆满了来自全国各地的报道，作为回应，他发布了限制性命令，禁止刊播他认为可能会给西蒙斯造成偏见的大量信息，后来，这道命令被该州最高法院修正，只禁止新闻界报道西蒙斯可能向警方或其他第三方坦白或认罪的事实，以及关于被告人的其他“强烈暗示性”信息。该州的新闻界把这道禁令上诉到美国最高法院，后者于1976年6月判决：斯图尔特法官的命令是针对新闻界的、违宪的事前限制。

对案件的影响；限制性命令事实上能有效地防止陪审员候选人接触到偏见性报道。其后，美国的法院逐渐地放弃通过限制性命令来减轻预审报道对案件影响的做法。

2. 司法机关对传媒的“消极规避”

相对于“积极防御”方式而言，司法机关对传媒的“消极规避”，可以简单地理解为司法机关为了公正审判的需要，通过限制自身或调整司法程序以限制有关案件信息的传递，从而实现对采访权报道有关案件的限制。简单地说，如果说司法权对传媒的积极限制表现为“不让报道”，那消极规避则意味着“让媒体得不到有关信息，从而没法进行报道”，或者是“你报道你的，我躲得远远的”。

司法机关对传媒采取“规避”的方式，其本意是希望能将司法过程独立于传媒的报道。这样，司法过程受传媒报道的影响就会减小到最低的限度。具体而言，司法机关可以采取的规避方式主要有以下几种：

（1）变更审判地点。发生在某地的案件，如果该案受到当地媒体报道的影响较大，则可以通过变更审判地点的方式来进行审理，从而将法官、律师、诉讼参与人带出舆论的旋涡之中。这种审判地点的改变被称为变更审判地点。这在美国的司法程序中是通常予以选择的方式。“州法院进行的审判可以转移到该州的其他任何地点。联邦案件可以转往任何其他联邦法院，虽然在距离犯罪地尽可能近的地方举行审判被认为是必要的。”〔1〕在我国，这种变更审判地点的规定亦不存在法律上的困境。在我国，不仅级别管辖可以变通，就地域管辖问题也可以选择由犯罪地和被告居住地法院管辖。同时，在指定管辖的规定中，上级人民法院可以指定下级人民法院审判管辖不明的案件，也可以指定下级人民法院将案件移送其他人民法院审判。〔2〕然而，变更审判地点的方式，有以下两个不足：其一，变更审判地点需要有额外的费用支出，如交通、住宿、饮食等；其二，变更审判地点的效果也被认为并不理想。这在美国联邦集团诉库尔兹案件中得到了验证。〔3〕

（2）延期审理。延期审理在某种程度上可以说是对新闻媒体弱点的一种利用，因为对媒体而言，时效是其最为重要的价值所在，如果将一件原本媒

〔1〕［美］唐·R. 彭伯：《大众传媒法》（第十三版），张金玺、赵刚译，中国人民大学出版社 2005 年版，第 396 页。

〔2〕见《中华人民共和国刑事诉讼法》第 23 条、第 24 条、第 26 条。

〔3〕Federated Publication v. Kurtz，94 Wash. 2d 51（1980）.

体高度关注的案件拖延审理，则意味着让“新闻”变“旧闻”，从而降低甚至摆脱媒体对该事件的关注。通过将审判推迟数周甚至数月，公众至少部分会忘记新闻界关于该案件写了什么或播出了什么。在一些案件的审理中，延期审理是一个完美的解决方案，但在一些案件中，延期审理也存在对司法过程本身的风险。比如，延期审理有可能意味着要延长被告羁押的期限，意味着受害人的赔偿要晚一些时间才能得到实现等。尽管延期审理存在这些问题，但当摆脱“媒体审判”成为必须考虑的重点课题时，在法定的期限之内，仍然不失为一种可行的策略。

（3）限制法官、律师、诉讼参与人接受采访。司法程序是一个封闭的程序，那么，在这个封闭的程序中，限制法官、律师、诉讼参与人接受媒体采访是否构成对其言论自由的限制？在笔者看来，因为在司法程序中，法官、律师享有一定的言论豁免权，与这种豁免权对等，应该可以由法院作出决定，为了保障司法程序的顺利实施，可以对法官和律师接受采访进行适当的限制。“如果新闻界无事可报，它就不能报道有偏见的内容。”这种限制，与直接针对新闻媒体的限制其实是有着本质的不同的，前者是为了司法程序的顺利进行而要求有关人员在言论表达上保持克制和谨慎，后者则的确又有可能对新闻自由造成限制。这也是我们将针对新闻界的“禁言令”与针对诉讼中人“禁言令”相区分的缘由。后者本质上是司法机关“约束自我”的一种方式，因而呈现出更多的消极特征。

（4）隔离陪审团。“在审判过程中，法院将陪审团成员与外界隔离开来。他们不能每晚回家，而是住在旅店里。他们一起吃饭，一起休息，一起往返于审判室。电话与电子邮件要受法院工作人员的审查。报纸和电视台关于审判的报道也要经过审查。这个程序被称为隔离陪审团。”[1]在实施陪审团制的国家，公正审判的保证在于如何保证陪审团成员没有偏见，因此，隔离陪审团对于减弱媒体报道的影响的确意义重大。但是，隔离陪审团的方式，其高额花费仍然是一个需要考虑的问题。同时，也有人认为，隔离陪审团的做法严重打乱了陪审员的生活，很少有陪审员能够长时间承受隔离所造成的损失和心理煎熬。

需要指出的是，尽管司法权对采访权可以采取“积极防御”，也可能采

---

〔1〕［美］唐·R. 彭伯：《大众传媒法》（第十三版），张金玺、赵刚译，中国人民大学出版社2005年版，第399页。

行“消极规避”的方式，但在媒体报道的强大攻势下，法院要想完全安安静静地办案，似乎是难以实现的。因此，司法机关更需要综合运用各种可能的方式，保障当事人公平审判的权益，来捍卫司法对于舆论压力的独立性。“新闻自由在绝对意义上意味着不受事前审查。但是，尽管在实践（如美国的实践）中，事前审查往往被混同于事前约束。”“从法治国家的实践来看，事前限制在范围上均受到严格限定，而且在通常情况下，表达自由包括新闻自由应该受到免于事前限制的保障。至于事后惩罚，如果其含义是指有关表达一旦被裁定触犯了法律，就会受到事后的刑事或民事处罚，那么就理所当然。”〔1〕

（四）藐视法庭罪：媒体报道的“火线”

在很多时候，藐视法庭罪被认为是司法机关消解“媒体审判”的工具库中最有力的工具，并且被认为是从后果着手的一种方式。〔2〕此罪的基本含义在于，任何不服从法院命令的行为，法院都可以以此为武器进行有力惩治。这种惩治，在我们看来，依然符合司法权限制采访权的防御性特征。因为，该罪的设置本就是基于补救而试图强化司法机关在案件审判中的独立性，从而能更好地、更有效地排除外界干扰。

在美国，藐视法庭罪被认为是“钳口令”的自然延伸。在“钳口令”的要求下，媒体如果没有按照法院的命令行事，法院就可据此对其进行惩罚。在美国，在法庭上进行的藐视被看作是直接藐视，而发生在法庭之外的藐视行为则被称为间接藐视或推定藐视。在前者，如果是新闻媒体的记者违反法庭秩序或者是明确反对法官的命令的行为，则是直接藐视。而间接藐视则主要是指对有关案件的报道信息并非来自法院，而是通过其他途径获知并予以公开，但因法院之前存在对该案件的报道延迟或禁止的命令，从而构成间接藐视。

在英国，对正在进行的或将要进行的民事和刑事诉讼进行报道时，1981年禁止藐视法庭为规制媒体的合法行为程度确立了一个范围。“正如我们所看到的，禁止藐视法庭法规定了一种与媒体报道有关的严格责任原则下的藐

〔1〕张志铭：《传媒与司法的关系——从制度原理分析》，《中外法学》2000年第1期。

〔2〕北京大学法学院人权研究中心编：《司法公正与权利保障》，中国法制出版社2001年版，第187—192页。

视法庭罪，其犯罪指控只能在相关诉讼程序已经开始的情况下才能被触发。"[1]但是，藐视法庭法并不是要禁止媒体发表意见，在检察总长诉泰晤士报有限公司案中，时任英国上诉法院法官的丹宁爵士认为："在诉讼开始以前和诉讼结束以后，英国的蔑视法庭法并不禁止人们发表意见。在诉讼被搁置或未被积极审理时，也不禁止人们发表意见。"[2]事实上，在藐视法庭罪之下，法院的策略依然是通过发布推迟报道的禁令或有关内容禁令而得到实现的。该法第4节第2款规定，"关于正在进行的诉讼程序或任何其他处于未决或迫近状态下的诉讼程序，法院可以命令，在其认为有必要的一段时间内，推迟相关诉讼程序或诉讼程序某一部分的报道"。

禁止藐视法庭的规定，对相关诉讼带来严重损害的实质性风险的声明的公开行为构成藐视法庭的刑事犯罪。在该法规定之下，可以采取多种方式将相关资料予以公开。"公开"被定义为任何口头、书面的表达，包含在节目服务中的节目，或任何形式的其他交流。[3] 根据规定，无论相关出版者是否存在干扰司法的故意，其行为都构成犯罪。这被称为"严格责任规则"。"严格责任规则"不仅适用于狭义措辞意义上的出版者，而且也适用于相关资料的编辑者和发行者。[4] 萨莉·斯皮尔伯利指出，严格责任规则的适用，存在三个主要的限制：第一，严格责任规则仅适用于针对公众的一般公开行为或针对一部分公众的公开行为。第二，对于严格责任规则的适用，相关评论所指向的诉讼程序必须是"正在进行的"。"正在进行"的含义是指：（1）逮捕；（2）逮捕令或传唤令的发出；（3）起诉书或者任何其他详细说明相关指控文件的提交；（4）口头指控。第三，该规则仅仅适用于能够产生实质性的风险，从而使相关司法程序受到严重阻碍和损害的相关公开行为。这是一个具有双重要求的测试，而且两个要求都必须得到满足。[5] 这表明，要成立藐视法庭罪，必须有公开行为，同时需要证明公开行为与公正审判之间有着实质性关联，并造成了实质性损害。

---

[1] [英] 萨莉·斯皮尔伯利：《媒体法》，周文译，武汉大学出版社2004年版，第344页。

[2] 20世纪60年代，英国有一种叫瑟利德米的药品导致许多孕妇生下畸形儿。这个案子拖到70年代一直没有结果。《星期日泰晤士报》为此调查并报道此事。结果检察总长给该报发了一道禁令，理由就是"当诉讼案还未了结而法庭正在积极审理的时候，任何人不得对案件加以评论……"，由此形成了"检察总长诉泰晤士报有限公司案"，结果，该检察总长的指控被上诉法院否决了。

[3] [英] 萨莉·斯皮尔伯利：《媒体法》，周文译，武汉大学出版社2004年版，第331页。

[4] [英] 萨莉·斯皮尔伯利：《媒体法》，周文译，武汉大学出版社2004年版，第331页。

[5] [英] 萨莉·斯皮尔伯利：《媒体法》，周文译，武汉大学出版社2004年版，第331—332页。

诚然，藐视法庭罪的确为司法权限制媒体采访提供了足够的底气，也的确可能在一定程度上强化法院的权威。但实际上，要真正采用此罪来威慑和惩治媒体的报道行为，依然存在着诸多的羁绊。在这些羁绊之下，与其说它能够真正将司法机关摆脱媒体报道的旋涡之外，还不如说是将司法机关带入了一个新的媒体告法院的旋涡之中。

第五章　采访权行使过程中的侵权行为

一、新闻采访侵权简论

如 Jan Schaffer 所言，因为众多的不实报道、虚假报道、个人隐私的报道以及为了赢得读者和观众而“制造新闻”，在新闻竞争过程中的对新闻当事人的过度挖掘，已经导致对法院审判的不当介入和过度报道等。媒体的这种转换，使得新闻机构及其从业人员在从事新闻活动的时候，经常容易导致侵犯其他合法主体的权益。[1] 一般而言，在行使采访权的过程中，采访权侵权主要体现为采访权侵犯名誉权、隐私权、著作权以及肖像权等多种合法权益。

（一）采访活动中的侵权行为：新闻自由与个人权利的冲突

孟德斯鸠曾经指出：“自由就是做法律许可的一切事情的权利。如果一个公民能够做法律所禁止的事情，他就不自由了，因为其他人同样有这个权利。”[2] 孟氏的这一观点道出了个人自由相冲突的本质。就新闻自由而言，其并非唯一的权利和自由，新闻自由的权利有时与社会维持治安的权力有抵触，有时也会与个人权利，如同个人隐私权和要求公正审判的权利发生冲突。[3]

新闻自由与个人权利相冲突的结果，无疑就是导致新闻侵权。新闻侵权

---

〔1〕 Jan Schaffer：Attack Dog，Watch Dog or Guide Dog... The Role of the Media in Building Community.

〔2〕［法］孟德斯鸠：《论法的精神》，张雁深译，商务印书馆 1997 年版，第 154 页。

〔3〕［美］梅尔文·L. 德弗勒、埃弗雷特·E. 丹尼斯：《大众传播通论》，颜建军等译，华夏出版社 1989 年版，第 88 页。

行为，既包括了新闻采写过程中的侵权行为，也包括了新闻报道结果意义上的侵权行为，但后者与前者既有联系，也有差别。考虑到采访权对于新闻自由的重要意义，我们在这里的探讨将这种差别暂且忽略不计。新闻侵权行为属于侵权行为的一种，是指新闻单位或者个人利用大众传播媒介以故意捏造事实或过失报道等形式向公众传播内容违法或侵害他人权利的新闻，从而侵害了公民和法人的人格权的行为。[1] 有学者指出，就其本质而言，新闻舆论监督的功能使其不可避免地要与公民的人格权益产生交锋。“新闻侵权在本质上涉及的是新闻自由与公民人格权益之间的博弈，新闻自由的社会意义在于实现舆论监督，所以，也可以说，新闻侵权现象正是舆论监督与人格权益在权益范围内的不当交叉。”[2] 也有学者指出，新闻侵权，即报纸杂志故意或者过失地刊登诽谤他人的新闻，造成受害人名誉权等人格权损害的行为。[3]

就新闻实践而言，造成记者采访侵权的重要原因之一在于记者滥用采访权。新闻机构和新闻记者作为采访权的主体，拥有监督他人的突出优势，而对这种优势的约束很多时候又并不明显，由此非常容易导致对采访权的滥用。滥用采访权的行为主要表现在两个方面：一是有些记者并不珍惜手中的权利，而是把它作为谋取私利或为亲朋好友办事的工具，在社会上造成极坏的影响；二是有些记者在采访中没有给自己的角色作准确的定位，不是做一个独立、公正、超脱的旁观者，而是充当法官、裁判员甚至犯罪嫌疑人，存在严重越位的现象。[4] 因此，记者在采访中千万不要忘记自己“旁观者”的角色，更不能把自己变成“戏中人”。在揭露违法犯罪现象和违背社会道德的劣行时，记者不能以执法者、审判者或犯罪嫌疑人等身份出现，只能以一个记录者、旁观者的身份参与到新闻事件之中，否则就难免走入误区。[5]

与一般的侵权行为相比较，新闻侵权具有以下方面的特殊性：(1) 侵权主体特定。在新闻侵权行为中，一般是新闻媒体或其从业人员才是侵权的主体。如有关司法解释中，将新闻作品的作者和新闻媒体本身作为侵权行为主体加以对待，并且，在实际的案例中，原告可以选择以其中的任何一个作为

---

〔1〕 王利明、杨立新主编：《人格权与新闻侵权》，中国方正出版社2000年版，第1页。

〔2〕 张诗蒂等编：《新闻法新探》，四川大学出版社2008年版，第166页。

〔3〕 杨立新：《新闻侵权问题的再思考》，《中南政法学院学报》1994年第1期。

〔4〕 刘斌：《权力还是权利——采访权初论》，《政法论坛：中国政法大学学报》2005年第2期。

〔5〕 刘斌：《权力还是权利——采访权初论》，《政法论坛：中国政法大学学报》2005年第2期。

被告。(2) 侵权客体一般是特定主体的人格权。就公民而言，人格权是维护其独立人格所不可或缺的各种权利，如姓名权、肖像权、名誉权、信用权、隐私权等。但这里值得注意的是，法人和其他组织的名誉权和荣誉权也能成为采访权侵权的客体。(3) 新闻侵权行为具有多阶段、多方式特征。与一般侵权行为不同，新闻侵权既可能发生在采访过程中，比如为了刺探某人隐私而对某人生活形成的干扰，也可能发生在最终形成的报道中。(4) 新闻侵权具有极大的扩散性。新闻侵权发生后，不仅影响的实际范围难以确定，而且与一般侵权行为相比，又具有极大的扩散性，比如，某人的特定隐私经由媒体报道之后，极有可能成为人们茶余饭后的谈资，从而给当事人造成巨大的精神压力。

（二）新闻报道侵犯名誉权

一般而言，名誉是“社会不特定的他人对名誉主体的品行、德行、才能、水平、信用等的一般评价及名誉主体对这种评价的能动反映”。[1] 在英美法系，采访权对名誉权的侵犯，主要是放在有关言论诽谤的论述中的。Don R. Pember 在其所著 *Mass Media Law*（13*th edition*）中专门用三章的篇幅阐述了这一问题。Don R. Pember 将其分为新闻诽谤案件的成立、新闻诽谤的过程责任与证明规则、诽谤诉讼中媒体的抗辩等章节，先后探讨了诽谤的要素、诽谤法中的过错的含义、特许权传播以及在美国新闻法制史上的一些重要案例。

T. Barton Cater 所著的 *Mass Communication Law* 中，将普通法上的诽谤与宪法性诽谤作了区分。他详细阐述了新闻报道构成诽谤的几大要素：诽谤性陈述，陈述已经发表，明确的指向，实际损失的存在。并且就诽谤的过错责任以及救济的途径作了探讨。同时，他还分析了诽谤和污蔑的区别。在关于诽谤诉讼抗辩的理由中，他着重分析了新闻媒体的特权，并且将这种特权分为绝对特权和资格特权。对资格特权的一般要求和在特定限度内的限制也作了深入分析。T. Barton Cater 还谈到了作为采访权延伸的有关评论构成诽谤的问题。在宪法性诽谤的论述中，则主要围绕美国宪法第一修正案展开，并且重点探讨了美国宪法第一修正案在处理言论及新闻出版自由与名誉权之间的

---

〔1〕 张新宝：《名誉权的法律保护》，中国政法大学出版社 1997 年版，第 20 页。

司法实践。在这种探讨中，《纽约时报》诉沙利文案所形成的“实质恶意”原则，是其重点关注的对象。在他看来，虽然这个原则比较复杂也很难证明，但其的确为解决表达自由和名誉权之间的界限提供了一种思路和标准。

与前述新闻法学者有所不同的是，John D. Zelezny 在关于采访权导致名誉毁损的论述中，除了对诽谤的各种元素进行分析和探讨外，他还重点谈到了官方报告、中立性调查报告、电讯社抗辩、撤回新闻报道、简明判决等过程中的许多法律实践问题。

Sallie Spilsbury 主要分析了英国的新闻诽谤的情况。她关注的问题非常多，主要涉及是否构成诽谤的应用测试、原告的确定与举证责任，还特别提到了“善意出版物”的概念和问题。在有关诽谤的辩护理由中，她分析了“正当理由和公正评论”、新闻媒体的特权以及恶意的含义问题，并且非常详细地阐述了恶意与资格特权之间的关系。比较有特色的是，在探讨英国的新闻诽谤时，因为《欧洲人权条约》第 10 条的规定，在英国引发了诸多问题，因此，在英国，新闻诽谤诉讼的解决，不仅是一个普通法上的问题，而且也是一个普通法和《欧洲人权公约》如何衔接的问题。Sallie Spilsbury 因此也重点探讨了如何将《欧洲人权公约》第 10 条的有关规定引入到英国的非常诉讼中的问题。在 *Constitutional law-Individual Rights* 一书中，Allen Ides and Christopher N. May 分析了美国的宪法第一修正案和言论、新闻自由的关系问题。在这一分析中，重点探讨了新闻自由与名誉权的界限问题。而这一界限，正是确定采访权如何行使才不致侵犯名誉权的重要标准。

美国纽约州《刑法》给诽谤下的定义是美国引用最多的一个定义：“怀有恶意出版文字、印刷品、图片、画像、标记和其他非口头形式的物品，使活着的人或去世的人受到憎恨、藐视、嘲笑或指责，使他人受到孤立或倾向受到孤立，或使他人或任何公司社团在经营上或职业上的声誉受到损害的倾向，皆为诽谤。”而美国哥伦比亚大学新闻学院关于诽谤的定义则比较有学理意义：“诽谤是以文字、印刷品或其他可见形式损害他人名誉的行为。”

在英国，司法界认为诽谤言论包括：（1）使他受到仇恨、讥笑或藐视；（2）使他受到孤立或冷遇；（3）使社会上一般头脑正常的人对他评价降低；（4）贬低他在自己所服务机构、职业、行业中的声誉。同时，确定言词是否具有诽谤性质，是很复杂的问题，除了造谣和恶意中伤外，很重要的是要看言词的来龙去脉，有时还要看读者的反应。澳大利亚构成诽谤的条件则与英国基本相同，但它有两点是比较特别的，十分强调“他者”感受。这两条规定“使一个人在一般能够进行正常思维的人当中降低了人格”和“使一个人受到社会排斥，人们不愿接近他”。

大陆法与英美法的一个重要区别在于把名誉侵害分为诽谤和侮辱。在大陆法系国家，对于侵害名誉权的行为主要由法律加以定义，并且主要是在刑法中定义的。在其民法中往往只是把侵害名誉行为算作侵权行为，规定法律救济方式，但是并无清晰的定义。德国《刑法典》上的诽谤分为“主张或散布足以使他人受轻蔑或于公评上受不良影响之事实而不能证明其为真实者”和“明知为不实而主张或散布足以使他人被轻蔑或于公评上受不良影响或危害信用之不实事实者”两类，前者是“不实诽谤”，后者是“恶意诽谤”。意大利《刑法》中，“侵害名誉”是指毁损及特定事实，被证实为真实即为无罪。并对以印刷品进行诽谤的行为有专门规定。

瑞典《出版自由法》中规定：“本条所称诽谤，其含义为污蔑和侮辱。污蔑是指一个人指责另一个人是罪犯或指责他生活方式上应受谴责……但下列行为除外：根据情报判断，有关材料提供的情报合理，而最初提到的人提出证据，证明该情报准确无误或他提供的情报有合理根据……侮辱是指一个人用令人讨厌的谩骂或其他无礼行为凌辱另一个人。”

我国宪法第 38 条规定：“中华人民共和国公民的人格尊严不受侵犯。禁止用任何方法对公民进行侮辱、诽谤和诬告陷害。”我国宪法的这一规定是保护名誉权的最高法律依据。第 51 条规定：“中华人民共和国公民在行使自由和权利的时候，不得损害国家的、社会的、集体的利益和其他公民的合法的自由和权利。”这两条重要的宪法原则，科学地规范了新闻自由与保护人格权之间的关系，任何人在行使新闻自由权的时候，侵害他人人格权，都是对权利的滥用，是对他人人格尊严的侵犯，都违反宪法的原则。我国还通过刑法、民法总则的具体条文，规定了侵害他人人格权的刑事责任和民事责任，用刑罚和损害赔偿等刑事的和民事的制裁手段，制裁这种违法犯罪行为，使受到侵害的权利得到恢复。因此可以说，在我国，新闻自由与保护人格权之间的法律平衡，是非常明确的，是有法可依的。[1]

采访权常常导致对名誉权的侵犯，因此，如何确定两者之间的界限就是一个十分重要的问题。在英美国家的司法中，发展出了明确两者界限的一些基本原则，其中，有两项原则的影响是比较深远的。其一是美国的“实质恶

---

〔1〕 杨立新：《新闻侵权问题的再思考》，《中南政法学院学报》1994 年第 1 期。

意原则”（Actual malice），其二是英国的“有限特权原则（也叫雷诺兹原则）”（Limited privilege）。这两个原则的应用及相互之间的差别，我们将在后面的章节中加以探讨。

（三）新闻报道侵犯隐私权

隐私是一个宽泛的概念，它既可以指法律，也可以指其他许多社会价值。记者和律师在新闻编辑室里、在法庭上讨论隐私权，但是人类学家、社会学家、心理学家、神学家和没有任何学术背景的普通人也谈论隐私权。[1] 报纸就是为了揭露：那是他们的功能。从好的方面来讲，媒体可以揭露阴谋诡计、间谍和诈骗等行为；从坏的方面来讲，他们会介入与公共利益无关的私生活。困难之处在于在两者之间进行明确的区分。[2]

在美国，对隐私权的保护仅有100多年的历史。1890年，波士顿的两位律师萨缪尔·沃伦（Samuel D. Warren）和路易斯·布兰代斯（L. D. Brandies）写了一篇题为《隐私权》（*The right to privacy*）的论文，建议法庭承认公民享有隐私权。此文可视为当代隐私权的最初渊源。[3]

美国著名侵权行为法专家威廉·普罗萨（William L. Prosser）将侵犯隐私的行为分为四种类型：盗用，侵入，私人事务的公开，公共误认。他的这一分类，为众多的传媒法学者在论述采访权侵犯隐私权时所遵循。[4]

1972年，英国议会的扬格委员会在一份报告中，这样表述隐私权的含义：“隐私”不能被满意地予以定义，要么定义范围过宽，将隐私权与个人不受干涉的权利等同起来，要么相关定义就被缩减为一组经过主张的价值列表，其上的价值在合理的、非排他的情况下被加上了“私人的”或“个人的”等形容词。所存在的明显危险是，宽泛的隐私权法会使得媒体难于行使其监督者的职能，而欧洲人权法院却对这种职能给予高度重视。[5] 1990年加尔各答委员会则提出了一个涉及媒体的实用定义：保护个人及其家庭生活

---

〔1〕［美］唐·R. 彭伯：《大众传媒法》（第十三版），张金玺、赵刚译，中国人民大学出版社2005年版，第234页。

〔2〕Sir Norman Fowler, Hansard, 17.6.1998, col 404. 转引自［英］萨莉·斯皮尔伯利：《媒体法》，周文译，武汉大学出版社2004年版，第286页。

〔3〕［美］唐·R. 彭伯：《大众传媒法》（第十三版），张金玺、赵刚译，中国人民大学出版社2005年版，第235页。

〔4〕张诗蒂等编：《新闻法新探》，四川大学出版社2008年版，第97页。

〔5〕Report of the committee on privacy, Cmnd 5012, 1972.

的有关事务不受通过公开信息的方式进行侵犯的权利。[1]

Don R. Pember 在论述采访权侵犯隐私权时，只是将威廉·普罗萨的“公共误认”改为“错误暴露隐私”，其他三项则完全相同。Pember 在媒体与隐私权的关系问题上，还出过一本 *Privacy and the press* 的专著，并且也在 Iowa Law Review，Washington Law Review 等杂志上撰文论述过这一主题。T. Barton Cater 在分析采访权对隐私权的侵犯时，追溯了普通法对隐私保护的传统，并且也论述了当代普通法对隐私权的保护问题。T. Barton Cater 虽然也借用了 William L. Prosser 中采访权侵犯隐私权的四种行为模式，但与 Don R. Pember 不同的是，Cater 更加侧重分析了这四种行为的性质问题。他还花了许多笔墨论述了美国 1974 年颁布的《隐私权法》《驾驶员隐私保护法》《家庭教育权与隐私法》（*Family Education Rights and Privacy Act*）。在他的论述中，比较有特色的是，他将公布个人隐私信息的理论基础，归结为宪法第一修正案，从而更加偏向于对采访权的保护。

John D. Zelezny 分析了公共场所的隐私权问题，并且当隐私权遭到侵犯引起的精神痛苦也是其分析的一个关注点。对新闻媒体与隐私权的关系问题上，Zelezny 重点分析了赛博空间的隐私权问题，他尤其看重个人电子邮件中有关信息的保护。虽然他的论述可能超出了隐私权与采访权的关系范畴，但也不排除新闻记者从已在网络上流传的“有关电子邮件”的内容或者其他通过网络途径被公开的个人隐私中获取新闻线索的问题。这样的案例，在香港艳照门事件中，也是同样存在的。

英国传媒法学者萨莉·斯皮尔伯利在关于隐私权与采访权的探讨中，主要涉及了骚扰和英国的防止骚扰法，数据保护，通过执行土地权益对隐私权进行间接的保护，防止截取通信的条例，报道限制机制和法院以及其他法律名义下的隐私权问题：（1）隐私权的含义：究竟保护什么？（2）采访权侵犯隐私权的类型分析；（3）隐私权保护在美国的现状及发展；（4）我国法律规范中关于隐私权保护的有关规定探析。

加拿大法律许可，为了报道公众关心的问题或事件，新闻工作者有时可打探个人隐私；但是，只有在个人的私生活侵犯了公共生活或其私生活涉及公共生活的情况下，或者出于公共利益的合法理由，这种新闻报道的行为才具有合理性，并获得保障。而在美国，警察或其他官员在执行公务（例如采

---

〔1〕 Report of the committee on privacy and related matters, Cmnd 1102, 1990.

集指纹、拍照等）时的行为，不属闯入；因此，新闻媒介与执法机构的协同行动、报道突发性事件的行为也不被视为闯入；在具有新闻价值的事件中，媒介对个人采访报道、拍照、录像，一般也不被视为闯入。[1]

在我国，隐私权的保护是通过名誉权吸收隐私权的方式得到体现的。这在一直沿用至今的1993年《最高人民法院关于审理名誉权案件若干问题的解答》第7条规定：对未经他人同意，擅自公布他人的隐私材料或者以书面、口头形式宣扬他人隐私，致他人名誉受到损害的，按照侵害他人名誉权处理。有学者提出，新闻传播活动中侵害他人隐私的行为主要分为两类，一是传播内容中公布、宣扬隐私；二是在采集信息的活动中侵入私生活区域。[2] 显然，新闻采访主要是针对特定新闻事件中的人的报道，难免会与个人的隐私权益发生冲突。因此，从某种意义上而言，仔细权衡公众知情权益和个人隐私权益之间的关系，无疑十分必要。隐私，一般而言，可以认为是个人不欲向他人公开的个人信息，但是，这些个人信息也不能全然以隐私权益作为盾牌来抵御新闻采访。因此，在平衡个人隐私权与采访权时，以下方面是应该予以考虑的：首先，新闻采访时无意中导致侵犯隐私与纯粹以刺探个人隐私为内容的新闻采访相区分。的确，在现实生活中，有一些媒体热衷于炒作个人隐私，热衷于将个人的私生活作为报道的重点，对这些侵犯隐私的行为，自然应该追究责任。但对于一般的新闻报道中出现的个人隐私的内容，有的可能是指向明确地对个人隐私权益的侵犯，比如，对具体新闻当事人的新闻报道中有关于隐私的内容；有的可能是无意中牵扯进来的，比如，在正常的采访过程中，摄影记者在现场拍摄时未发现镜头中有涉及某人隐私的内容，在新闻播出之后才发现涉及个人隐私。其次，对公众人物的隐私保护应当弱于对一般公众的隐私的保护。在现实生活中，公众人物往往受到众多媒体的关注，他们的隐私也自然成了媒体乃至公众所关注的焦点。因为公众人物受到公众的特别关注，也因为其对特定问题、风尚有着独特影响力，因此，他们的一举一动都会牵动公众的眼神，事实上，有一些公众人物自身也千方百计地希望能够得到公众的关注。因此，对公众人物的隐私应当弱于对一般公众的隐私权的保护。最后，隐私信息的认定也并非完全由个人决

---

〔1〕 郭镇之：《采访、暗访与偷拍——北美国家关于新闻采访中涉及隐私权的若干法律规定》，《电视研究》2000年第6期。转自许加彪：《法治与自律——新闻采访权的边界与结构分析》，山东人民出版社2005年版，第44页。

〔2〕 魏永征：《新闻传播法教程》，中国人民大学出版社2002年版，第169页。

定，而是应该以法律的明确规定为限。比如，在新闻报道的过程中，如对某官员的贪腐行为的报道，其个人财产的数额、家人的情况等就不能以侵犯隐私为由而追究媒体责任，因为，此时，官员的这些信息已经超出了隐私的含义，而且已经成为一种公共利益了。

可见，我国现今的法律对隐私权的保护主要是通过名誉权涵盖隐私权的方式实现的。从实践中而言，有必要将隐私权加以确认为一种独立的法定权利。这一方面有助于对新闻媒体更好地对公众人物行使舆论监督的权利；另一方面也有助于更好地保护公众的隐私权益。因为，无论是理论上还是实践中，隐私并非与名誉权完全重合。

（四）新闻报道对其他权利的侵犯

在新闻报道对其他权利的侵犯中，肖像权和著作权也是极易受到侵犯的两种权益。肖像权是指自然人享有的以其肖像所体现的人格利益为内容的权利。法律对肖像权保护的起点和终点都是自然人肖像所具有的人格利益和精神利益。在现象上，肖像权主要体现为对肖像的制作权、使用权、转让权和救济维护权。[1] 一般而言，采访权侵犯肖像权的认定主要涵盖了以下几点：其一，有对他人肖像权的使用行为；其二，未经本人同意而使用他人肖像；其三，须无阻却事由。在新闻报道中，新闻媒体对肖像的使用，必须是出于新闻报道的需要并且是基于善意使用的行为，否则不能作为侵犯肖像权的合法抗辩。

著作权是作者对自己的作品所享有的权利，这里的作者包括文学、艺术、科学等作品的作者，权利包括人身权利和财产权利两部分。在各国著作权法的保护范围中，一般都排除了时事新闻，但这并不意味着只要是报纸上发表的新闻都不属于著作权法的保护范围。

时事新闻的主要特征是单纯事实消息，如果超出这个范围，比如对某个新闻事件，记者在单纯事实消息之外，还采访了有关部门、调查了有关当事人、访谈了有关专家，并刊写了记者感言或相关评论，此时，其已经具备了作品的许多特征，当然要受著作权法的保护。就采访权对著作权的侵犯而言，主要是存在这样几种形式：抄袭，套用，不合理引用。这些形式，都是

---

〔1〕 张诗蒂等编：《新闻法初探》，四川大学出版社2008年版，第97页。

采访权对著作权的侵犯。

采访权的其他侵权行为，主要表现为“通过新闻报道谋取利益”“收受封口费”“以新闻采访名义介入不正当商业竞争”等侵犯有关当事人合法权益的行为。这类侵权行为，在现实生活中并不少见，有时有明显的被侵权主体，有时是针对特定群体的侵权行为，有时又没有明显的主体，如“因收受好处而故意隐而不报”，但其本质都是侵犯公众的知情权。

二、新闻名誉侵权的构成

自名誉权得到我国法律确认并加以保护以来，新闻名誉侵权一直是其中非常重要的内容。诚如学者所指出，自20世纪90年代以来，在中国出现了名誉权诉讼的热潮，而且索赔额越来越高。这其中，由社会知名人士、政府官员、上市公司提起的针对新闻媒体的名誉权诉讼尤其引人注目。在此类诉讼中，媒体败诉率相当之高，以至于有的学者批评名誉权诉讼正在变成打压言论自由的工具。如何在保护名誉权的同时不让名誉权诉讼变成打压言论自由的工具，成为摆在中国法律界面前的一个难题。[1] 显然，新闻名誉侵权的本质在于新闻权益与人格权益之间的冲突和失衡，事实上，记者在采访过程中对私主体权益的侵犯中，对名誉权的侵犯是最为常见也最为典型的侵权行为。因此，深入分析新闻名誉侵权的构成，仔细梳理各构成要素之间的内在关联，对于完善乃至重构两者之间的平衡有着非常重要的意义。

（一）名誉与名誉权

名誉权是由民事法律规定的民事主体所享有的获得和维持对其名誉进行客观公正评价的一种人格权。英国1275年制定的《高级官员名誉侵权法》是世界上最早的名誉侵权法。现行英国名誉侵权法制定于1952年，该法认为名誉侵权就是散布使普通人对某人评价下降的言论，并将名誉侵权分为口头名誉侵权与书面名誉侵权。

关于名誉，《牛津法律大辞典》的定义为：“名誉（reputation）是对于人的道德品质、能力和其他品质（名声、荣誉、信誉或身份）的一般评

〔1〕 周学锋：《名誉权与言论自由的制衡：“公众人物”理论解析》，《山东师范大学学报（人文社会科学版）》2005年第4期。

价。非法损坏他人名誉可以构成诽谤（或书面诽谤或口头诽谤），受到诽谤的人可以提出控告。”哥伦比亚大学新闻学院给出了公认的比较权威的定义，他们认为：“诽谤是以文字、印刷品或其他可见的方式损害他人名誉的行为……以印刷或书写的文字将罪过、欺诈、不诚实、道德败坏、恶习或耻辱强加于诽谤诉讼中涉及的原告身上，指控或怀疑原告有上述不良行为，暗示原告有传染性疾病，或有损害他在所服务的部门、职业或行业中的声誉的倾向，皆为诽谤。同样，以各种文字形式使原告受到藐视、憎恨、轻蔑或嘲笑，使理智清楚的人对他产生反感，致使原告为朋友和社会所抛弃，也是诽谤。”〔1〕 在英国学者萨利·斯皮尔伯利看来，名誉等同于通常意义上社会中能够正确思考的正常人或理智的人的评价。〔2〕

自从名誉权成为我国法律保护的对象并将名誉权作为一项独立的人格权以来，我国学界对名誉的理解和认识也是分歧多多。比较有代表性的观点如下：第一，社会评价说。有学者认为，“名誉系人在社会上评价，通常指其人格在社会生活上所受的尊重”〔3〕。也有学者认为，名誉是指“一个公民的品性、才干、道德、信义、生活作风等方面的综合社会评价，即社会对公民自身价值的正确认可”〔4〕。第二，个人评价和社会评价综合说。该学说认为，名誉有两种含义：一是内部名誉，是指对个人内在价值，即人格价值本身的评价，如自我的评价；二是外部名誉，是指对个人外在价值，即人格价值的社会评价，如人的品格、名声或道德的社会评价等。〔5〕 第三，人格尊严说。名誉是指公民的人格尊严，公民的人格尊严应受法律保护是公民名誉权的重要内容。人格尊严是指“公民因自己所处的社会环境、社会关系及其他客观条件的不同而对自己的社会价值的自我感知和评价”〔6〕。第四，声名说。此种观点认为名誉是指个人凭其天赋、家世、功勋、财富、品德、学历及地位等各种人格上之特质，在他人心目中所具有的声名与声誉。〔7〕

---

〔1〕 中国社会科学院新闻研究所 北京新闻学会编：《各国新闻出版法选辑》，人民日报出版社 1981 年版，第 200—201 页。
〔2〕 [英] 萨莉·斯皮尔伯利：《媒体法》，周文译，武汉大学出版社 2004 年版，第 69 页。
〔3〕 王泽鉴：《侵权行为法：基本理论 一般侵权行为》（第一册），中国政法大学出版社 2001 年版，第 145—146 页。
〔4〕 李开国、张玉敏主编：《中国民法学》，法律出版社 2002 年版，第 291 页。
〔5〕 王佑明：《我国法律对名誉权的保护》，《江西法学》1993 年第 1 期。
〔6〕 李开国、张玉敏主编：《中国民法学》，法律出版社 2002 年版，第 291 页。
〔7〕 王利明、杨立新主编：《人格权与新闻侵权》，中国方正出版社 2000 年版，第 293 页。

显然，在名誉权的界定中，个人的名誉权无疑包含了其声名、尊严和评价在其中。但就声名说而言，声名是一个人在他人心中所留下的人格特质，这种人格特质一般含有精英的韵味在其中，以此来作为名誉的界定，似乎对许多公众而言是不公平的。对普通公众而言，他们不一定有“声名”，但他们一定也有“名誉”，名誉的概念外延似乎应该超越于声名之外。同理，名誉诚然是人的尊严的一部分，但名誉并非能够完全等同于人的尊严，“仓廪实而后知礼节”，其所表达的就是尊严应该包含了名誉在其中。以此而论，将名誉等同于人格尊严显然也是不妥当的。在我们看来，名誉是先“名”而后有“誉”，前者的“名”自然是指代具体的个体，后者的“誉”则主要是是他者的评价。但因为人作为“主体”在很多时候也处于自我审视的地位，因此，自己也往往可以对自己作出评价。在我们看来，个体的名誉是包含了自我感觉的评价与他人对“我”的评价。值得注意的是，这里的“他人”在很多时候并不能完全等同于社会，因为社会是一个非常笼统的概念，比如，我们不能简单地将一个单元楼房、一个小区甚至一个街道等同于社会。在西方有关诽谤的规定中，大多采用“第三人”的规定，显然也表明，在很多时候，一个非常狭小的群体并不能以社会而论。可以认为，名誉权是指某主体自我的“内在感觉”与他人对于他的外貌、才干、能力、品行、信用、财富等方面的综合评价的体现。

对于侵犯名誉权的行为而言，需要从两个向度上进行考察：一方面，通过贬损某主体的名誉的方式，毫无疑义是名誉侵权行为；另一方面，对一个人过分的赞誉，即在其本身并没有贬损的言辞在其中，但因为其内容虚假，也是一种名誉侵权行为。这一点在书面诽谤中更为常见，在探讨新闻名誉侵权问题时需要特别加以注意。

（二）新闻名誉侵权的特征

媒体名誉侵权，即新闻媒体和新闻从业人员通过新闻传播媒介对公民、法人或其他组织的名誉权造成不法侵害的行为。它是一种特殊类型的侵权行为，其特殊之处在于涉及新闻自由权与民事主体名誉权之间的矛盾，社会公共利益与个人利益在新闻活动中的冲突和对抗。[1] 相对于一般的名誉侵权，

〔1〕 吴志伟：《论媒体名誉权诉讼的证明责任》，2006年硕士论文，前言，第1页。

媒体名誉侵权呈现出以下几个方面的特征。

1. *新闻名誉侵权贯穿整个新闻操作的全过程*

相对于一般的名誉侵权而言，新闻名誉侵权具有多阶段、多层面、多环节的特征。在新闻操作的流程中，涵盖了新闻策划、新闻采写、新闻编辑等多个阶段，就理论上而言，其中的每一个阶段都可能导致名誉侵权问题。比如，在新闻策划阶段，策划的内容牵涉到某位历史人物的评价，此时新闻采写尚未进行，但策划的内容已为相当范围内的媒体从业人员甚至公众所知悉，当其中含有贬损名誉的内容时，该历史人物的亲属在知悉之后，一般会与媒体进行沟通，并且要求修改甚至放弃该新闻策划。正因为考虑到可能的名誉侵权问题，在特别重大的新闻策划之时，媒体一般会与相关的人员先行沟通。同样，在新闻采写过程中，也会有名誉侵权的问题，事实上，采写过程是导致名誉侵权的主要环节。当名誉侵权的内容是新闻编辑过程中由编辑改写或添加，此时发生的名誉侵权，无疑与新闻制作的之前环节没有任何关系。事实上，当报道内容涉及名誉侵权内容之时，媒体内部会有一个自查自检的过程，在这个过程中，如果记者的原告中没有名誉侵权的内容，显然，名誉毁损的言辞是由编辑改写或添加的。诚然，对名誉毁损的受害人而言，这并没有多少区别，但对实际的责任承担而言，这样的区分仍然是具有非常重要的法律意义的。

2. *新闻名誉侵权以书面诽谤为主要形式*

新闻名誉侵权一般被认为是书面名誉侵权的主要形式之一。书面诽谤一般是相对口头诽谤而言的，并且是一种永久形式的公开行为，而口头诽谤则是一种非永久形式的公开行为。区分书面和口头诽谤深有必要，有学者指出，书面诽谤和口头诽谤的区别在原告人证明诽谤事实而寻求胜诉的过程中是非常重要的。书面诽谤不需要证明某个散布行为已经对原告造成了实际上的损害，原告人就可以因此提起诉讼。〔1〕新闻名誉侵权作为一种书面诽谤的主要形式，有一个由“新闻纸”逐渐将电视视频、广播频段等包括进来的发展历程。这一历程，在英国的诽谤立法中有明显的轨迹。1968 年《英国表演法》规定，在一个剧目表演过程中所表述的相关措辞也应该被视为一种书面诽谤。1990 年《英国广播法》第 16 节规定，通过电视或者广播所公开散布的相关言论或措辞，无论是否针对的是一般公众，其都将被视为一种书面诽

〔1〕［英］萨莉·斯皮尔伯利：《媒体法》，周文译，武汉大学出版社 2004 年版，第 69 页。

谤。而随着新媒体的出现，以网页形式、网络视频、网络公共论坛、QQ 群等方式出现的有关诽谤内容是否属于“书面”，目前尚未见到有关法规规范，但如果能以独特的方式加以保存，应该也将其纳入到书面诽谤中来。

3. 新闻名誉侵权具有更大的影响力和伤害

与一般的名誉侵权形式相比，新闻名誉侵权无疑具有更大影响力，对原告的名誉也往往具有更大的伤害。名誉的本质是一种评价，并且最为重要的是“他人的评价”，因此，“他人”的数量往往就意味着名誉侵权在多大的范围内导致原告评价的降低。新闻媒体具有传播面广、传播迅速、非不间断传播等特征，名誉毁损内容往往能在较短的时间内迅速展开，从而对原告的名誉造成更大的冲击。正是因为新闻名誉侵权的这一特征，在美国，新闻名誉侵权一旦能够得以确立，在以“填补损失”为前提的条件下，还规定了惩罚性赔偿，而这种惩罚性赔偿，很多时候足以让报刊因名誉侵权而倒闭。

（三）新闻名誉侵权的构成

媒体名誉侵权的构成要件是指媒体行为构成侵害名誉权的各种作为必要条件的因素。它是确定大众传媒是否侵权，是否承担民事责任以及在诉讼中是否对双方证明责任进行合理分配的基本理论依据。根据一般理解，新闻名誉侵权的构成意味着侵权成立需要满足哪些法定的要素。新闻名誉侵权的构成，各国法律的规定并不一致。

1. 普通法的传统

传统普通法中诽谤诉讼的证明责任对原告人非常有利，普通法规定名誉诽谤构成要件有三个：第一，言论内容涉及诽谤他人的名誉；第二，根据一般人的理解该诽谤言论与原告有关；第三，将诽谤言论向第三方公开过。“英国对于媒体的一个重要限制是要求媒体不许通过不准确或者不公正的报道来损害个人名誉。法庭有责任保护个人的名誉权不会受到不合理的攻击。”[1] 美国法院把三类话语认定为可以作为诽谤罪予以起诉，这三类话语是：有损公众对其尊敬的话语；致使其遭到公众嘲笑、其为高尚社区所不齿的话语；对其职业或专业造成损害的话语。原告要指控有关信息是对其诽谤，就必须证明这些信息中含有上述话语。美国法院在认定对其职业或专业

---

〔1〕 张诗蒂等编：《新闻法新探》，四川大学出版社 2008 年版，第 104 页。

造成损害的话语时强调，应区别对待当事人职业或专业能力的一次性错误报道和经常对当事人职业或专业一般能力的错误报道，认为前者不构成损害和诽谤。但“一次性豁免”规则并不适用于对当事人职业道德的错误报道，对当事人职业道德的错误报道一次即足以对其职业或专业造成损害，并构成诽谤。[1]

2. 德国民法对名誉权的保护

严格说来，1896年制定，1900年实行的《德意志帝国民法典》，尚未承认一般人格权，也没有关于人格权的一般性规定，仅在第12条、第823条、第825条就个别特定人格利益予以规定。其第824条（1）规定：“违背事实真相，对事实进行主张或者传播，危害他人信用或对他人生计或前途引起其他不利益的人，即使不知其为不真实，但系可得而知者，也应赔偿他人因此而产生的损害。”这一条规定与公认的关于诽谤的定义基本相同，但依照德国学者的解释，该法条是对信用权而非名誉权的保护。此外，该法典第826条规定了“违反善良风俗的故意损害”（即“以违反善良风俗的方法对他人故意施加损害的人，对受害人负有损害赔偿的义务。”），在较早的实践中，有些侵害名誉的案件，仅能适用民法典第826条规定进行判决。尽管民法典没有对一般人格权和名誉权作出明确具体的规定，但是民法典第823条对损害赔偿义务的一般性规定给后来的理论发展和司法解释留下了空间。该条第1项规定：“因故意或者过失不法侵害他人的生命、身体、健康、自由、所有权或其他权利者，对被害人负赔偿的义务。”其中的“其他权利”为后来的扩张解释留下了余地。德国联邦最高法院为了加强对人格权的保护，于1954年撤销了早期的判决，并根据德国基本法第1条和第2条作出判决，确认人身的一般权利为受民法典第823条（1）保护的绝对权利，从此名誉权和个人隐私权被作为绝对权利予以对待。[2]

3. 日本民法对名誉权的保护

第二次世界大战以前，由于受德国民法典的影响，日本民法也没有明确确认一般人格权或人格尊严为民法的基本原则。日本于1947年第222号法律追加了民法典第1条之一和之二。其中追加的民法典第1条之二对于名誉权

---

〔1〕 Nicols v. Bristow publishing co. 330p. 2d 1044（1957）.

〔2〕 王泽鉴：《人格权之保护与非财产损害赔偿》，载王泽鉴：《民法学说与判例研究》（第一册），中国政法大学出版社1998年版，第42—46页。

保护具有深远意义。《日本民法典》第 1 条之二规定，“对于本法，应以个人尊严及两性实质的平等为主旨而予以解释”。个人尊严，显然包括对名誉的保护。按照日本最高法院的判例，法律只保护对人的社会评价，而不论人对自身如何评价。换言之，日本民法保护的名誉是社会名誉，因此，即使自己认为符合自己的评价被侵害，但只要实际社会评价没有降低，也不能认为是名誉受到损害。另外，如果名誉侵权的受害者是国家机构或公务人员时，原则上不承认民事诉讼的救济。国家机构与公务人员可以向刑事法院以附带民事诉讼形式请求损害赔偿，实际上极为困难。[1]

4. 法国民法对名誉权的保护

《法国民法典》没有一般性地确认公民的人格权，该法典在其初期有关人格权保护的条款较少，没有对人格权作出一般性的规定，也没有对人格权的每个方面进行比较完整的列举性规定。《法国民法典》对侵权行为采取了不同于德国民法和日本民法的概括式规定方法，一般认为，法国民法典第 1382 条适用于对名誉权的保护。该条规定：“任何行为，使他人受损害时，因自己的过失而致使损害发生之人，对该他人负赔偿的责任。”从 19 世纪初期开始，法国法院通过对民法典第 1382 条进行扩张解释，以保护公民的名誉、姓名等利益，但是判例并未能帮助建立名誉权的概念。从 20 世纪初到第二次世界大战结束，法国的判例和学说普遍接受了人格权的概念，确认人格权保护名誉、隐私、肖像等。在司法实践中，对于名誉权、隐私权等人格权的保护，仍然适用民法典第 1382 条的规定。[2]

5. “真实性”抗辩

真实是新闻的生命所在，这种真实往往是一种“新闻真实”，在很多时候，其既非经由司法程序所认定的“法律真实”，更非“客观事实”。但新闻名誉侵权事例发生之后，对“真实”的认定就成了是否构成名誉侵权行为的非常重要的一个要素。事实上，言论的真实性也往往是新闻名誉侵权中的重要抗辩，但由“谁”承担言论真实性的证明责任，各国之间有非常明显差异。日本名誉侵权法规定，对于刑事名誉侵权诉讼，被告必须证明内容的真实性，并且“真实性证明”也只是免责的条件之一，除了“真实性证明”以

---

〔1〕 张新宝：《名誉权的法律保护》，中国政法大学出版社 1997 年版，第 72—74 页；刘迪：《现代西方新闻法制概述》，中国法制出版社 1998 年版，第 107—109 页。

〔2〕 王利明、杨立新主编：《人格权与新闻侵权》，中国方正出版社 2000 年版，第 317 页、第 319 页。

外，还必须证明动机的公益性；对于民事名誉侵权诉讼，原则上规定应由被告进行“真实性证明”，但同时认可“合理性误信”，即对于所报道的内容能证明造成虚假的认识有相当的根据，如经过实地采访或充分核实等，法院多判定记者系误信，给予免责。[1] 德国的名誉侵权法将名誉侵权直接划分为刑事侵权和民事侵权。对于刑事侵权诉讼，被告不必进行“真实性证明”。但德国法同时规定，若以后发现媒体有可疑之处，照样进行处罚。可疑之处，不仅包括故意虚假，也包括过失虚假。对于民事侵权诉讼，德国法规定被告应承担真实性的举证义务，也认可“合理性误信”。[2] 在美国，对于“与公共利益有关”的名誉侵权案件，新闻媒体作为被告不需要对有关内容作“真实性证明”，原告则必须产生损害医生名誉的后果，对内容的虚假乃至“故意虚假”进行证明。而对于“与公共利益无关”的名誉侵权案件，只要原告的诉求成立，作为被告的新闻媒体就必须对内容的真实性进行举证，原告则不必证明内容的虚假。[3] 法国在1881年制定的《出版自由法》中就承认事实的真实性是名誉侵权免责的条件，但规定了一些例外的情形：一是对私生活的责难；二是对10年以前发生事实的责难；三是对大赦或时效对象的责难；四是因恢复名誉或再审消灭的事实。以上情形即使能证明其真实性，新闻媒体作为被告也不能免责。在举证方面，无论是刑事诉讼还是民事诉讼，在诉求成立后，“被告对事实的真实性均负有举证责任”“合理性错误也基本不予认可，这在很大程度上影响着法国的新闻舆论监督”[4]。从这些国家的规定中，“真实性”是构成名誉侵权成立与否的重要元素，但其证明责任的不同承担主体往往意味着在该国法律中“优先保护个体名誉，还是优先保护公众知情权益”。

（四）我国的名誉侵权问题及其司法困境

在我国，从规范角度而言，《最高人民法院关于审理名誉权案件若干问题的解答》（以下简称《解答》）、《最高人民法院关于审理名誉权案件若干问题的解释》（以下简称《解释》）对名誉侵权认定作出了更为详尽的规定，

---

〔1〕 李衍玲：《新闻名誉侵权中的“真实性证明”》，《当代传播》2003年第6期。
〔2〕 李衍玲：《新闻名誉侵权中的“真实性证明”》，《当代传播》2003年第6期。
〔3〕 李衍玲：《新闻名誉侵权中的“真实性证明”》，《当代传播》2003年第6期。
〔4〕 李衍玲：《新闻名誉侵权中的“真实性证明”》，《当代传播》2003年第6期。

是各级法院审理名誉权纠纷的直接依据。《解答》第 7 条规定："是否构成侵害名誉权的责任，应当根据受害人确有名誉被损害的事实、行为人行为违法、违法行为与损害后果之间有因果关系、行为人主观上有过错来认定……因新闻报道严重失实，致他人名誉受到损害的，应按照侵害他人名誉权处理。"也就是说，从构成要件来理解，我国在新闻名誉侵权采行的是"四要件"论。

根据司法解释，新闻名誉侵权有以下三种情况：其一，新闻报道严重失实，致使他人名誉受损害，对此可以称为"内容失实"；其二，新闻报道内容虽然基本属实，但是有侮辱他人人格的内容，致使他人名誉受到损害，对此可以称为"评论不当"；其三，新闻报道内容失实，评论不当，致使他人名誉受到损害。[1] 文章反映的问题基本真实，只要"没有侮辱他人人格的内容的"，就"不应认定为侵害他人名誉权"。[2] 我国以"新闻报道严重失实"作为新闻名誉侵权的构成要件中的"行为人行为违法"的重要判断标准；而至于行为人的主观过错，法律及相关解释并没有任何规定。因此，严重失实、主要内容失实、基本内容失实三者轻重程度如何，根据什么样的尺度裁量，就成为司法实践中经常面对的课题。[3]

那么，应如何理解"严重失实"？其评判标准又当如何掌握？不同的学者对此从各个方面进行了研究，在他们看来，至少应当考虑以下方面：第一，该报道中的哪些事实是虚假的。一篇报道往往针对一个事件，而该事件又是由若干具体事实组成的。这一连串的事实虽相互关联却又各自独立。因此，对一篇报道中所涉及的数个事实即便只有其中一个是虚假的，仍有可能构成侵权。[4] 第二，该报道所叙述的事实，其中哪些要素同实际情况不相符。新闻由六个基本要素构成，称为"5W + H"（其中，"5W"分别指的是"who""what""when""where""why"；"H"指的是"how"）。近年来颇受大众欢迎的深度报道——调查性新闻，就是重点在"why"与"how"上下功夫。上述六个要素中任何一个要素不真实、不准确都可能引发诉讼。第

---

〔1〕 李杰：《论新闻报道侵犯名誉权中的"内容失实"与"评论不当"》，《法律适用》2006 年第 1 期。

〔2〕 陆小华：《名誉侵权纠纷中传媒责任确定规则——关于两个审理名誉权案件司法解释的几点讨论》，《中国广播电视学刊》2007 年第 8 期。

〔3〕 陆小华：《名誉侵权纠纷中传媒责任确定规则——关于两个审理名誉权案件司法解释的几点讨论》，《中国广播电视学刊》2007 年第 8 期。

〔4〕 魏永征：《新闻传播法教程》，中国人民大学出版社 2002 年版，第 126 页、第 142 页。

三，失实部分的有关情节对案件定性的影响程度。事实是由各种不同的具体情节构成的。有的报道全部都是虚构的，有的报道主要内容是真实的、站得住脚的，仅个别情节的描述不够准确。[1] 第四，对事实和意见加以严格区分。由于叙述性新闻与评论性新闻有各自不同的特点和规律，所以传统上是将二者加以严格区分的。[2]

显然，对“事实”的区分还只是问题的一个方面，更为复杂的或许还在于“真实性”的证明问题。有学者从名誉权角度出发认为，以“言论真实性与否”作为法定构成要件，有时会给诉讼双方都带来困难。西方许多国家对于名誉侵权诉讼一般采取阶段性举证程序。诉讼发生后，首先由原告就诽谤言词、公开和特定指向这三个方面进行举证，如果能够举证，则诽谤成立，剩下的举证责任就转移到被告（媒体）身上了。由于这些国家法律规定不以真实性与否为名誉侵权的构成要件，原告不必证明“真实性”。把“真实性证明”的责任推给新闻媒体，符合民事诉讼举证制度的一般原则，有助于对公民名誉的保护，防止新闻媒体权利的滥用……如果以真实性与否作为名誉侵权的构成要件，那么对于双方都难以举证的情况法院只以“不作为”来对待。另外，以“真实性与否”为法定构成要件，也不适合因真实性信息的传播造成对他人名誉权侵害的情形。[3]

媒体名誉侵权诉讼证明责任的分配方面有许多特殊之处：“在这类诉讼中，如果双方对侵权事实存在与否发生争议，原告只须证明被告以书面或口头形式，或者以行为方式侵害了原告的名誉，不必证明被告散布的有损其名誉的事实是不真实的。原告证明上述事实后，证明责任便转到了被告方，被告应对其刊载或散布的消息的真实性负证明责任。如不能证明其真实性，法院就会认定侵权事实存在，并认定被告有过错。”[4] 总体上讲，我国关于“真实性证明”方面的举证制度还没能完全突破民事与刑事诉讼的比较单一的举证规则，即民事诉讼的“谁主张，谁举证”原则以及刑事诉讼的“原告以及公诉人举证的原则”，这会给新闻司法带来一些冲突和问题。[5]

---

〔1〕 中国新闻法制研究中心编：《新闻法制全国学术研讨会论文集》，中国民主法制出版社 1999 年版，第 127 页。

〔2〕 匡敦校：《新闻名誉侵权中的新闻报道失实研究——以新闻真实性为中心》，《法商研究》2005 年第 2 期。

〔3〕 李衍玲：《新闻名誉侵权中的“真实性证明”》，《当代传播》2003 年第 6 期。

〔4〕 李浩：《民事证明责任研究》，法律出版社 2003 年版，第 276—277 页。

〔5〕 李衍玲：《新闻名誉侵权中的“真实性证明”》，《当代传播》2003 年第 6 期。

诚然，在新闻名誉侵权案中，虽然被诉媒体也都会举起“舆论监督”这块盾牌，但这块盾牌并非总是坚固无比。因为无论如何强调新闻媒体所拥有的宪法权利，一旦形成案件，进入司法程序，就只能是民事案件，只能适用一般民事诉讼规则，根本无法提升到宪法层面裁决。因此，我们有必要在司法实践中建立和完善宪法规范与宪法精神纳入审理活动的有效机制。故此，有学者建议在今后立法中引入“公众人物”的概念。当公众人物成为原告时，如果被指控为诽谤的报道涉及公共利益，应适当加重原告的证明责任。[1] 也有学者指出，在人格权和言论自由相冲突的情况下，现行立法是否能够衡量二者的轻重，确立清晰规则，实现权利合理配置，这是我们所面临的第一个问题。如果说我们的立法由于存在不少的缺陷而无法对权利配置问题作出一个原则性的规定的话，那么我们的司法是否能够通过其在每个案件当中根据案件的具体情形，参照衡平正义原则，从而逐步形成一个较为普遍的规则，对立法的欠缺和不足进行一些补救，这是我们所要讨论的第二个方面。[2]

三、美国新闻诽谤中的“实质恶意”原则

就新闻侵权而言，所侵害的客体，最为频繁的是名誉权。由于新闻名誉侵权案件在新闻侵权纠纷中的特殊地位，在司法实践中流行新闻侵权即新闻名誉侵权的观点。在美国，《纽约时报》诉沙利文案[3]所确立的“实质恶意原则”（Actual malice）[4]，是新闻法制史上的一个重要里程碑，也标志着现代时期诽谤法的开始。[5] 该原则对于解决新闻自由与众多人格权益之间冲突

---

〔1〕“公众人物”概念在司法实践中已有使用，但立法对此却并无规定。如在范志毅诉《东方体育日报》名誉侵权案中，上海市静安区人民法院在判决书中首次使用了“公众人物”的概念，并据此判决原告败诉。见《法制日报》2002 年 12 月 19 日。吴志伟：《论媒体名誉权诉讼的证明责任》，西南政法大学硕士学位论文，2006 年 4 月，前言，第 33 页。

〔2〕汪庆华：《名誉权、言论自由和宪法抗辩》，《政法论坛》2008 年第 1 期。

〔3〕New york times Co. v. Sullivan，376 U. S. 254（1964）.

〔4〕许多人采用“实际恶意”的译法，这个译法虽然表明要有“实际的”“恶意”的存在，但似乎并不契合其法理本质，而将“actual malice”译为“实质恶意”似乎更为准确。一方面表明须有“恶意”存在，另一方面也表明这种“恶意”还应当是“实质性”的，以与比较轻微的、无关宏旨的“恶意”相区分。

〔5〕［美］约翰·D. 泽莱兹尼：《传播法判例：自由、限制与现代媒介》（第四版），王秀丽译，北京大学出版社 2007 年版，第 65 页。

提供了值得借鉴的思路，并且也为众多国家所吸纳。

（一）沙利文案催生“实质恶意”原则

1960年3月29日，《纽约时报》登载了一份支持马丁·路德·金领导的民权组织的广告，谴责美国南方几个地区对民权运动的压制，呼吁民众支持并资助黑人民权运动。[1] 蒙哥马利市公共事务专员沙利文指称该广告侵害了他的名誉权，要求《纽约时报》赔偿50万美元。应用于此案的阿拉巴马州法律规定，如果某一出版物的文字“试图伤害一个人的名誉”或者“使之受到公众的蔑视”，就构成了“实质性诽谤”。[2] 沙利文的诉讼请求获得了巡回法庭支持，并于1962年8月30日再次获得州高等法院支持。《纽约时报》上诉到联邦最高法院。1964年3月9日，联邦最高法院作出判决，他们认为尽管广告内容存在失实问题，但没有足够证据证明《纽约时报》恶意诽谤沙利文，9位大法官一致同意推翻州高等法院的判决。[3] 代表法庭陈述意见的布伦南大法官指出：“宪法保护所要求的是这样的联邦规则，即公共官员因其公务行为遭到诽谤性言论的名誉毁损，他不得从中获得因此导致的赔偿，除非他能够证明发表言论者存在实质恶意。”[4] 这就是其后影响和改变了诽谤法传统的实质恶意原则。

1. “实质恶意”原则的含义

在《纽约时报》案中，布伦南将实质恶意定义为：“明知某陈述虚假或不计后果地漠视事实。”[5] 这意味着，“实质恶意”存在两种不同的类型。第一种是“明知某陈述虚假”，它其实是“撒谎”的委婉说法。如果被告撒谎，且原告能证明这一点，那么实质恶意就能成立。[6] 第二种则是“不计后果地漠视事实”而产生的实质恶意。如果原告能够证明被告在发表诽谤性

---

〔1〕［美］约翰·D. 泽莱兹尼：《传播法判例：自由、限制与现代媒介》（第四版），王秀丽译，北京大学出版社2007年版，第66页、第68页。

〔2〕［美］约翰·D. 泽莱兹尼：《传播法判例：自由、限制与现代媒介》（第四版），王秀丽译，北京大学出版社2007年版，第67页。

〔3〕Lee Epstein /Thomas G. Walker：Constitutional Law For a Changing America P379-381 Copyright 1995Ccongressional Quarterly Inc.

〔4〕New York Times Co. v. Sullivan，376 U. S. 254 （1964）.

〔5〕New York Times Co. v. Sullivan，376 U. S. 254 （1964）.

〔6〕［美］唐·R. 彭伯：《大众传媒法》（第十三版），张金玺、赵刚译，中国人民大学出版社2005年版，第188页。

材料时“很大程度上认识到诽谤材料可能虚假”，但没有采取相应的确认和核实，那么便能证明被告“不计后果地漠视事实”。[1]

在新闻报道领域，“明知某陈述虚假”中包含有这样一些概念元素“明知”“陈述”“虚假”。此处的“陈述”，当是指已经见诸报端的报道，而且应该是围绕特定新闻事件而进行的描述、记录，而不包含针对特定新闻事件而作出的评论。“陈述虚假”则至少包括这样几个方面：（1）陈述出于无中生有的故意捏造，或者是凭借想象的杜撰；（2）记者对新闻事件的撰述、记录与新闻事件本身存在严重偏差；（3）张冠李戴，将关于A的新闻套用在B身上；（4）转载虚假的陈述和报道。

“明知”则主要表现为主观心理状态，既包含有“直接故意”，也包含有“间接故意”。如杜撰与套用显然为“直接故意”，“新闻真实”与“客观事实”之间的偏差则只应认定为“间接故意”。但是，这种心理状态却应该与媒介发表该报道的动机相区分，因为这里的动机可能是商业动机、竞争动机或者舆论监督动机等。事实上，美国最高法院并不关注诽谤性材料为什么被发表，也就是说发表的动机不是“实质恶意”原则的关注点。

诚如美国法学家彭伯所指出，“不计后果地漠视事实”则相对要复杂一些。这不仅因为“漠视事实”难于把握和确证，而表征这种漠视之程度的“不计后果”则更难衡量。虽然复杂，但仍然可以从以下方面来理解“不计后果地漠视事实”的含义：（1）有证据证明记者在报道发表之前对报道的真实性高度存疑；（2）记者没有对无可靠信息来源且没有对报道中所指控之事进行调查；（3）以匿名或无法核实的电话作为信息来源；[2]（4）报道中有意忽略关键当事人的陈述和记录；（5）对报道做不恰当的取舍，从而容易给读者造成负面印象；（6）对事件的访查不周全；（7）有意只访查那些对原告不利的当事人的陈述；（8）不跟随事态发展及时更新或更正有关报道。显然，此处并没有穷尽“漠视事实”的其他方面，但这些方面也为我们把握其含义提供了清晰可辨的线索。

2.“实质恶意”的认定

“实际恶意”的认定是一个司法难题，这不仅因其含义复杂，内含了诸

---

〔1〕［美］唐·R. 彭伯：《大众传媒法》（第十三版），张金玺、赵刚译，中国人民大学出版社2005年版，第190页。

〔2〕以上三点参见杨磊、周大刚：《起诉媒体——新闻法律热点问题透视》，知识产权出版社2006年版，第156页。

多法律概念，还因为对同一行为，视角不同，所用的描述语言会有很大差别。怎样是正当批评，怎样是恶意侮辱，二者之间难以找出泾渭分明的界限。诚如布莱克大法官在沙利文案中的附随意见中所言，“证明有恶意难”；“证明无恶意也难”。[1]

美国最高法院指出，要证明“实质恶意”，需要证据“清晰明确，有说服力”。也就是说，原告的证据必须没有任何争议。这一证据规则，彻底改变了之前诽谤诉讼原告“占优势的证据”的规则。事实上，美国最高法院也一直在为如何认定“实质恶意”劳神费思，希图找到认定“实质恶意”的可操作标准。

在“巴茨案”[2] 和“沃克案”[3] 中，约翰·哈兰大法官在判决附随意见中提出了一个标准——“负责任地报道新闻”的标准，用以作为判定实质恶意的准则。哈兰试图建立一个评判准则，来考察两案的被告是否严重背离“负责任地报道新闻”的标准。根据彭伯总结，“负责任地报道新闻”标准，主要包括以下关键方面[4]：(1) 发表某报道是否迫切之事？该报道是最近新闻吗？(2) 该报道的消息来源是否可靠？该报道的消息来源是否是训练有素的记者？(3) 所报道的事实有可能发生吗？还是该事实很难令人相信，因此需要进一步的核查？

可以说，“负责任地报道新闻”标准为确定是否存在实质恶意提供了一个新的行动方案，尤其是被用来判定被告是否“不计后果地漠视真相”。现在，哈兰的这一标准，已经成了美国法院判定实质恶意是否存在的普遍标准。

媒体是否依循了“负责任地报道新闻”标准？美国最高法院在赫伯特诉兰多[5]案中判决，允许原告对被告（媒体）的采编人员和行政官员进行检查，以寻求有关证据。这样的检查由法院组织，即可在审理前非正式出庭作证时进行，也可在证人出庭时进行，并至少查看他们的部分笔记及其他准备材料，以便决定他们对所报道事实的真伪的掌握的真实状况。[6]

---

〔1〕 参见 New York Times Co. v. Sullivan 中，布莱克大法官的附随意见。

〔2〕 Curtis Publishing Co. v. Butts，A. P. v. Walker，388U. S. 130（1967）.

〔3〕 A. P. v. Walker，388U. S. 130（1967）.

〔4〕 [美] 唐·R. 彭伯：《大众传媒法》（第十三版），张金玺、赵刚译，中国人民大学出版社 2005 年版，第 196 页。

〔5〕 Herbert v. Lando，441U. S. 153，99S. Ct. 1635，60 L. Ed. 2d 115（1979）.

〔6〕 [美] 罗纳德·德沃金：《自由的法——对美国宪法的道德解读》，刘丽君译，上海人民出版社 2001 年版，第 266—267 页。

（二）小步慢行："实质恶意"的扩展与流变

实质恶意原则（actual malice）又称沙利文原则，是美国最高法院在《纽约时报》诉沙利文一案中所确立的。[1] 迄今为止，该原则仍是美国诽谤法上非常重要的标准之一。对美国新闻媒体而言，这一原则犹如"宪章"，[2] 为监督和评论公权行为提供了有力保障。

如法学家巴顿·卡特所言，沙利文案所确立的"实质恶意"原则，提出的问题远比解决的问题多，在其后几十年的时间里，众多名誉毁损诉讼都只不过是在确定这一原则的边界和内涵。[3] 事实上，从该原则确立之日起，就开始了扩展自己的"领地"的漫长过程，既有含义的扩展，也有适用对象、适用领域的扩展，并最终成为美国诽谤法上最为重要的司法准则。正是借由这一原则，美国最高法院在表达自由和名誉权之间跳着优雅的"摇摆舞"。

1. 诉讼类型扩展：刑事诽谤引入"实质恶意"原则

沙利文案审结当年，在加里森案中，美国最高法院开始将"实质恶意"原则扩展到刑事诽谤诉讼中。在该案中，布伦南表示："因为本案涉及犯罪，所以被告所受的威胁比民事诽谤更严重，更应适用实际恶意规则。"[4] 在大法官们看来，既然"实质恶意"原则是以美国宪法第一修正案为规范依据而提出的，这一原则自然应该用来检验所有关于诽谤的诉讼。这一点，布莱克和道格拉斯在沙利文案的附随意见中可见一斑，他们甚至要求宣称所有有关诽谤罪的法律都因与第一修正案相抵触而违宪。

2. 概念演进：扩展"公共官员"外延

在沙利文案中，布伦南所指称的"官员"是指"elected public official"，

---

〔1〕 New York Times Co. v. Sullivan，376 U. S. 254（1964）案情简介如下：1960 年 3 月 29 日，《纽约时报》刊登了一则全页广告。该广告中含有对蒙哥马利市警察的一些不实陈述。作为警察局的行政长官，沙利文控告该广告严重损害了他的名誉，犯有诽谤罪。蒙哥马利地方法院与阿拉巴马州高等法院均判沙利文胜诉，判决《纽约时报》向沙利文支付 50 万美元赔偿金。《纽约时报》提起上诉，1964 年 3 月 9 日，联邦最高法院就《纽约时报》诉沙利文案作出裁决，推翻阿拉巴马州高等法院的判决。

〔2〕 Barton Carter，Juliet L. Dee，Harvey L. Zuckman. Mass Communication Law，5th Edition.，法律出版社 2004 年版，第 86 页。

〔3〕 Barton Carter，Juliet L. Dee，Harvey L. Zuckman. Mass Communication Law，5th Edition.，法律出版社 2004 年版，第 86 页。

〔4〕 Garrison v. Louisiana，379 U. S. 64，76-77（1964）.

即“民选官员”。在罗森布拉特案中，最高法院对“公共官员”的含义作了界定。布伦南代表法庭宣称：“‘政府官员’这个称谓最低限度应当适用于那些政府体系中对于政府运作负有或在公众看来应负实质责任的雇员……如果政府中某个职务具有如此明显的重要性，以至于公众对该职务承担者的资格和表现感兴趣，且这种兴趣独立于公众对所有政府职员的资格和工作表现的兴趣，那么该人就应当被定义为公共官员。”[1] 此处，公共官员包括“对政府运作负有责任的人员”和“在公众看来应负责任的雇员”，前者包括了民选在职的政府官员，后者则主要是指“非经选举但负实质责任的政府雇员”。

除了将官员的外延扩展至“非民选但负实质责任”的政府雇员外，罗森布拉特案还明确了“已经卸任的前官员”也属于“公共官员”。在爱国者监视器案中，“政治候选人”也纳入了公共官员范畴。[2]

3. 对象扩展：从公共官员到公众人物

在沙利文案之后，在不到10年的时间里，最高法院逐渐将实质恶意原则推及公众人物。公众人物的含义是什么呢？在柯蒂斯案中，代表多数意见的沃伦大法官将其界定为：“公众人物是指，在关系到公共问题和公共事件的观点与行为上，其影响力与政府官员相当的人”，而代表少数意见的哈兰大法官则将公共人物解释为：“公众人物是卷入被证明为正当和重要的公共利益问题的人。”[3] “实质恶意”原则之所以应适用于公众人物，是因为公众人物与公共官员一样，在某些问题和领域有独特影响力。

其后，美国最高法院从两个角度对公众人物进行了区分。一是根据影响范围、公众关注程度、卷入公共问题的深度等方面，将公众人物分为“完全意义上的公众人物”和“有限意义上的公众人物”。二是根据“是否主动卷入公共事务”为标准，将公众人物分为“主动型公众人物”和“被动型公众人物”。[4]

4. 从甄别身份到区分内容

从前述关于“实质恶意”原则的扩展中，有一条依据“不同身份”而进行甄别的清晰轨迹。这种基于“身份特征”的扩展，在格茨案中得到了很大程度的修正。然而，这种修正并没有消除这一原则继续向前演进的动力，

---

〔1〕 Rosenblat v. Baer, 383U. S. 75 (1966).

〔2〕 Monitor patriot Co. v. Roy, 401U. S. 265, 91S. Ct. 621, 28 L. Ed. 2d 35 (1971).

〔3〕 李瞻编译：《传播法——判例与说明》，黎明文化事业公司1992年版，第175页。

〔4〕 Time, Inc. v. Firestone, 424U. S. 448 (1976).

而是寻求开辟新的扩展路径。即将扩展的方向从身份的甄别转移到以内容的区分为基础的演进路线上来。

（1）“公共利益”与“公共事务”标准。在“实质恶意”原则确立和扩展的司法论证中，几乎在所有案件中，美国最高法院都提到了“公共利益”或“公共事务”或“公共问题”等词汇，其中提及最频繁的则属“公共利益”一词。[1]

“公共利益”是一个非常模糊的概念，但这种模糊恰恰为“实质恶意”原则的扩展提供了广阔的空间。在美国最高法院看来，重要的不是公共利益如何界定，而是如何找到有关名誉毁损的陈述在多大程度上与公共利益有关。也就是说，根据“公共利益”标准，原告是否公共官员或公众人物已不再重要，重要的是要看该陈述的内容是否涉及公共利益，如果涉及，则应当适用“实质恶意”原则，因为这一原则本来就是为了捍卫“新闻媒体批评公共官员这一公共利益”而确立的。这种内容取向的扩展，显然要比以身份作为区分的方略简单得多、开阔得多，因此而深得最高法院大法官们的偏爱。

（2）陈述与评论相区分。这一规则也是在格茨案中首先提出的。在该案中，鲍威尔大法官虽然力图摆脱“公共利益”的演进思路，但他选择了“事实和评论”相区别的取向来推动“实质恶意”原则的演进。他指出：“宪法第一修正案认为，不存在错误的思想。一种观点不论看起来多么有害，我们也不能按照法官和陪审团的良知来判断其正确与否，而应该让这一观点与其他观点竞争。但是，对事实的错误表述并不存在宪法价值。”[2]

与鲍威尔大法官“事实与评论可以截然分开并得到不同宪法保护”的思路不同，伦奎斯特大法官则秉持了“观点暗含了对客观事实的论断”的理念。在伦奎斯特看来，“现存的宪法原则已经能够充分保护‘言论自由生存所需’的‘呼吸空间’，我们不必再人为地创造‘观点’与事实之间的二分法”[3]。

（3）引语导致名誉毁损。与事实和评论稍有不同的是，引语有可能是来

〔1〕 邵志择：《“时报—沙利文原则”与公众人物的界定——美国联邦最高法院的几个原则》，《新闻大学》2004年秋季刊。

〔2〕 ［美］约翰·D. 泽莱兹尼：《传播法判例：自由、限制与现代媒介》（第四版），王秀丽译，北京大学出版社2007年版，第75页。

〔3〕 Milkovich v. Lorain Journal Co. , 497U. S. 1 (1990).

自新闻当事人、见证人或评论员。当引语中存在诽谤性表述时，是否应该适用“实质恶意”原则，当然也是无可回避的问题。马森案提供了这种扩展的契机，其中的关键问题在于“改变直接引语中的一些词汇，这个证据本身是否可以证明被告‘明知陈述虚假’”。[1] 在该案中，肯尼迪大法官写道：“故意改动原告的原话并不等同于明知该陈述虚假……除非这种改动导致了陈述内容的实质性变化。”[2]

5. 证据规则微调：悄悄发生的变化

根据普通法的要求，原告只须以“占优势的证据（即更有说服力或更可信的证据）”证明其主张，而沙利文案改变了这一证据规则，原告不仅要提交“涉及诽谤言论”、损害事实的证据，还需要能够证明被告具有“实质恶意”的证据。通过举证责任的重置，沙利文案不仅将原属于侵权法范畴的诽谤责任纳入了宪法第一修正案的保护范围，也重构了美国的诽谤诉讼规则。[3]

（1）从“不足以证明”到“明确的证据要求”。沙利文案中，美国最高法院第一次判决，诽谤诉讼的原告必须证明被告在发表诽谤性材料时犯有过错。在此之前，民事诽谤诉讼受到众所周知的严格责任原则的控制。无论诽谤诉讼的被告在准备刊登或播放新闻时有多谨慎、多仔细，他（她）都对原告的损失负有责任。[4] 布伦南指出，“本庭的责任不仅仅局限于确立宪法原则，我们还必须在适当的案件中仔细评估证据，确保那些原则的应用符合宪法精神”[5]。

在具体路径上，美国最高法院是通过“不足以证明实质恶意”的理路来否决沙利文的有关诉求的。但是，作为一个重要司法原则，否决“原告的证据不足以证明实质恶意”，只是涉及了问题的一面，因为它并没有明确“怎样的证据才足以证明实质恶意”，缺少这种对原告提交证据的明确指引，对诽谤诉讼的原告显然是不公平的。这一问题，在格茨案中得到了一定程度的回应，明确要求原告提交的证明“实质恶意”的证据必须“清晰明确、有说

---

〔1〕 Masson v. The New York, Inc., 111 S. Ct. 2419 (1991).

〔2〕 Masson v. The New York, Inc., 111 S. Ct. 2419 (1991).

〔3〕 吴飞：《新闻媒体应该享有这样的特权吗？——〈纽约时报〉诉沙利文一案剖析》，载张国良、黄芝晓主编：《信息化进程中的传媒教育与研究——第二届中国传播学论坛文集》，复旦大学出版社2003年版，第330页。

〔4〕 [美] 唐·R. 彭伯：《大众传媒法》（第十三版），张金玺、赵刚译，中国人民大学出版社2005年版，第160页。

〔5〕 New York Times Co. v. Sullivan, 376 U. S. 254 (1964).

服力”。[1] 然而，这种回应与其说为原告提供了指引，还不如说进一步强化了原告的举证责任，强化了原告举证的艰难程度。

（2）从“责任豁免”到“过错责任”。事实上，因为媒体编辑流程的不公开性，声称名誉受损者往往很难从媒介内部收集证明其具有“实质恶意”的证据。原告的这一不利地位，显然有放纵媒体的潜在危险。为了不至于让媒体滥用“宪法第一修正案”的保护，在1979年的赫伯特诉兰多案中，美国最高法院对“实质恶意”的证据规则作了比较大的矫正，这种矫正通过否决媒体的作证豁免权，确认了其有公开涉讼报道编辑流程的义务，明确了媒体对原告举证负有一定程度的协助义务。在兰多案中，根据最高法院的阐述，诽谤诉讼的原告可以向被告媒体查询的内容大致包括以下五项：采编人员在新闻事件调查过程中的结论性意见；针对采访对象所述事实的推论性意见，以及对采访对象诚实叙述的内心确信；依据职业观点，该新闻内容是否有可靠依据；编辑过程中就报道中的疑点进行讨论的记录；采写、编辑过程中决定具体新闻材料取舍时的动机。[2] 显然，这些规则有助于确认“被告在发表某一陈述时的实际心理状态”，从而得以仔细分析其中是否具有“实质恶意”。这一举证责任的调整也促使媒体在发表言论时更多地注意自我审查，以免滥用媒体权利而侵害他人权利。[3]

（3）证据规则的其他问题。首先，值得一提的是，对于诽谤诉讼的上诉案件，美国最高法院命令上诉法院重新审查证据，确定初审法院的记录“可信且明确地证明了实质恶意”。普通情况下，上诉法院只需接受初审法院的证据性发现。[4] 也就是说，上诉法院的重点在于对证据的审查，这不仅将为被告提供了依据事实胜诉的第二次机会，也将使初审法院在审查“实质恶意”的证据时更加用心。其次，明确了关于“科技证据的有效性”的问题。在特定报道中，记者接受了一类发现，而没有接受另一类发现，这种情况通

〔1〕［美］唐·R. 彭伯：《大众传媒法》（第十三版），张金玺、赵刚译，中国人民大学出版社2005年版，第193页。

〔2〕［美］唐·R. 彭伯：《大众传媒法》（第十三版），张金玺、赵刚译，中国人民大学出版社2005年版，第193页。

〔3〕萧瀚：《诽谤诉讼中的新闻自由——评〈纽约时报〉诉沙利文等媒体诽谤案》，http://www.douban.com/group/topic/3964698/，浏览日期：2010年12月25日。

〔4〕［美］唐·R. 彭伯：《大众传媒法》（第十三版），张金玺、赵刚译，中国人民大学出版社2005年版，第193页。

常不能用作证明实质恶意的证据。[1] 在Bose音响案中，美国最高法院判决，"即使《消费者报告》的录音师阿诺德·塞里格森认为自己没有改变该陈述原意的证词是不可信的，也不能证明其怀有实质恶意"。因为，"这牵涉到技术的判断和对技术的认知的问题"。[2] 而在"摩尔案"中，美国第五巡回上诉法院判决，对于技术利用的安全性问题，专家们尚未形成一致意见。即使专家在这个问题上形成了一致，也不能因此证明，被告事先知道报道是错误的或者被告应当知道报道是错误的。[3] 这些案例表明，美国的司法系统倾向于认为，关于科技的判断和不同看法不应作为证明"实质恶意"的证据。

可见，"实质恶意"原则自身经历了一个不断丰富、不断细化深入的过程。该原则的这种流变，基本揭示了美国最高法院在言论自由与名誉权之间的左右摇摆，也反映了基本权利之间的复杂关系。从这种"流变"之中，能让人充分领略美国最高法院平衡基本权利之间紧张关系的智慧与方略。

（三）在批评中前行：老原则焕发新活力

虽然，"实质恶意"原则确立之后，成了美国法院解决新闻自由与名誉权冲突的重要准则，并得到了精微细致的演绎和完善。但一直以来，对该原则的诘问也并未停止。

1. "实质恶意"原则的保护对象

诚然，许多新闻机构将"实质恶意"原则当成了"保护伞"，并因而在报道中更加鲁莽和无所顾忌。但很多人却对媒体的这种"放肆"有所警惕。有人指出，这一规则给予新闻界一种几乎不可动摇的豁免权而使它对自己所犯错误的后果不负任何责任。[4] 也有人认为，在"实质恶意"原则之下，导致了媒体公信力的下降，公众对其所报道内容的可信度也大打折扣。[5] 在

---

〔1〕［美］唐·R. 彭伯：《大众传媒法》（第十三版），张金玺、赵刚译，中国人民大学出版社2005年版，第193页。

〔2〕Bose Corporation v. Consumers Union of the United States, Inc. , 446U. S. 485 (1984).《消费者报告》杂志在评价Bose901型扬声器时说，扬声器发出的声音"倾向于环绕整个房间"。这句话是由录音工程师阿诺德·塞里格森写的，他是实施这次测试的监督者。但事实上，测试组成员说的是，声音倾向于沿着墙壁向扬声器正前方及两边前进。因此，Bose公司认为《消费者报告》的录音师阿诺德塞里格森在故意改动评价某扬声器系统的测试小组的措辞时怀有"实质恶意"。

〔3〕Peter Scalamandre & Sons, Inc. v. Kaufman, 113F. 3d 556 (1997).

〔4〕［美］罗纳德·德沃金：《自由的法——对美国宪法的道德解读》，刘丽君译，上海人民出版社2001年版，第238页。

〔5〕李子坚：《纽约时报的风格》，长春出版社1999年版，第336页。

德沃金看来，这一规则也对新闻报道本身形成相当的制约。他指出，在“实质恶意”原则之下，即使是财力雄厚的报纸和电视广播公司在印发或播放事实不确凿的抨击性评论之前都会极为踯躅不决，担心会否被陪审团判定为怀有“实质恶意”。在一些情况下，尽管他们知道所披露的新闻事实确凿，但因为不想介入昂贵而漫长的诉讼，诸如那种由某些政治团体财政资助的名人所提出的诉讼，从而不得不放弃对某些新闻事件和新闻人物的报道。[1]

对公众人物而言，“实质恶意”原则显得有些过于偏袒新闻媒体了。这不仅因为，有些时候某一报道的确令“公众人物很受伤”，可是却无法收集到足够的证据来证明“实质恶意”，而且还因为，当有关他们的新闻报道确为不实之词时，这一规则也使他们丧失了获得经济和其他损失的赔偿的机会。[2] 事实上，几十年来，虽然偶有公众人物在诽谤案中胜诉，但根据爱荷华州诽谤研究计划的调查统计，自 1974 年到 1984 年，诽谤诉讼获胜的比例仅为 10%。[3] “实质恶意”原则使得“公众人物持续地处在媒体紧盯之下而无以逃避”，虽然很多时候，其行为根本无关公共利益。当公众人物面临如此困境时，往往只能选择将更多的时间和精力用于讨好媒体。同时，由于“公众人物”的定义不够具体，各级法院在审理案件时，仍感难以适从，许多原本并非真正意义上的“公众人物”的普通人也因此而受到影响。诚如怀特大法官所批评的，对这一规则的适用阻止了国家公务人员向传播不真实信息的行径挑战，以及允许虚假陈述“污染”公众用作帮助他们自己的信息。[4]

德沃金提出：“一个知名人士若要向已发表或播放的歪曲他形象的陈述抗争，他首先必须向出版人或电视制作人提出质疑，要求他们发表、印发、播放一种及时而显著的撤回声明，或发表、印发、播放由指控人准备的长短合宜且正确的反驳报道。如果出版人拒绝其中的一项，那么，这个名誉受损者如果能够用他在要求出版人公开撤回其陈述或报道他的辩驳词时所引证或提供的证据说服陪审团，并提供清晰而令人信服的证据证明出版人有关他的陈述实为虚假，那他就可以起诉并获得实质性赔偿。”同时，“这套规则应该

〔1〕［美］罗纳德·德沃金：《自由的法——对美国宪法的道德解读》，刘丽君译，上海人民出版社 2001 年版，第 265 页。

〔2〕［美］罗纳德·德沃金：《自由的法——对美国宪法的道德解读》，刘丽君译，上海人民出版社 2001 年版，第 266 页。

〔3〕康为民主编：《传媒与司法》，人民法院出版社 2004 年版，第 336—337 页。

〔4〕Derbyshire County Council v. Times Newspapers Ltd. A. C. 534，2W. L. R. 449（1993）.

既可以适用于普通百姓，也可适用于公众人物。”“将知名人士和普通百姓加以区别并试图对涉及知名人士的诽谤诉讼规定一个独立的标准，这已被证明是一种十分困难的实践，取消两者之间的差别将有相当大的便利。”〔1〕德沃金的方案，一方面提供了媒体纠正报道和公正人物挽回影响的程序性机会，另一方面也大大缩减了原告举证难度，还试图挽救法院于甄别原告身份的泥潭。然而，目前尚未见到美国最高法院有接受该方案的任何迹象。

2. “实质恶意”原则的当代发展

“实质恶意”原则主要解决了公众人物的名誉毁损与媒体对公众人物有关报道之间的宪法评价问题。Catherine Hancock 非常细致地分析了“公众人物规则”的缘起和发展的过程，并且从比较法的角度，阐述了英、美、法、德等国在名誉毁损、言论自由和隐私权方面的不同规定和实践。Lee Goldman 分析了“实质恶意”原则在虚假竞选广告之中运用存在的问题和不足。Simon A. Rodell 论述了新闻报道中的“虚假陈述”与美国宪法第一修正案中的“言论与新闻自由”的问题。并且，他直指“实质恶意”原则太过于迁就媒体，而对名誉权保护的力度明显不足，甚至非常鲜明地提出“在新闻报道领域，宪法第一修正案正在成为谎言的许可证”。Justin Bennett 则指出，“实质恶意”原则对新闻媒体过于偏袒，其实并不有利于媒体新闻采访权的实现，从长远来看，恰恰相反，有可能伤及媒体的采访权。因此，他提出，需要重建“实质恶意”规则，一方面为公众人物提供更多保护，另一方面也能对媒体进行必要的约束。

新媒体的出现，特别是网络和博客的兴起，在一个人人都可以写新闻的时代，是否还能依循“实质恶意”规则？对这一问题，Victoria Cioppettini 分析了“实质恶意”原则在运用到新媒体中遇到的困境，新媒体的法律定位都与传统媒体有所区别。他提出，“实质恶意”原则只有经过修正，才能引入到“博客名誉权诉讼”和“网络名誉权诉讼”中去。Amanda Groover Hyland 以“驯服网络”为题，也探讨了网络新闻侵犯名誉权的问题。

四、我国名誉权诉讼借鉴“实质恶意”原则探析

自 20 世纪 90 年代以来，在我国出现了名誉权诉讼的热潮，其中，由社

〔1〕［美］罗纳德·德沃金：《自由的法——对美国宪法的道德解读》，刘丽君译，上海人民出版社 2001 年版，第 270—271 页。

会知名人士、政府官员、上市公司提起的针对新闻媒体的名誉权诉讼尤其引人注目。然而，在这些案件中，媒体败诉率高达 63%。其中，当原告是公众人物时，媒体的败诉率为 65.07%，在原告为普通公民的案件中，媒体的败诉率高达 60.94%。[1] 在笔者看来，制度设计者应当在这种权利冲突与角力关系中发现法治的真谛，发现法律对言论自由予以宽容对待的优点。当然，90 年代人们朴实的直观感受也印证了这一"宽容"观念的必要性。因此，如何在保护名誉权的同时不让名誉权诉讼变成限制言论自由的工具，成为摆在中国法律界面前的一个难题。[2]

基于上述困境，有人建议借鉴美国诽谤诉讼中的"实质恶意"原则，以期划定言论自由与名誉权之间的明确界限。实务界也开始在司法实践中将这一原则信手拈来。如：2001 年李章洙诉《南方体育》一案中，在法庭辩论阶段，辩方律师反复强调，"李章洙作为公众人物必须接受公众的评论、监督"。在 2003 年的范志毅诉《东方体育日报》案中，法院明确写道："即使原告认为争议的报道点名道姓称其涉嫌赌球有损其名誉，但作为公众人物的原告，对媒体在行使正当舆论监督的过程中，可能造成的轻微损害应当予以容忍与理解。"

然而，在我国现有法规之中，并没有"实质恶意"的依据，但这一原则却得到了心照不宣的默认，其间的困惑不难想象。因此，详细阐明这一原则确立与论证的过程、分析其流变、探讨他国引入该原则的一般路径，一方面可以避免对"是否应当引入该原则"的简单判断；另一方面也可为借鉴该原则的路径与方略提供有益的探索。

（一）误读与误用：名誉权诉讼中的"实质恶意"

1. 学界纷争：借鉴还是不借鉴？

与名誉侵权诉讼高发期相伴随，学界也开始热烈探讨"实质恶意"原则，其焦点主要集中于是否应当借鉴该原则。有学者表示赞成，如贺卫方指出，"对于公众人物起诉媒体的名誉权案件，法院在决定受理之前须对案情作初步审查，只有媒体可能存在实质恶意时，受理才是正当的"。[3] 他在这

〔1〕 陈志武：《媒体、法律与市场》，中国政法大学出版社 2005 年版，第 81 页。

〔2〕 周学锋：《名誉权与言论自由的制衡："公众人物"理论解析》，《山东师范大学学报（人文社会科学版）》2005 年第 4 期。

〔3〕 李子坚：《纽约时报的风格》，长春出版社 1999 年版。

里明确提到了法院对涉及公众人物的名誉权案件，需要先审查是否存在“实质恶意”作为受理的前提。有论者提出，在推进新闻司法的同时，应当在诽谤诉讼中借鉴“实质恶意”原则，以捍卫和保护新闻自由。[1] 也有学者在评析该原则时指出，对于公众人物名誉的保护固然重要，但一旦与新闻自由有矛盾时，保护新闻自由也许更为紧要。[2]

传媒法学者魏永征教授曾认为“实质恶意”原则不当引入我国的名誉权诉讼，其后立场有所调整，认为“我国引入‘实质恶意’原则还不是时候”。在针对《新闻侵害名誉权、隐私权新的司法解释建议稿》的顾问意见中，他明确提出了三点否决理由：其一，我国的“新闻体制”与美国有所差异。我国新闻媒介被定位为党、政府和人民的喉舌，从整体上来说新闻媒介不是新闻出版自由的主体。其二，“如何确定这个原则的适用范围”“国家工作人员”的概念显然过于宽泛，限于“公务员”又似乎过于狭小。至于“公众人物”的概念，就是在它的产生地（美国），也在不断的变动之中。其三，“实质恶意”的适用与我国新闻媒体的法律地位不相容。“还有一个困难的问题是我国新闻机构的法律地位。从它被赋予舆论监督的职能的意义上来说，它似乎可以归于‘民’的范围。但它是党和政府的喉舌，归于‘官’的范围似乎也不无道理。”[3] 也有学者认为，鉴于中国的政治文化、社会背景和司法体制与美国有明显的差异，要完全采纳美国的公众人物理论及规则既不现实也不合理。[4]

2. 规范尝试：司法解释建议稿中的“实质恶意”

为了回应新闻名誉侵权诉讼的诸多困境，自 2005 年始，在中国记协和有关部门的支持下，京沪两地一批新闻法制的实务人员组成了一个课题组，对“新闻侵害名誉权、隐私权的新的司法解释”进行了专题研讨，并最终形成了《新闻侵害名誉权、隐私权的新的司法解释建议稿》，于 2008 年分 9 期刊登在《新闻记者》杂志上。内中有两个条款，即第 7 条公共人物条款和第 8 条主观恶意条款基本援用和借鉴了美国的“实质恶意”原则。

---

[1] 萧瀚：《诽谤诉讼中的新闻自由——评〈纽约时报〉诉沙利文等媒体诽谤案》，http：//www. douban. com/group/topic/3964698/，浏览日期：2010 年 9 月 6 日。

[2] 吴飞：《名誉侵权的“实际恶意”原则评析》，《四川理工学院学报（社会科学版）》2007 年第 2 期。

[3] 魏永征：《被告席上的记者——新闻侵权论》，上海人民出版社 1994 年版，第 235 页；《关于“司法解释建议稿”的顾问意见》，《新闻记者》2008 年第 12 期。

[4] 周学锋：《名誉权与言论自由的制衡：“公众人物”理论解析》，《山东师范大学学报（人文社会科学版）》2005 年第 4 期。

其第7条明确了“公共人物”的范围，将公共人物分为四类：（1）依《中华人民共和国公务员法》管理的人士；（2）在事关公共利益的企业或组织中担任重要职务的人士；（3）文化、体育界名人及其他众所周知的人士；（4）在特定时间、地点、某一公众广泛关注或者涉及公共利益的事件中，被证明确有关联的人士。并且指出，对于“公共人物”提起的名誉侵权诉讼，人民法院在审理时，只要内容涉及公共利益，被告没有主观恶意，对其侵权请求不予支持。第8条则主要提出了两条认定“实质恶意”的路径：（1）索取或收受物质利益、受人指使或涉嫌报复；（2）明知内容虚假，或者理应对内容抱有怀疑，但仍轻率发表。并且指出，在公共人物提起的名誉权诉讼中，如果原告不能对以上一项举证，被告能够对以上第二项举证而足以抗辩，则不能认定被告存在“实质恶意”。

在其说明意见中，课题组指出：“保护媒体的言论空间和言论自由，行之有效的思路是适时引入‘实质恶意’原则，并要求此类新闻侵权纠纷的原告就媒体行为存在主观上的恶意承担举证责任。一旦原告无法证明实际恶意的存在，法院应当驳回其诉讼请求。另外，考虑到中国媒体的特殊地位——党和政府的喉舌，具有一定的背景，宜要求媒体证明自己发表的内容经过了正常的新闻业务流程，并非‘轻率予以发表’。在弱化公众人物保护的前提下，进一步实现证明责任的平衡。”[1]

3. 对“实质恶意”的诸多误读

不容否认的是，尽管“实质恶意”原则已经引起了实务界和学术界的重视，但对该原则仍然存在多个方面的误读。

首先，这种误读体现在“Actual malice”的译名。在国内文献中，有的将“Actual malice”译成“实质恶意”，有的译成“实际恶意”，有的译成“真实恶意”，也有的译成“确实恶意”“主观恶意”，还有的译成“确实存在的恶意”。我们无意在此比较各种不同译名的高下和准确，但不同译名导致不同的理解，却也是不争的事实。而“实质恶意”的译法，一方面表明“恶意”存在；另一方面也表明这种“恶意”还应当是“构成实质性诽谤的恶意”，从而剔除比较轻微的、不会构成实质性诽谤的“恶意”。从诽谤法的角度而言，显然，“实质恶意”更接近其本意。译名的不同，不仅意味着认

---

[1] 专题课题组：《新闻侵害名誉权、隐私权新的司法解释建议稿（依据部分·续四）》，《新闻记者》2008年第6期。

识和理解的不同，也容易造成许多不必要的误解。

其次，对“实质恶意”的简单理解。如前所述，贺卫方将“实质恶意”原则作为是否受理的一项审查标准，其实是将其当作“诽谤司法原则”。而魏永征教授认为这一原则在我国因为没有“名誉权”的直接规范依据，所以“实质恶意”原则当然不适用。两位学者对“是否引入‘实质恶意’原则”的立场虽然截然不同，但有一点却是共同的，即都将“实质恶意”原则当作一个简单、整体的原则来对待。既忽略了这一原则不断演进、不断丰富的流变过程，也无意深究其背后的不断更新的法理。在实务界更是有过之而无不及，动辄以“公众人物要容忍”“正当舆论监督没有恶意”来辩诉或推理，往往都是随需而取、简单套用。

最后，得其形而失其神。“实质恶意”原则，本身是一个有着深刻法理内涵的体系，其蕴含诸多概念元素，并且这些元素也是互相契合的，而有关学者却并没有意识到这一点。因此，在理解和运用这一原则时难免有些断章取义。有的倚重其“公众人物”概念，有的借用其“恶意”内涵，也有的看重其对原被告举证责任的分配……用意显然各有不同，角度也是时有差异，但基本上都是对实质恶意原则的断章取义式理解。在前述“司法解释建议稿”中，将“公共人物”与“主观恶意”相分离的方式，静态地看待其在名誉权与言论自由之间的平衡，更忽略了其中所展现的司法能动与权利哲学，显然也是形似而神不似。

显然，我们对“实质恶意”原则的认识还远远不够，只是拘泥于名誉权诉讼中“是否应该借鉴‘实质恶意’”原则的简单判断，无助于问题的解决。因此，非常有必要详细梳理和阐述这一原则的含义、认定及其流变。

综上，在借鉴“实质恶意”原则的时候，是非常有必要加以区分层次，并可以根据不同层次而“各取所需”的。但无论是借鉴其中的宪法精神，还是将其当作诽谤法的基本原则，抑或是仅仅在个案中当作论证规则，都应该与本国法治的实际状况、对名誉权保护的力度以及现有诽谤诉讼规则相契合。

（二）我国名誉权诉讼借鉴“实质恶意”原则的路径探讨

“实质恶意”原则得到众多国家和地区的借鉴和吸纳，这一原则是否可以引入我国以及如何引入，有许多问题需要解决。需要详加探讨的是，我国名誉权诉讼的司法实践是否存在不足？对这些不足，是否可通过借鉴“实质恶意”原则而得以在一定程度上加以矫正？如果可以，现有的规范是否有足够的吸纳“实质恶意”的解释空间？

1. *名誉权诉讼的现状与不足*

自20世纪90年代以来，我国的名誉权诉讼经历了“小人物告小报”“大明星告小报”“工商法人告传媒”“官告媒体”四次浪潮。[1] 与名誉权诉讼的此起彼伏相应的是，名誉权诉讼的诸多问题和不足也逐渐显现出来，大致看来，我国的名誉权诉讼存在以下几个方面的不足。

（1）宪法评价标准的缺位。有学者指出：“在我国，人格尊严的保障明显存在着宪法上的保障和普通法律上的保障这两个不同层次，其中，后者已受到广泛的重视，刑法、民法通则乃至治安管理处罚法等都对人格权的保障作了具体的规定……（但）这些保障制度，在严格意义上并不能视同宪法上的人格尊严的保障。”[2] 在随后的论述中，其含蓄地指出，在我国宪法上，缺乏对人格尊严与表达自由、知情权甚至生命权、人身权等权利之间进行合理比较和衡量的标准。这种标准的缺乏，意味着当名誉权与其他基本权利之间发生冲突时，容易导致对司法政策的考量超过对于基本权利之间界限的关注，并容易导致法官在该类诉讼中拥有充分的自由裁量权。同时，由于我国宪法没有直接适用的效力，因而导致了当基本权利与名誉权发生冲突时，往往令这些基本权利得不到合理的宪法评价。如舆论监督权，虽然宪法上对其有所规定，但当舆论监督与名誉权发生冲突时，只能通过有关名誉权的法规来印证，而缺乏相关的舆论监督的法规，这自然容易导致权利的天平偏向名誉权。

（2）名誉权保护过于膨胀。在我国法律上，对名誉权存在“过度保护”的倾向，导致了名誉权的过于“膨胀”。[3]

我国司法实践对于名誉权的保护始于民法通则的出台。在此之前，有关

---

〔1〕 徐迅：《中国新闻侵权纠纷的第四次浪潮——一名记者眼中的新闻法治与道德》，中国海关出版社2002年版，第20—21页，第34—38页。

〔2〕 林来梵：《从宪法规范到规范宪法》，法律出版社2001年版，第175—176页。

〔3〕 杨立新：《中国名誉权的“膨胀”与“瘦身”——在中美“人格权法与侵权法”高级研讨会的演讲》，载杨立新民商法网：http：//www. yanglx. com. /dispnews. asp？ id =315，浏览日期：2010年12月12日。

名誉权的诉讼案件并没有成为我国民事审判的一部分。[1] 从规范角度而言，宪法第 38 条将名誉权包含于人格尊严条款之中，是我国保护名誉权的最高法律依据。民法通则第 101 条规定了公民和法人的名誉权，第 120 条规定了名誉侵权的责任问题。民通意见第 140 条则明确将公民的隐私权作为名誉权客体之一部分予以保护。此后，最高人民法院相继出台有关名誉权的司法解释，《最高人民法院关于审理名誉权案件若干问题的解答》（1993 年）、《最高人民法院关于审理名誉权案件若干问题的解释》（1998 年）对名誉侵权作出了更为详尽的规定，是审理名誉权纠纷的直接依据。我国发布于 2017 年 3 月的民法总则依然承继了上述名誉权保护的相关规则。

同时，我国刑法第 246 条第 1 款规定："以暴力或者其他方法公然侮辱他人或者捏造事实诽谤他人，情节严重的，处三年以下有期徒刑、拘役、管制或者剥夺政治权利。"而在行政法上，对名誉权的保护主要体现于治安管理处罚法第 42 条对诽谤他人行为的处罚规定。此外，国务院制定颁布的《出版管理条例》《电影管理条例》《广播电视管理条例》《互联网信息服务管理办法》等法规中，均把"污辱或诽谤他人"的内容列为禁载禁播之项，并规定了相应的行政处罚办法。

从宪法的原则规定，到民法、刑法、行政法对名誉权保护的具体化，我国的名誉权保护呈现出"宪法为纲，民、刑、行齐备，倚重民法"的格局。这种格局，理论上或许是充分而完备的，但现实中却并非令人满意。因为，在这种格局下，很容易给人造成以下印象：当名誉权与其他权利冲突时，很自然会导致对其他权利的保护不足。

（3）民法没有解决名誉权与其他权利之间的冲突。如前所述，在我国对名誉权保护的体系中，民法的保护是其中的重点。然而，就名誉权诉讼本身而言，依然存在许多问题。

一是构成要件理论存在不足。我国的名誉权侵权构成要件理论，是借鉴了大陆法系国家的侵权法原理。根据《最高人民法院关于审理名誉权案件若干问题的解答》第 7 条的规定，侵害名誉权包含以下四个要件：受害人确有名誉被损害的事实、行为人行为违法、违法行为与损害后果之间有关系、行为人主观上有过错。

---

〔1〕 顾小云：《言论自由与名誉权的法律冲突及其诉讼规则》，《中共山西省委党校学报》2009 年第 6 期。

然而，与德、法甚至日本等国家相比，我国的名誉权侵权构成要件说，仅有宪法的原则规定，而没有衡量名誉权与其他基本权利之间紧张关系的宪法评价标准。以德国为例，首先，作为人格权之内涵的名誉权与作为“最宝贵的个人自由的表达自由”在基本法中都有明确规定；其次，当名誉权侵权构成理论时，其实已经含有宪法的评价标准在其中；最后，联邦宪法法院本身就可以直接就案件中名誉权与表达自由的冲突适用宪法与作出评价。而在我国，名誉权的构成要件，其核心在于对名誉权侵权行为的认定，目的在于对名誉权的保障，又加之我国宪法没有直接适用的效力，从而无法回应和解决名誉权与其他权利尤其是言论表达之间相冲突时如何平衡的问题。

二是内容失实的程度差异难于确定。的确，在两个司法解释中，解决了新闻报道侵犯名誉权的一系列问题，如区分了内容（严重失实、基本真实、主要内容失实等），区分了消息来源（主动提供与被动采访、检举控告材料、公权机关的结论等），也区分了不同的侵权领域（如医疗服务、产品质量等），但是，这些区分一方面没有能够穷尽新闻报道侵犯名誉权的所有含义，另一方面也缺少了对于名誉侵权对象的区分。这似乎意味着对普通人、公务人员和公众人物的名誉权实行了无差别的保护。这种保护显然保护了普通人的名誉权，但基于新闻媒体对公众人物的更多关注，也等于为公众人物提供了特殊的名誉权保护。

结合两个司法解释的相关规定，可以看出，新闻报道侵犯名誉权主要有以下三种情况：其一，新闻报道严重失实，致使他人名誉受损害；其二，新闻报道内容虽然基本属实，但是有侮辱他人人格的内容，致使他人名誉受到损害；其三，新闻报道内容失实，评论不当，致使他人名誉受到损害。[1] 从中，不难看出对新闻报道内容的关注与评价。只是，我们的“内容评价”主要是“评价其中的内容是否含有诽谤内容，与客观事实的差异程度”，而不是“评价其是否关乎公众利益、是否是公众关注的焦点，所造成的失实又是否是因为新闻职业本身对实效的要求所必然导致的”。

同时，在内容方面，严重失实、主要内容失实、基本内容失实三者轻重程度如何，根据什么样的尺度裁量，就成为司法实践中经常面对的课题。值

---

〔1〕 李杰：《论新闻报道侵犯名誉权中的“内容失实”与“评论不当”》，《法律适用》2006 年第 1 期。

得注意的是，许多名誉权侵权诉讼的目的，恰恰是廓清事实，而不是寻求赔偿。[1]

三是证明责任的分配不合理。有学者指出，目前，我国立法和司法实践中对于新闻名誉侵权证明责任的分配上，存在“一个悖论”。[2] 第一种观点认为，主要的证明责任应由原告承担。新闻名誉侵权案件是侵害名誉权案件的一种特殊形态，同一般侵权案件一样，也适用过错责任的一般证明责任原则，即原告应提供证据证明侵权责任的四个要件：损害事实、行为违法、因果关系和被告的主观过错。第二种观点认为，被告应承担主要的证明责任，实践中将其形象地称为“谁报道，谁举证”。持这种观点的人认为，据实准确报道是新闻工作者和新闻机构的义务，在新闻侵权诉讼中，原告只需提供被告确已进行了关于他的新闻报道，被告即有义务提供证明其报道真实合法的证据。

在具体的司法实践中，法官往往倾向于第二种观点。这种倾向，其实是前述缺陷所必然导致的结论。故而，新闻媒体原本在名誉权诉讼中处于十分不利的地位，当将更多的举证证人由其承担时，媒体的不利地位就非常明显了。这种不利，从个案而言是一家甚或几家媒体的不利，但从背后的法理而论，其实质在于对新闻言论自由的禁锢。显然，这种禁锢并不是为了在新闻报道和名誉权之间的平衡，而是为了保护名誉权而牺牲新闻言论的自由表达。

2. 借鉴“实质恶意”的论证规则

至此，可以认为，在我国名誉权诉讼中，以保护名誉权为根本目的的保障体系，忽略甚至回避了名誉权与其他权利相冲突的问题。因此，对现有名誉权诉讼的完善，应当着眼于寻求明确名誉权与其他权利之间界限的标准。以此而论，美国司法上的“实质恶意”原则显然值得尝试。然而，根据我们对“实质恶意”原则的分析，该原则本身有着丰富的内涵与层级，因此仍然有必要在借鉴该原则时作出不同层级的选择并确定相应的借鉴路径。

（1）名誉权与言论自由的宪法规范展现。我国宪法第 38 条规定：“中华人民共和国公民的人格尊严不受侵犯。禁止用任何方法对公民进行侮辱、诽

---

〔1〕 陆小华：《名誉侵权纠纷中传媒责任确定规则——关于两个审理名誉权案件司法解释的几点讨论》，《中国广播电视学刊》2007 年第 8 期。

〔2〕 魏永征：《中国新闻传播法纲要》，上海社会科学院出版社 1999 年版，第 232 页。

谤和诬告陷害。”该条款的重大意义已为众多学者所阐释。根据蔡定剑教授的解释：“诽谤是指捏造并散布某种虚构的事实，以损害他人人格尊严。其中捏造是指无中生有，凭空制造虚构事实，以损害他人的人格尊严。散布是指用口头的、文字的方式，将所捏造的事实散布出去，以达到损害他人人格尊严的目的。”[1] 对此，我们可以作以下理解：其一，我国宪法上的人格尊严条款是一个高度抽象和涵盖极广的条款；其二，宪法缺乏对该条款的详细解释与说明；其三，宪法上的人格尊严条款与民法上的人格权有很大差异[2]，主要目的在于防止和排除国家权力的非法侵犯。

对于新闻媒体而言，多数学者认为，我国宪法第 22 条、第 35 条以及第 41 条是其宪法依据。在笔者看来，众多学者将宪法第 35 条“言论出版自由”条款作为言论自由的宪法依据是不妥当的。因为，从规范结构而言，该条是政治自由的条款，其言论表达与出版的自由应该主要限定于参与、评价与监督政治活动的过程，显然，政治活动过程中的参与、评价与监督与言论自由有着较大差异。如果结合宪法第 22 条来看，“国家发展为人民服务、为社会主义服务的文学艺术事业、新闻广播电视事业、出版发行事业……”“国家发展”意味着“国家是发展新闻媒体的主体，而怎么发展则取决于国家意志”。这种定位与“新闻媒体是党和政府的喉舌”的基调基本一致。而第 41 条规定公民有监督权，包括公民经由媒体实现其监督权，如提供新闻线索、发表观点评论等，但这只是表明公民有“从事新闻活动的自由”。故而，在我国宪法上，新闻媒体的定位与发展和新闻自由是完全不同的两个概念，新闻媒体具有信息公开与传递、舆论监督等多项权能，并不能从中推导出新闻自由。

可见，我国宪法关于人格尊严和新闻媒体的上述定位，在一定程度上消解和规避了言论自由与人格尊严相冲突的可能。因此，很多学者认为，考虑到我国新闻体制与美国的差异，不适合引入“实质恶意”原则。的确，我们也承认两国新闻媒体不同的宪法定位，但我们并不认为这种差异可以全然否决“实质恶意”对完善我国名誉权诉讼的积极意义，只是我们在借鉴该原则时，不能将其宪法层面的内涵加以移植，否则会有悖于我国现有的宪法规范结构。

---

〔1〕 全国人大常委会办公厅研究室政治组编：《中国宪法精释》，中国民主法制出版社 1996 年版，第 163—164 页。

〔2〕 周伟：《宪法基本权利司法救济研究》，中国人民公安大学出版社 2003 年版，第 66 页。

（2）从论证规则破题。虽然“实质恶意”所包含的宪法原则与我国的法治状况并不契合，但我们依然可以从论证规则入手，作为移植该原则的明确路径。作为论证规则，“实质恶意”原则包含了“公众人物”“公共利益”“恶意认定”“证据规则与举证责任分配”等多个方面的内涵。因此，我们的论述也将围绕这些方面进行比对，以为引入该原则提供有益探索和深入思考。

一是引入“公众人物”。随着名誉权诉讼的问题逐渐显现，许多人提出应当引入美国的“公众人物”概念，在他们看来，通过引入“公众人物”概念，可以在一定程度上使得名誉权与言论表达自由失衡的现象得以矫正。[1] 冯象教授从我国社会政法变迁的角度阐明了我国为什么应该引进“公共人物”的概念。根据冯象的看法，在公民、名誉权、言论自由等法治话语取得主导地位之前，我们是根据阶级成分、个人出身来安排言论的，但是，当法治逐渐成为主流，传统意识形态对官员的政治伦理约束解体之后，法律的形式主义的平等掩盖了其背后等级制的权力关系之后，目前中国有关部门名誉权的规则恰恰成为一些官告民的绿色通道。因此，他认为，通过引入“公共人物”的概念，有助于在现有法律话语之下重新界定官员的政治责任。

值得注意的是，“公众人物”的概念在美国也依然是一个处于不断发展的动态概念，因此，在引入“公众人物”概念时，并不能过于简单地对待。在笔者看来，对于公众人物，以下因素仍然是值得考虑的重要元素。

与公共利益有关。对关乎公共利益的那些公众人物，其自然要对自身名誉所可能产生的毁损保持一定的容忍度。如现职、离职的公务人员，参加选拔与招考的公务人员，公共资源的管理经营者等。

知名度与关注度作为考虑因素。知名度是指在名誉毁损发生之前某人已经具备的在特定范围内所为公众知悉的程度。关注度则是指在特定的事件中，某人受到公众关注的程度。显然，知名度较高和公众关注度高的人员，因为其在某个领域或某个事件中的影响力，自然也应该承受与公共官员相当的名誉毁损风险。

因突发事件而成为公众人物。如果说知名度和公众关注度都有持续的时间影响的话，那么突发事件则恰恰是缺少这类影响。但的确是有很多人在突

---

〔1〕 汪庆华：《名誉权、言论自由和宪法抗辩》，《政法论坛》2008 年第 1 期；杨士林：《“公众人物”的名誉权与言论自由的冲突与解决机制》，《法学论坛》2003 年第 6 期。

发事件中成为“被关注对象”，此时，对这些人的名誉权保护应当强于前面两类人物，而要弱于普通民众。

法院在适用“公众人物”概念时，可以此作为进行价值评价和名誉权保护强弱的一个序列，从而能更好地在新闻报道与名誉权之间作出利益衡量，实现两者之间法益的平衡。

二是不同的证明要求。如果说引入“公众人物”概念，是为了在现有的名誉权诉讼中引入“区分身份”的思路，那么，针对不同身份的名誉权主体，自然也应该有不同的证明要求。在美国法律上，不同的证明要求主要不是为了论证“名誉侵权是否成立”，而是将其作为是否能够获得“惩罚性赔偿”的重要指南。也就是说，在美国法律上，如果只是为了证明“名誉侵权”的存在而不要求“惩罚性赔偿”，其证明要求要低许多。因为我国的名誉权诉讼中，并没有对“惩罚性赔偿”作出规定，引入“实质恶意”标准时，也仍然可以遵循排除“惩罚性赔偿”的要求。

因此，在证明要求上，首先，对公众人物提起的名誉权诉讼要严于普通民众提起的名誉权诉讼。其次，公众人物提起名誉权诉讼时除了需要满足名誉侵权构成要件之外，还应当在其构成要件的“过错”的基础上，证明其不仅仅有“过错”，而且存在诽谤的“实质恶意”。而对于“实质恶意”的具体认定，则可以依循前述探讨中的思路。如此一来，通过强化公众人物举证的难度，一方面约束了公众人物动辄提起诉讼的潜在威胁，另一方面也为新闻媒体正当的报道活动提供了广阔空间。

（3）合理分配举证责任。将“实质恶意”标准引入名誉权诉讼后，在举证责任上显然需要有相应的调整。

首先，我国名誉侵权诉讼采行构成要件说，在保留“谁主张、谁举证”的基础上，需要综合考虑媒体名誉侵权诉讼的特殊之处。诚如论者所指出：“在这类（媒体名誉侵权）诉讼中，如果双方对侵权事实存在与否发生争议，原告只须证明被告以书面或口头形式，或者以行为方式侵害了原告的名誉，不必证明被告散布的有损其名誉的事实是不真实的。原告证明上述事实后，证明责任便转到了被告方，被告应对其刊载或散布的消息的真实性负证明责任。如不能证明其真实性，法院就会认定侵权事实存在，并认定被告有过错。”〔1〕

〔1〕李浩：《民事证明责任研究》，法律出版社2003年版，第276—277页。

其次，在区分公众人物和一般名誉权主体的基础上，对前述公众人物提起的名誉权诉讼，可以适当加重原告的证明责任，除了满足名誉权侵权的构成要件之外，还要求能够证明被告新闻媒体存在构成实质性诽谤的恶意。此处的恶意包括故意和重大过失的情形。如果原告是普通人，则由新闻媒体承担证明报道内容真实或者已经尽到合理审查义务的责任。

再次，考虑新闻报道制作过程的封闭性，为了减轻公众人物在收集证据证明媒体“存在故意或者重大过失”的负担，法院可以责令新闻媒体公开涉案报道的采写编辑过程，为公众人物收集证据提供必要的协助。

最后，对侵犯名誉权行为所造成的实际损害，可以由隔离的陪审团依一般人的情感和理性予以评价。因为，在认定名誉权是否遭到侵犯的情形下，他者的感受和评价无疑也是非常重要的评价因素。在具体诉讼中，这种评价机制，既可以由原告方提出请求，也可以由被告方提出请求。

显然，通过区分公众人物和普通民众，并从内容上甄别是否关涉公共利益，从而提出不同的证明要求和施行略有差异的举证责任分配，就可望逐渐将“实质恶意”标准纳入我国的名誉权诉讼的审理之中。

3. 从个案到一般、从规则到原则

在借鉴“实质恶意”原则时，也离不开法院的司法能动。因此，在确定了借鉴“实质恶意”标准的路径后，还有赖于法院的能动司法。

（1）确定试点法院。在借鉴“实质恶意”标准的过程中，我们仍然务必要保持一份应有的谨慎，这一方面是因为该进程应当与新闻体制改革的进程基本一致，另一方面也是为了防止出现“走向另一个极端”的情形。理论上的论证无论多么严密，都不能充分预估实践中可能出现的问题。因而，提倡一种“先试点再推广”的渐进思路，显然是有益的。

在具体操作中，可以由最高人民法院在传媒业相对比较发达、名誉权诉讼相对比较集中的省、区、市指定数家基层法院作为试点，逐步借鉴“实质恶意”的论证规则处理媒体名誉侵权案件，并由这些法院总结存在的问题和不足呈报最高人民法院。诚然，在此过程中，有人或许会认为，如果有的地方采纳“实质恶意”标准，或者对一些人适用了该标准而对其他同样身份的人却没有适用，由此可能造成一种人为的司法上的不平等。对于此种顾虑，可以通过限定试点的时间和案件数量，并将试点主要集中于针对“公共官员”的名誉权诉讼，如此，可在较大程度上缓解上述担忧。

（2）最高法院发布案例指导。在法院试点的基础上，最高人民法院可以组织有关试点法院法官、专家学者和陪审员就引入该原则存在的问题进行研讨，分析该原则在我国的名誉权诉讼中实际展开时所遇到的实践与理论上的困境，并寻求克服这些困境的对策。经过法院试点和理论界的再次论证之后，最高法院可以将有关案例类型化，通过案例指导的形式，引导各级法院在相似的案件上逐步形成借鉴该原则的清晰思路。

在此基础上，逐步将实质恶意原则的法理内涵在名誉权诉讼中扩展开来，既从适用对象上由“公共官员”扩展至“公众人物”，也可逐渐形成媒体舆论监督与公众人物名誉权之间利益衡量的路径、方法与标准。该过程完成之后，可进一步向前推进，在一定程度上贯通民法、行政法与刑法对名誉权的保护，从而将“实质恶意”标准逐步确定为诽谤诉讼司法原则。

（3）从现有规范或司法解释中寻求法理支撑。显然，基于个案而来的案例指导，不可与司法解释同日而语，更遑论法律规范上的明确规定。因此，最后的演进，仍然需要寻求“实质恶意”原则在我国法律规范上的“生存空间”。宪法上人格尊严条款与民法上的人格权条款，对名誉权的规定是十分抽象而宽泛的。也正因为其宽泛，意味着可以有相当的解释空间，对人格尊严与言论表达而言，当我们结合社会主义法治理念中的“宪法法律之上”来进行解释与论证的时候，不难导出有限意义上的含义。

此外，现有的《最高人民法院关于审理名誉权案件若干问题的解答》和《最高人民法院关于审理名誉权案件若干问题的解释》两个司法解释，本是因为民法通则及其解释中有关名誉权规定不够具体而先后推出的。同理，最高人民法院可以基于能动司法权能，结合“实质恶意”的有关法理，以新司法解释的方式进一步完善名誉权诉讼，从而实现名誉权与表达自由之间的平衡。

第六章　采访权的保护与救济

一、采访权受侵的现状与原因探析

自2003年被称为“记者被打年”以来，“记者被打”事件几乎每年都创出新高。单是最近几年的记录，就已经是触目惊心了。以2011年3月28日的百度搜索结果为例，结果更加触目惊心，以“记者被打”作为主题词搜索，相关网页竟有298000篇与记者被打相关的消息。在2005年3月，以同样的主题词检索时，相关网页也只不过19400篇。在如此快速增多的数字背后，隐藏的是记者采访权不容乐观的客观现实。在下面的分析中，我们先简要地对近年来发生的侵犯记者采访权的事件加以扫描。

（一）“无冕之王”成“高危职业”

《郑州晚报》殷新生案。殷新生案缘起于1989年9月郑州金水公安分局杜领派出所破获的一起拐卖儿童案，也是一起典型的公权机关侵害记者合法采访行为的案例。因在认领被拐卖儿童时，有两对父母的身份需要确认。《郑州晚报》群工部主任殷新生及其他媒体记者随同案件负责人进行调查性采访，发现其中有一对父母及其家人与该起拐卖儿童案件有关，后经公安机关收容审查，并经亲子鉴定，发现该父母与被拐卖的儿童的确没有血缘关系。1990年4月16日，殷新生以诬告陷害罪被逮捕入狱，郑州市和河南省检察院认为，殷新生的调查采访行为“本身已超出职责范围”并将其列为一条罪状。在各方的批评和质疑声中，郑州市检察院才于1990年12月19日对殷新生“取保候审”，前后历时长达9个多月。当时，该案被认为是“新中国成立以来最严重、最突出、最典型的打击迫害记者事件”。[1]

《重庆商报》记者罗侠被打案。2001年10月20日，《重庆商报》女记者罗侠因采写关于红酒市场稿件需要，前往重庆南坪的夜总会进行采访。当晚9点多，罗侠在夜总会大厅拍照时，突然一名中年男子窜出，嘴里还不停地说：“小姐，来陪哥哥喝一杯。”说着，强行拽住罗侠的手让其陪酒，遭到拒绝后，罗侠遭到该男子及其同伙的一阵毒打。罗侠深受重伤，入院之后，肇事方竟然威胁，如果罗侠不同意私了，“将不惜代价搞死罗侠”。

辽宁西丰警察进京抓记者案。2008年1月1日出版的《法人》杂志，上面有一篇该杂志记者朱文娜采写的题为《辽宁西丰：一场官商较量》报道。该报道称当地商户赵俊萍拥有的加油站被强制拆除。赵俊萍多次反映此事。2007年2月28日，西丰县委书记认为不能给赵俊萍补偿。2007年3月3日，西丰县公安局称接到“举报”，反映赵俊萍涉嫌偷税，对赵俊萍立案侦查。文章中写道，赵俊萍激愤之下编了一条短信，发给西丰县的部分领导干部。随后，赵俊萍涉嫌“偷税、诽谤”被抓获。2007年12月28日，西丰县法院作出一审判决，认定赵俊萍犯偷税罪和诽谤罪，执行有期徒刑3年6个月。记者朱文娜采访此事后，在法制日报上刊发。1月4日，西丰县公安局4名警察到法制日报社，出示对朱文娜的《立案通知》及《拘传证》，要求向朱文娜“了解情况”，理由是朱文娜的“诽谤罪”在西丰县已立案，要对其拘传。

《南方都市报》记者马小六采访被铐案。2008年3月，深圳罗湖发生一起跳楼案，《南方都市报》记者马小六、王子荣前往采访。在采访现场，两记者均遭现场警察辱骂、威胁、推搡和殴打，文字记者马小六保持克制仍被反铐双手近两小时，摄影记者王子荣相机被深华物业保安砸烂。马小六手铐解开之后，双手留下深深血印。当事警察何庆文认为两名记者“妨碍执法”，因为马小六“比较不服从”“其他同事就把他压倒在地，戴上手铐”。事后，众多的媒体与评论指出，警察铐记者的行为，应当作为宪法事件来看待和分析。

记者采访被强制写下书面保证。2009年5月，湖北巴东县野三关邓玉娇案受到全国公众和媒体高度关注。28日上午11点左右，《新京报》女记者孔

---

〔1〕许加彪：《法治与自律——新闻采访权的边界与结构分析》，山东人民出版社2005年版，第316页。

璞和《南方人物周刊》记者卫毅正在巴东县野三关镇采访邓玉娇的外婆。采访进行中，四五个人突然闯了进来，领头的是一位30岁左右，矮矮胖胖的男子。那些人冲进来先把卫毅的本子扔出去，随后就把孔璞的本子也给撕掉扔出去了。接着，这些人将卫毅抓起来摁在墙上，将其扭出去。记者卫毅遭第二次殴打后，被带到一个农户家搜身，打人者抢走了他包里的录音笔、照相机和手机，删除了里面的内容，并要求他写下了一份"情况说明"。该"情况说明"称，卫毅等未经允许擅自到野三关镇采访。要采访的话需要经过县、镇、村相关部门批准，并且要记者保证以后未经批准不到巴东来采访。

有媒体记者制作了一份2010年记者被打不完全档案：

2月1日，《武汉晚报》记者采访聋哑人强行推销被打；

3月4日，南昌中山路人保大楼发生火灾，《江南都市报》记者遭满嘴酒气保卫科长掌掴；

3月8日，海南某电视台记者在海南合发房地产开发公司遭到工作人员袭击；

3月9日，《广州日报》《晶报》记者正常采访遭到保安无理阻挠，相机被夺走并叫嚣砸烂；

3月11日，四川电视台记者在采访一起消费投诉事件时遭到殴打；

3月27日，《生活新报》记者采访昆明城管与小贩冲突时，遭多名执法人员围殴；

3月30日，柳州西堤路施工现场发生事故，《柳州晚报》记者采访时被打受伤；

4月29日，《潇湘晨报》记者采访长沙一村长因乔迁办酒被打，女记者被劫走；

7月5日，央视记者在山西运城采访防洪水库建别墅被打，摄像机被砸；

7月6日，福州仓山下董自然村房屋坍塌，《东南快报》记者被打，相机被抢；

7月29日，《华夏时报》记者被不明身份人士以爆料为由骗至深圳天虹商场殴打；

7月29日，浙江电台记者在丽水采访违规占地建山庄时被村官殴打；

7月30日，每日经济新闻报社遭到疑似霸王集团员工冲击，多名记者被打；

8 月 13 日，湖南电视台记者在湖南远大路一汽大众 4S 店被打成轻微脑震荡；

9 月 1 日，《西安晚报》记者暗访生产油毛毡的黑作坊遭到十多名工人围殴；

9 月 11 日，《南国早报》女记者被城管抢相机、卡喉咙推上执法车；

10 月 21 日，福建福清祥兴手袋厂火灾现场《东南快报》记者被打；

11 月 7 日，《南方都市报》记者在东莞虎门采访时遭治安人员围殴。

（二）侵犯采访权：内容、方式及手段

采访权具有公权与私权相复合的属性。与一般侵权行为相比，侵犯采访权的行为呈现出许多独特之处，这些特性在侵权内容、侵权形式、侵权手段等方面都有体现。近年来，随着媒体舆论报道的增多和加强，侵犯采访权的手段和方式也日渐增多。有学者指出，最常见的侵犯媒体和记者合法权益的手段有：[1]

第一，人身伤害。在记者的采访过程中，其人身权益遭到侵害的新闻越来越频繁。因为记者的报道对一些人的利益造成冲击，因此，在记者采访过程中，这些势力总是千方百计地阻止记者采访，当这种阻止行为无法达到目的的时候，便往往直接选择以野蛮暴力的方式阻止记者采访。在现实中，新闻工作者在采访中被殴打、被砸抢摄影摄像设备、被恐吓威胁，甚至被非法拘押等，都是对记者人身的一种伤害。新闻当事方或者相关利益方，就是希望通过这种人身伤害的方式，来达到阻碍甚至剥夺记者采访权的目的。

第二，阻止发表。严格地说，这已经超过采访权的范围，而进入干预编辑权的领域。一篇批评报道采访完之后，记者最担心的不是写作和主题，而是能否顺利见报。而往往在见报之前，被批评的对象会动员所有的社会关系，向媒体的主要相关环节游说、施压甚至贿赂，直至将报道扼杀在摇篮之中。

第三，证据约束。和前面所述相比，这是一种被动的伤害，因为这种伤害来自法律的不完善，而不是被媒体批评的对象。在记者的采访中，能获得的最好的证据可能就是录音带，但是在法律上，录音带却不能成为证据，这

---

〔1〕 陈银锋：《试论新闻立法》，《湖南社会科学》2003 年第 2 期。

使记者在采访中常常要去做一个侦探的工作，不仅增加了采访风险和成本，而且极大地限制了报道的范围。

第四，恶意诉讼。恶意诉讼目前正成为一种较为普遍的“报复”记者的手段。诚如有论者所言：在我国当前的新闻官司中，“名誉权”已成为某些人逃避舆论监督的挡箭牌。我们知道，任何一篇批评报道，都将会给当事人带来“名誉损失”，如果当前的法律状况得不到进一步改善，那么作为维护公共利益的媒体监督，将永远处在一种法律弱势状态，从而最终使舆论监督销声匿迹。如果我们关于宪法中“言论自由”的司法化还将有个过程，那么我们至少应该在法律上明确：一个行使政府权力的官员，其名誉权应该被严格地限制。[1]

第五，软暴力手段。同时，侵犯采访权的手段有显性和隐性之分。限制记者人身自由，殴打记者，无疑是侵犯记者采访权的行为。此外，当政府机构拒绝接受记者采访，不向记者公开法律允许范围内的政府信息，是否也属于侵犯记者采访权的行为？答案是肯定的。只不过这种侵权行为是隐性的、“软暴力”行为。[2] 显然，这种隐性的软暴力也能够对采访权造成极大伤害。

从这些手段而言，几乎涵盖了整个采访活动的全过程。在采访过程中，有可能对记者进行人身侵害；在其采访完成之后，则又寄望于阻止相关报道公开；在报道公开之后，又通过诉讼的方式营造“寒蝉效应”，以图令媒体和记者望而却步。不论采取怎样的手段，也不论是在采访的哪个环节，其都是对记者采访权的阻挠、干涉和侵犯。

当记者采访活动受阻时，其实包含了两个不同层面的含义：其一，记者个人私权受侵犯，主要是指其人身权益或者财产权益受到侵害；其二，记者采访活动不能完成，对公众知情权等基本权利而言，采访权的公权法益也遭到侵犯。在采访过程中，当发生诸如抢夺记者采访设备、侵害记者人身权益和财产权益时，记者的人身权益和财产权益被侵犯只是手段和形式而已，对采访权的侵害才是其实质目的。很多时候，并非记者私人触碰了某些人的不法利益，而是记者采访活动可能危及其利益，才遭致其的不法侵害。从新闻实践角度而言，采访权涵盖了以下方面：（1）合法采集新闻的权利；（2）独

---

〔1〕 熊波：《记者新闻采访权的五大硬伤》，《中国青年报》2001 年 11 月 9 日。
〔2〕 陈建云：《采访权与政府信息公开——从我国首例记者起诉政府部门信息不公开案件谈起》，《新闻记者》2006 年第 10 期。

立完成新闻作品并予以发表的权利；（3）公正评论的权利；（4）人身不受侵犯的权利。[1] 这四项权利是采访权的应有之义，对其中任何一项的侵犯，都是侵犯采访权的行为。采访权的复合性，使得对采访权权利内容的侵犯也体现出复合性。就其本质而言，侵犯采访权的行为，尽管是通过侵犯记者或媒体个体的权益予以表现出来的，但其实质是对公众权益的侵犯。也就是说，任何侵犯采访权的行为，一方面对记者的自身的人身和财产权益进行了侵犯，另一方面也是对公众知情权，信息收集、获取、传递的权利的侵犯。

（三）采访权受侵原因探析

采访权之所以会频受侵犯，有体制转型的原因，也有媒体自身素养不足的因素，但更多的是因为媒体所肩负的公众期待和社会责任。以现实而论，采访权受侵犯的原因主要集中在以下几个方面。

（1）新闻法缺位导致无法有力保护采访权。法律法规对采访权利尚未进行明确规定和界说，致使许多个人和单位对媒体的正常报道加以阻挠干涉。[2] 新闻法的缺位，采访权的权利内涵不明确，往往导致了采访权屡受侵犯却又无法可依的尴尬现状。即使发生了侵犯采访权的行为，也大多只能按照保护记者个人人身权益和财产权益的法规进行处理，而无法对采访权本身进行救济。比如，当记者存有新闻照片的相机被摔坏，即使通过救济赔偿了相机，可新闻照片却无法再现，也无法还原了。

（2）处罚力度轻微，客观上纵容了侵犯采访权的行为。当采访活动受到侵犯时，有关部门在处理类似事件时往往认定性质恶劣，处罚却畸轻。这一方面因为，在我国现行法律中，对记者采访行为的规范大多为禁止性的，授权性的极少，没有体现出记者职业的特殊性。另一方面也是因为，有关机关自身对采访权缺少深入认识和把握。这种权利内容不平衡的状况，导致记者在采访权受到不法侵害时，行政机关大多选择“息事宁人”，司法机关也因缺乏明确依据而无能为力，客观上放纵了干扰记者正常行使采访权的行为。[3]

（3）新闻业内的不良风气，是导致采访权受侵的主观原因。目前，新闻

---

〔1〕 徐芳 、李俊良：《我国新闻记者采访报道的权利与义务之定位》，《南昌大学学报（人文社会科学版）》2000 年第 2 期。

〔2〕 刘斌：《权力还是权利——采访权初论》，《政法论坛：中国政法大学学报》2005 年第 2 期。

〔3〕 徐芳、李俊良：《新闻记者采访权初探》，《当代法学》2002 年第 11 期。

界的确存在一些不尽如人意之处：缺乏行业自律，记者素质参差不齐，有些记者进行舆论监督时丧失公正立场；更有个别新闻记者眼中只有名利，以“新闻”谋钱谋乐，有时甚至以报道进行敲诈；等等。

很多时候，并非其中的单一的原因导致了采访权频遭侵犯，而往往是综合了多个方面的原因。而这些原因，从制度构建的角度而言，是需要综合加以考虑的。

二、采访权救济途径及其完善

面对采访权频频遭到侵犯的现实，新闻出版总署曾在2007年发出通知，“新闻采编人员合法的新闻采访活动受法律保护，任何组织和个人不得干扰、阻碍新闻采编人员合法的新闻采访活动”[1]。显然，这一通知是希望能为记者的采访权提供保护，但其对记者人身和财产权益的保障尚且薄弱，其对记者采访权的保护更是微乎其微。其背后的缘由，或许正如有学者所指出的，采访权的实施既有赖于法律的保护，也要靠记者自身的维护，还有赖于社会和公众的宽容与配合，因为毕竟记者的采访权是一种社会公共权利，而社会公共权利需要社会和公众共同来维护。[2]

（一）新闻采访权主要救济途径

在我国现有新闻法制之下，当记者采访权遭到侵犯时，一般可以通过以下途径予以救济。

1. 申诉途径

记者在采访过程中遭遇阻挠、侵害时，首先考虑的是向有关部门进行反映和申诉，通过这种申诉，有时候可以及时排除阻挠和侵害，从而使采访活动正常进行。就保护采访权的角度而言，申诉途径的本质是寄望于权力部门的支持，通过权力部门的干预，来排除种种有碍采访权的行为。申诉途径具有救济迅速、效果明显等诸多特点。然而，当采访活动牵涉地方利益或部门利益时，其有效性就会大打折扣。

---

〔1〕 曲志红：《新闻出版总署于记者节前发出通知 任何组织和个人不得干扰阻碍新闻采编人员合法采访活动》，《山东人大工作》2007年第12期。

〔2〕 刘斌：《权力还是权利——采访权初论》，《政法论坛：中国政法大学学报》2005年第2期。

2. 媒体声援

当媒体记者采访权遭到侵犯时，往往会出现“媒媒相护”。一般而言，媒体声援途径可以概括为以下方面：其一，对受侵害记者的舆论支持与精神抚慰，如在2001年的《重庆商报》记者罗侠无缘无故遭到侵犯事件发生后，搜狐新闻中心、山东《都市女报》等都向其致电慰问，向罗侠不畏强暴的新闻敬业精神致敬；其二，不仅关注侵害事件本身，更会执着于将引发侵害的新闻事件及时公之于众；其三，不同媒体之间互动，比如，很多遭“封锁的消息”，平面媒体无法采集，而网络媒体则借助自身优势得以采集和公开。

3. 行业组织救济

行业组织主要是指新闻行业的各种自律组织，如记协、新闻工作者协会等。1998年，中国记协专门成立了维护新闻工作者合法权益委员会。其宗旨包括依法维护新闻工作者的合法权益，保护其不受侵犯，努力促进新闻工作者合法权益得到充分的实现等方面。新闻从业人员的行业组织，因对新闻的价值和流程比较熟悉，无疑更为有利于对采访权的保护。多年以来，记协为维护采访权做了许多卓有成效的工作。如2010年11月，成都电视台记者在万峰艺佳艺术学校采访时，记者张天津被打伤。之后，四川省记协对此表示“愤慨、遗憾和强烈谴责”，并“强烈呼吁相关部门严肃处理此事，对打人者作出相应处理”。

4. 司法途径

媒体或其从业人员在采访权遭到侵犯时，通过提起诉讼的方式维护自身正当权益的途径，显然是不错的选项。司法途径包括了民事诉讼、刑事诉讼和行政诉讼。

记者在采访过程中遭遇侵权时，往往伴随着人身或财产损害，可以依法提起民事诉讼。在诸多采访权受侵犯的法律实践中，当事人一般也是通过这种途径来维护自身权利的。同时，直接针对采访权而提起民事诉讼目前依然是于法无据，这在《无锡日报》状告中国足协名誉侵权案中得到了验证。[1]

---

〔1〕 1999年6月，奥运会足球预选赛小组赛第二阶段比赛在上海进行，200多家新闻单位派记者到上海进行采访。6月13日，《都市快报》等发表了题为《舒畅欲退出国奥队》的新闻。15日，中国足协新闻办公室宣布：这则消息是假新闻。7月26日，中国足协新闻办就此事作出以下处理：有条件停止《都市快报》《无锡日报》等报记者采访中国足协主办的所有比赛的资格。《无锡日报》随后提起诉讼，该案审判长方祖德指出，中国足协在文件中停止无锡日报社等采访资格是“师出无名”，足协停止采访权，没有任何法律依据。

通过民事途径来对采访权进行救济的思路，在最高法院的有关司法解释中也得到了确证。如当采访权遭到侵犯提起民事诉讼时的证据采信问题，最高法院明确规定，记者通过合法手段获得的无疑点的视听资料可以认定其证明效力。

而如果记者人身自由或者其他权利遭到严重侵犯时，则大多通过刑事诉讼途径来维护合法权益。如2000年3月，央视记者到沈阳市一家保健公司采访时，被非法限制人身自由达4小时之久。案发后，10名涉案人被分别以非法拘禁等罪名提起公诉。通过刑事诉讼的方式，对侵犯采访权的行为进行了惩处。

仅有的以“采访权”作为诉由案例发生在2006年4月。《解放日报》记者马骋以上海市规划管理局没有及时答复有关采访要求为由，根据《上海市政府信息公开规定》提起行政诉讼。[1] 诉讼提出之后，业界一片叫好之声，并被看作是维护采访权的重要案例。有检察官指出，马骋案至少有两个方面的积极意义：一方面，他的诉讼是在争取记者的采访权利；另一方面，他的诉讼也是在争取公民的知情权利。但遗憾的是，案件最终以“原告放弃对被告的采访”而撤销了案件。

（二）现有救济途径的问题与不足

毫无疑问，以上这些采访权的救济途径，都在不同程度上保障了采访权的合法行使。然而，从救济效果而言，以上救济模式仍然存在以下几个方面的不足。

其一，采访权救济思路不明确。当侵犯采访权行为发生后，究竟应该如何加以处置，很多时候，不仅有关机关思路不明确，就是权益被侵害的记者和媒体也并不清晰。当记者在采访过程中被暴力伤害时，最多见的是有关主管部门对侵害方予以“谴责”，要求加大“惩处力度、杜绝类似现象”发生，仅此而已。而对于受害媒体和记者，只要能得到一些基本的权益补偿，如相关医药费、误工费、护理费等，大多以“放弃对该事件的报道”了事。

---

〔1〕 2006年4月，《解放日报》记者马骋为进行采访，向上海市城市规划管理局传真了采访提纲，该局没有予以答复。随后，他又以挂号信寄送了采访提纲，再遭拒绝。无奈之下，马骋向黄浦区人民法院提起行政诉讼，要求法院判决上海市城市规划管理局，按照《上海市政府信息公开规定》向其提供有关信息。黄浦区法院于6月1日正式受理此案。这是国内首例新闻记者起诉政府部门信息不公开的案件。

其二，注重对民事权益的救济，忽略对采访权的救济。当采访权遭到侵害时，大多只看到了“采访权的外衣”——记者的人身权益和财产权益，而缺少对采访权本身的应有关注。因此，当侵害行为发生时，记者和媒体往往会考虑向主管部门申诉，申诉的处理需要时间，申诉处理结果出来之后，新闻事件已成“明日黄花”。主管部门也只能寄望于“下不为例”。即使进入到司法救济模式，法院虽不承认采访权是民事权益，但在相关案件中，往往是将其作为民事权益的一个部分，并且寄望于通过对记者人身权与财产权的维护来救济采访权益。显然，这样的救济思路，很容易将采访权成为“私权的一部分”。由此造成的结果是：一方面，只有民事权益也受到侵犯时，媒体和记者才能寄望于司法途径予以救济；另一方面，当记者谋求司法救济时，法院往往将“新闻事件对公众的意义”置之不问，而只围绕着记者的人身和财产权益进行法律论证。

其三，缺乏对侵犯采访权行为的惩处措施与标准。在现有规范中，尽管提到了要保护“记者的采访权”，但并没有提到如何惩罚“侵害采访权”的行为，更谈不上对侵害行为的惩处措施和标准。比如，在一定新闻事件中，如果记者采访受到阻碍，但当事人又没有实施暴力行为，甚至也没有以可明确感知到的方式阻碍采访，比如在河北大学校园交通肇事案中，学校并没有派人对记者进行盯梢和阻碍，也没有对记者实施暴力，但通过限制该校老师和学生接受采访的方式，变相阻碍了记者采访。对于这样的行为，是不是可以追究责任？怎样追究责任？等等，现有救济途径都无法作出回应。

（三）采访权救济模式的拓展与完善

随着对采访权认识的加深，对于采访权的保护也逐渐为各界所重视，并且发展出了多种采访受阻时的救济模式。然而，对照现实，当发生了种种殴打记者、暴力伤害记者的情形时，对采访权的保护不仅处在十分不确定的状态，而且其保护力度依然十分薄弱。

1. 新闻仲裁

与采访权救济诉讼途径相比，新闻仲裁途径具有以下特点：速度快、费用低，当事人有较大自主权，可有效减少当事人之间的对立情绪等。[1] 真实

---

〔1〕 阚敬侠：《论建立我国的新闻纠纷仲裁制度》，《中国记者》2001 年第 10 期。

性和实效性是新闻的生命力所在，如果失去时效，新闻就成了“旧闻”。在采访权遭到侵犯时，如何及时有效地对“新闻”进行补救，当然是十分重要的问题。通过新闻仲裁来救济采访权，需要考虑以下问题。

（1）现有法律规范是否为新闻仲裁提供了足够空间。根据我国仲裁法的规定，平等主体的公民、法人和其他组织之间发生的合同纠纷和其他财产权益纠纷，可以仲裁。不能申请仲裁的纠纷主要包括：婚姻、收养、监护、扶养、继承纠纷以及依法应当由行政机关处理的行政争议。在仲裁法的这些规定中，既没有将新闻仲裁包括在其中，也没有将新闻仲裁排除在外。这一方面为新闻仲裁提供了一定的空间，没有规定不能仲裁，至少可以表明新闻仲裁制度还是可以为现行仲裁法所涵盖；另一方面则需要通过立法解释或者司法解释的方式，将新闻纠纷明确为可以仲裁的事项。

（2）新闻仲裁机构的组成与仲裁申请的提起。新闻仲裁机构的组成，既要考虑到新闻的行业特色，也要考虑救济采访权的有效性，还要考虑采访权受侵害的程度问题。因此，新闻仲裁委员会的组成，应该涵盖较高层级的主管新闻发布的党政官员、新闻学者、法律界人士以及经验丰富的新闻工作者。仲裁活动可以由一名或者三名仲裁员进行，当由三名仲裁员进行仲裁时，设首席仲裁员。仲裁员的选定，由采访权主体与侵权行为人协商共同确定或者共同委托首席仲裁员确定。对于仲裁申请的提起，侵害人和采访权受到侵害的媒体及其工作人员都可以提起。其主要裁断的是，争议事项是否属于关涉采访权的事项，是否构成对采访权的侵害，侵害的程度，等等。

（3）仲裁裁决的执行。仲裁裁决作出之后，仲裁裁决的执行也有别于其他财产权益的仲裁，其需要得到执行的可能在于“及时排除对采访活动的妨碍因素”。这意味着，不再干扰和阻碍记者进行合法的采访活动，并且为这种采访活动提供便利。当裁决得不到执行时，需要通过人民法院强制执行。人民法院在强制执行时，主要也是责令有关部门、组织或个人及时公开有关信息、及时排除有关妨害行为，否则，将对其处以一定数额的执行罚。

2. 各救济途径之间的链接问题

当采访权受到侵害时，其救济呈现出多元化的趋势。这种多元化一方面表明对采访权保护的加强，另一方面也可能因为过于分散而导致了对采访权保护的乏力。因此，各种途径之间的链接就非常重要。

对采访权的侵犯，就时序而言，既包括了在采访过程中的侵害行为，也包括了在采访完成之后的报复行为。同时，在每一次的侵害行为中，到底侵犯的是记者私人权益，还是真正侵害了采访权法益，也是有必要加以区分的。这样两个区分可以作为各救济途径之间进行链接的基础。当在采访过程中，采访权受到侵害时，申诉、媒体声援、行业组织救济以及新闻仲裁显然能更加有效地予以救济，因为这些途径更多地将"采访权的公权层面"作为重点；而在采访权遭到严重侵害的情形下或者在事后遭到报复的情形下，司法途径显然更加有力，也更加有利于维护记者私人权益。而具体选择哪种途径对受到侵害的采访权进行救济，则无疑应当由当事人尤其是特定记者和媒体自行决定。

三、采访权的法律责任

法律责任是由特定法律事实所引起的对损害予以赔偿、补偿或接受惩罚的特殊义务，亦即由于违反第一性义务而引起的第二性义务。[1] 追究侵犯采访权行为的法律责任，需要对以下问题加以明晰：侵犯采访权行为的法律责任有着怎样的性质？如何认定？如何实现？

如前所述，在侵犯采访权的种种手段和行为中，最为明显的是人身伤害和财产损害，但其对记者人身和财产的损害，却是以阻挠和侵害采访权为目的的。在具体的新闻维权实践中，侵权行为人主要承担以下责任。

（一）民事责任

侵犯采访权的行为，毫无疑义是一种侵权行为，并且是一种特殊侵权行为。这种特殊性一方面体现在采访权具有复合性，另一方面侵犯采访权的行为大多同时侵犯记者个人的权益和新闻采访的权益。如我们在前面所述，这两种权益是截然不同的两种权益。在具体的司法实践中，《最高人民法院关于审理名誉权案件若干问题的解答》与《最高人民法院关于审理名誉权案件若干问题的解释》中，将新闻侵权行为作了规定。依据其中的逻辑，潜藏着对侵犯采访权行为追究民事责任的规范意蕴。

这一点，在 2000 年 4 月 21 日《无锡日报》诉中国足球协会侵害名誉权

〔1〕 张文显主编：《法理学》（第二版），高等教育出版社 2003 年版，第 144 页。

案中得到了体现。1999 年 6 月，在奥运会足球预选赛期间，《成都商报》等报道了舒畅和李蕾蕾退出国奥队的消息，事后证明该消息为“假新闻”。7 月 26 日，中国足协在北京召开新闻发布会称，假新闻事件给中国国奥队和舒畅、李蕾蕾本人的训练、比赛带来了极大的干扰，在国内广大球迷等各方面都产生了极坏的影响。事件发生后，（足协）新闻办及时采取了措施，制止了假新闻的进一步蔓延……经调查发现……其主要作者和制造假新闻的为……《无锡日报》记者胡建明。并决定停止《无锡日报》《都市快报》《成都商报》等媒体采访足协主办的比赛的新闻采访。[1] 在该案中，《无锡日报》的诉讼请求包括：判令被告（中国足协）撤销关于停止原告采访被告主办的所有比赛资格的决定，恢复原告的合法采访权；判令被告公开向原告赔礼道歉，并通过新闻媒体为原告恢复名誉，消除影响；判令被告赔偿原告经济损失 35000 元。显然，尽管《无锡日报》在诉求中提出了采访权的问题，但其主要是基于名誉侵权的诉由来进行起诉的，其所请求的也主要是让中国足协承担民事责任。[2]

（二）刑事责任

一般而言，刑事责任是指因违反刑事法律而应承担的责任。在侵犯记者新闻采访权的行为中，很多时候，对记者人身和财产权益的侵犯非常严重，完全符合刑法中具体罪名的构成要件。在现实中，通过对记者人身的伤害来阻碍采访的行为常有发生，因此，从刑事责任的角度来考量，就记者人身权而言，有可能涉及故意伤害罪、非法拘禁罪、诽谤罪等。在 2008 年 10 月 17 日《新疆都市报》记者张向阳被打案、2009 年 11 月 21 日《河北青年报》常务副总编辑乐倩遭袭案、2011 年 2 月 15 日《中国商报》江苏记者站站长庞雷被殴打致伤案等众多案例中，都是以对记者进行暴力侵犯的方式侵犯记者的采访权。在这些案例中，法院在依法惩治相关当事人时，都承担的是刑事责任。

显然，对于十分严重的侵犯记者人身和财产的行为，追究相关当事人刑

---

〔1〕 珠峰、庄亦正：《“双赢”的结局——首例新闻媒体诉中国足协名誉侵权案始末》，《人民法院报》2000 年 5 月 16 日。

〔2〕 刘海涛、郑金雄、沈荣：《中国新闻官司二十年（1987—2007）》，中国广播电视出版社 2007 年版。

事责任是无可厚非的。但问题是，即使是在这些案例中，除了因为侵权行为的严重性符合刑法个罪的构成要件之外，并没有对采访权加以特殊关照。也就是说，法院依法惩治的是暴力侵权行为，而不是将采访权作为应当加以保护的重要权益。如果在事关公共利益的重大采访中，当记者遭到人身或者财产侵害，是不是只要对侵害记者人身权和财产权加以保障就够了呢？诚如我们一再强调的，尽管采访权并非基本权利，但其是众多基本权利得以实现和保障的重要前提。因此，在我们看来，除了刑法的惩治之外，的确有必要对其中的知情权益、舆论监督权益加以关照。

（三）行政责任

行政责任是指因违反行政法律或因行政法规的事由而应当承担的法定的不利后果。[1] 就行政责任而言，可以从三个方面进行探讨。其一，因为记者证的颁发属于行政许可行为，并且也为行政权赋予了众多的优益权，如优先乘车、优先购票、优先通过等权益。因此，当记者的采访权受到侵犯时，行政权有义务排除相关妨害，为记者采访权的正常行使提供保障。此时，行政权可以责令相关机关或者组织承担保障采访权的行政责任。其二，当侵犯记者采访权的行为发生后，行政权有义务依法加以惩处。如当发生侵犯记者采访权的行为之后，行政机关大多依照《治安管理处罚法》的有关规定，对侵犯记者采访权的行为进行惩治。其三，行政机关为保障采访权，在其职责范围内，对其所属机关及工作人员进行约束和规制所产生的责任。

（四）惩罚性赔偿的尝试

在对侵犯采访权行为的追责问题上，民事责任大多以“填补损失”为原则；当侵权行为的主体为行政机关时，其行政责任的承担难脱“避重就轻”的嫌疑；刑事责任则偏重对记者个人人身和财产权益的保护；违宪责任的追究相对而言时程较长，要想在个案中，尤其是侵犯采访权的个案中谋求违宪责任的认定，显然还有许多理论和实践上的难题。然而，在这些法律责任的承担中，又的确缺少对采访权的应有关照。可以设想的方案是，通过“惩罚性”赔偿来对侵犯采访权的行为进行追责。

---

〔1〕 张文显主编：《法理学》（第二版），高等教育出版社2003年版，第144页。

所谓“惩罚性赔偿”，又称示范性赔偿或报复性赔偿，是指由法庭所作出的赔偿数额超出实际损害数额的赔偿。惩罚性赔偿是加重赔偿的一种原则，目的是在针对被告过去故意的侵权行为造成的损失进行弥补之外，对被告进行处罚以防止将来重犯，同时也达到惩戒他人的目的。惩罚性赔偿的制度，在我国的众多法律规范中都有引入，其所能起到的预防和震慑的作用也十分明显。如消费者权益保护法第 55 条中规定：“经营者提供商品或者服务有欺诈行为的，应当按照消费者的要求增加赔偿其受到的损失，增加赔偿的金额为消费者购买商品的价款或者接受服务的费用的三倍……”食品安全法第 147 条也采用了这一制度，其规定：“违反本法规定，造成人身、财产或者其他损害的，依法承担赔偿责任。生产经营者财产不足以同时承担民事赔偿责任和缴纳罚款、罚金时，先承担民事赔偿责任。”同时，在 2010 年 7 月 1 日实施的侵权责任法中，其第 47 条也规定了惩罚性赔偿：“明知产品存在缺陷仍然生产、销售，造成他人死亡或者健康严重损害的，被侵权人有权请求相应的惩罚性赔偿。”

新闻采访权具有公权与私权复合的特性，对新闻采访权的侵害，既不能单单只虑及其中的私权方面，也不能独独考虑其公权方面。因此，可以尝试在对侵犯新闻采访权的行为中引入这一制度，一方面可以依照现有的追责制度，继续维护记者或新闻机构的人身和财产权益；另一方面又通过“惩罚性赔偿”的方式，加重对此类侵权行为的惩处。关于“惩罚性赔偿”的额度，可以考虑为实际损失的一倍。通过规定惩罚性赔偿的方式，对遏制侵犯采访权的行为无疑有着非常重要的意义。

第七章　新闻采访权立法的建构与完善

一、采访权的不同立法模式

有学者指出，即使在西方法治相对成熟的国家，关于新闻采访权的法律规定也并不多见。新闻媒体的报道权、评论权与出版权，许多国家都形成了完整的法律保护体系，而且这些权利一般在新闻媒体组织系统内部运行。在世界各国法律体系中，成文法保护新闻采访权的文字表述明显很少，一般都是从言论和出版自由衍生出来的。[1] 也有学者认为：在西方各国，一般没有从法律上规定采访权。在英美的一些重要判例中，没有直接使用采访权的概念。在成文法国家的新闻法中，如法国、瑞典、芬兰、丹麦、希腊等国的新闻法，都没有规定新闻记者的采访权。一个例外是德国一些州的新闻法，规定了新闻记者的采访权……这其实是一种误解。因为，在有关国家的法律制度中，对采访权的表述诚如我们开篇所言，有时采用的是“获取、收集信息的自由”、有时采用的是“采访的自由”，但不论采用怎样的名称，都不能否认采访权的实际存在。事实上，在这些国家，对采访权的保护有着不同立法模式，无论是通过新闻自由包容采访权的方式，还是将采访权作为一种独立新闻权利，都对新闻采访权的规制与保护存有许多规定。

对于采访权的立法保护，许多国家是通过制定信息公开法的方式来进行的，如美国、挪威、法国、加拿大、澳大利亚、意大利、日本和英国等国。综合各国采访权立法现状，在对采访权实施保障的问题上，以采访权主体为主要区分，可以大致分为三种基本模式。

---

〔1〕 许加彪：《法治与自律——新闻采访权的边界与结构分析》，山东人民出版社2005年版，第2页。

（一）混同模式

即对采访权主体与言论自由、表达自由的主体不加区别地予以保护。这种模式有着悠久的传统。早在18世纪初，瑞典受英国在“光荣革命”中废除新闻检查制度的影响，制定了《新闻自由法》，该法在规定出版自由的同时，规定了普通市民和议员一样享有要求法院和政府公开有关官方文书的权利。

在美国，无论对于表达自由，还是信息自由，都是导源于宪法第一修正案中的宪法精神。美国的新闻法与美国的宪法精神一致，都是围绕新闻媒体的权利保障和责任约束来进行规范的。美国新闻法学家T. I. 爱默生在其专著《宪法修正案第一条的一般理论》（*Toward A General Theory of the First Amendment*）中，提出了表达自由的价值：保障个人自我实现；达到真理的认识；保障社会成员参加国家决策；维持社会稳定与均衡的手段。他的这一学说，对美国的新闻自由的立法产生了极大的促进作用。1967年美国国会通过了《信息自由法》（*Freedom of Information Act*），并于1974年得到联邦法院修订，该法是一部旨在促进联邦政府信息公开化的法律，虽然并没有针对新闻记者作出什么规定，但它为新闻记者的采访权提供了最为本质的保证。[1] 这一点，在《阳光法案》《隐私权法案》中都得到了体现。同时，学术界还提出了“接近和使用信息交流媒介的权利”（The right of access to Mass Media）。显然，在这些规范文件中，无论是宪法第一修正案，还是有关信息自由的种种法案，个人和新闻机构乃至新闻记者都有着相同或类似的权利。

与美国一样，英国从来没有出台过单独的新闻法。英国在还没有全面的信息公开法时，从20世纪80年代以来制定了《数据保护法》（*Data protection Act* 1984）、《地方自治体法》（*Local Government Act* 1985）、《个人资料查询法》（*Access to Personal Files Act* 1987）等，对信息公开和保护个人信息作了界定。媒体在英国不具有特殊的法律地位，新闻从业人员仅仅是从事非政府活动的个体公民，因此，适用于商业机构的法律，对新闻机构及其从业人员也同样适用。这一做法，是与英国的普通法传统一脉相承的。[2]

---

〔1〕 宋小卫：《美国〈情报自由法〉的立法历程》，《新闻与传播研究》1994年第2期。

〔2〕 Perry Kelly. The Media in Britain：Institutions，policies and laws. The British Council. 2001，P11.

（二）差别模式

这种模式是将采访权的主体与其他权利主体相区分，在强调采访权职业特征的基础上，强调对行使采访权的过程的规范。这种差别首先体现在将“记者”和“一般权利主体”相区分。如德国《行政手续法》规定，公民为了主张或者保护自己的法律利益有要求阅览有关文件的权利，《环境信息法》就人们自由获取、利用和传播政府拥有的环境信息作了规定。从这些条款中，似乎没有对记者和“公众”有任何法律上的区别对待。但因为德国的多个州都制定了新闻法，在这些新闻法中对“记者”与“公众”却有着明显区别。如德国各州的新闻传播法都规定国家和政府一切从业人员有义务向新闻记者等媒体代表提供有关信息。《德国北莱茵——威斯特伐利亚州新闻法》第4条规定：“（1）公众当局必须向新闻界……提供消息，以便新闻界履行公共职能。（2）禁止公共当局向一般新闻界或个别报刊提供情况的普通法令，均不为本法所接受。（3）报刊发行人可要求公共当局将官方通告在不晚于竞争者的情况下为之所用。”[1] 柏林《新闻法》第4条规定：“当新闻界能够表明自己是在履行公共职责的时候，官方有义务向新闻界的代表提供信息。除非：a. 涉及按保密条例规定必须保密的事务；b. 有关信息公布或者过早公布会损害或危及公众利益的事项；c. 信息传播使立法机构的政党活动受到妨碍、延误或危害；d. 触及应当受到保护的个人利益。”在各州立法中还有这样的精神，就是单个媒体单位有权向有关当局要求，提供给它的资料不得晚于同行业其他单位收到同样资料的时间。[2]

法国的新闻出版自由的确立是以《新闻自由法》为标志的。该法强调新闻出版活动应当遵守所有商业法规，体现了把新闻出版业纳入自由企业行列的精神。比较有特色的是，该法以“司法主导”代替了“行政主导”，就是判断新闻出版活动是否合法应当由法院来裁决，而不应该由政府官员说了算。[3]法国的新闻自由法，将传媒业当作“商业主体”，从而适用商业法规，其本质上是将“媒体及其从业人员”与作为宪法权利主体的普通公众相区分。因

---

〔1〕 许加彪：《法治与自律——新闻采访权的边界与结构分析》，山东人民出版社2005年版，第87页。

〔2〕 魏永征、张咏华、林琳：《西方传媒的法制、管理和自律》，中国人民大学出版社2003年版，第49—50页。

〔3〕 魏永征、张咏华、林琳：《西方传媒的法制、管理和自律》，中国人民大学出版社2003年版，第18—19页。

此，法国对采访权的规制模式，也可以认为是差别模式。

意大利1948年制定的《报纸法》，为新闻行业的活动制定了众多的基本而具体的规范，是意大利历史上第一部专门适用于新闻事业的成文法。1963年制定的第69号法令，其第2条规定了新闻记者所享有的权利和应承担的义务：记者享有获取信息的自由和提出批评的自由的权利，这种权利是不能受压制的。这种权利受到限制往往是为了让记者遵守保护他人的人格的法律条文。记者要承诺尊重事实的客观真实性，同时必须承担忠实与诚实的义务。不准确的信息要加以更正，可能错误的地方要加以纠正。记者和发行人必须遵守有关为他们的信息来源保守秘密的职业道德，这是信息来源的保密性质决定的。[1]

葡萄牙于1975年2月26日颁布了《新闻法》。该法首次提出了“新闻权”的概念，包括传播新闻和获取新闻的权利，具体表现为：从官方获取新闻的自由；保守职业秘密的自由；出版和传播的自由；经营自由；竞争自由。其中“新闻自由”是指：不受任何新闻检查，也无须经过批准、提供担保或预先授权而通过新闻表达思想的自由权利，只受本法、宪法和军事条款的约束；还包括对政治、社会和宗教理论，对法律和主权机构、公共管理机构的活动及其工作人员的表现进行讨论和批评的自由。该法还授权政府制定、监督实施《记者章程》；制定章程的目的在于从根本上保障记者在公共当局面前从事活动的权利，并规定他们的义务，确保其独立性。[2]

1991年12月27日，俄罗斯颁布《俄罗斯联邦大众传媒法》。该法第1条界定了“新闻媒体自由”的概念；第3条规定“禁止新闻审查”；第4条规定“不许滥用新闻自由”；第16条是对大众传媒“终止与暂停活动”的规定；第38条、第39条、第40条分别是对“获取信息权”“信息咨询”“拒绝和延期提供信息”的规定，这些规定对记者的采访权形成了强有力的保障。

在《俄罗斯联邦大众传媒法》第47条详细规定了新闻记者所享有的各项权利：（1）寻找、咨询、获取和传播信息；（2）采访国家机关和组织、企业、单位、社会团体或他们的新闻机构；（3）为采访信息接受公职人员的接

---

〔1〕 孙旭培：《新闻传播法学》，复旦大学出版社2008年版，第369页。
〔2〕 顾理平：《新闻法学》，中国广播电视出版社1999年版，第44—46页。

待；（4）可获取国家信息、商业信息或其他法律保护外的文件和资料；（5）在遵守本法律第42条第1部分的条件下，可以复制、发表、宣读或以别的方式制作文件或资料；（6）除法律规定的情况外，利用包括声像技术、电影和照相技术进行录制；（7）采访被特别保护的自然灾害、事故和灾难、公众骚乱和公民集会以及宣布为紧急状态的地区；参加集会和游行……（12）用笔名或不署名形式发表他所准备好的、自己签了字的信息和材料。

该法第48条还规定了传媒编辑部有向国家机关、组织、机构和社团派遣记者的权利。接待派遣的记者的机关、组织、机构、社团组织有责任预先向记者通报大会、会议和其他研讨，出具会议纪要、会议记录、会议和其他文件，提供便利的采访及写作条件。该法还对记者的责任、滥用记者职权的情形、违反大众传媒法的法律责任以及记者的免除责任进行了规定。“免除责任”规定了在6种情形下，编辑部、主编和记者不必为失实报道，诋毁公民或组织荣誉、侵害公民权益的作品，滥用新闻自由和记者权利而承担责任。此外，该法也对侵害大众信息自由的责任作了规定：侵害大众信息自由，即以各种方式阻挠公民、国家机关官员、组织、社团、大众传媒的创办者、编辑部、出版者、发行人，以及记者从事合法职业活动的行为。[1]

1998年蒙古国颁布的《新闻自由法》一共只有5条：

第一条　本法的宗旨在于保障在蒙古国宪法上所规定的人们自由表达看法，发表言论、出版和刊登等方面的自由。

第二条　禁止制定和通过有关控制新闻自由和新闻媒介的法律和法规。

第三条　禁止对新闻媒介进行监督。媒介对自己所刊登或播放的内容应负责任。禁止政府建立对媒介刊登或播放的信息进行监督的机构，并且禁止对此种行为进行拨款。

第四条　禁止建立政府国家媒介。

第五条　禁止国家政府拥有新闻媒介。[2]

在这些国家的相关立法中，显然是将“记者”与“公众”从法律规定

---

〔1〕李玮：《转型时期的俄罗斯大众传媒》，上海外语教育出版社2005年版。该书附录2《俄罗斯联邦大众传媒法》，该附录在修改、整理1998年版该法译文的基础上，译自2003年版《俄罗斯联邦大众传媒法》。

〔2〕此法由［蒙古］孟·图拉博士翻译成中文。转自孙旭培：《新闻传播法学》，复旦大学出版社2008年版，第100页。

上予以分别并给予了差别对待。在这些立法的背后透射着这样的立法理念：就采访权而言，因为这种权利关乎公众知情权，并且是公众知情权的制度化途径，自然应该予以立法的特别关注。这种关注，一方面意味着赋予采访权主体在信息收集、获取和传递中更多的权益，另一方面又对记者滥用采访权的行为加以更多的限制。

（三）特别保护模式

这种模式不仅规定了记者的权利与义务，而且也规定了对采访权主体的特别保护和种种行政优益权。

越南社会主义共和国《新闻法》于1999年9月1日实行。[1] 其第2条是对“保障新闻自由”的规定，第7条是对公权力机关提供信息的规定。该法第15条规定了“记者的权利与义务”。其权利包括“自由进行采访等新闻活动，且须对自己的行为承担法律责任；有权利拒绝报道、编辑不符合法律规定的新闻稿件；享受政府所规定的优待制度并且接受培训，提高业务水平；在工作范围内，受到法律保护。禁止任何个人威胁记者的生命安全，诽谤、侮辱记者的人格，破坏、没收合法记者的资料、新闻稿件、工具等财产”。而在记者的义务条款中，要求“报道国内外的事实情况应有利于人民和国家的利益。反映人民的意见和正当要求。维护新闻自由和公民言论自由……在报道非事实和不正确的新闻，诬告、诽谤、污蔑组织的威信、公民的人格时，记者有义务向组织或公民公开改正或道歉”。

其后，2002年4月26日颁布的越南《新闻法实施细则》中，其第8条就“新闻记者的权利”进行了具体说明：（1）新闻记者有权至各机关、团体、图书馆、博物馆、展览馆收集信息、查询文件和从事其他新闻活动。新闻记者至上述机关，只需出示记者证。国家机关不得拒绝为记者提供不属于保守国家秘密条例禁止提供的材料或文件……（3）新闻记者有权在法庭公开开庭时进行新闻采访、拍照、摄像和录音。法庭应为记者提供专门的席位，记者可以合法地采访法官与律师。（4）从事新闻活动时，新闻记者可优先购买火车、汽车和飞机票，并可优先拍发电报、文章和图片及音像制品、光盘和其他新闻作品。（5）……新闻记者、新闻机构的各种交通工具享有交

---

〔1〕 孙旭培：《新闻传播法学》，复旦大学出版社2008年版，第100页。

通费的豁免及在交通堵塞时优先通行。

波兰人民共和国于1984年1月26日通过的《新闻法》，虽然已经失效，但其关于记者权利义务的规定，特别是关于采访权保障的规定是非常有特色的。该法第4条规定：(1) 国家机关、国营企业、其他国家组织单位和从事社会经济活动的合作社组织，以及进行自负盈亏经济活动的个人均有义务向新闻机关提供有关自己活动的材料。(2) 只有维护国家机密、业务机密和其他受法律保护的机密时，才可拒绝提供有关自己活动的材料。(3) 拒绝提供材料的通知书应按主编之要求，在三天内用书面形式通知有关的编辑部。在拒绝通知书上，应该注明拒绝提供材料的机关、组织单位和个人，拒绝的日期，拒绝所涉及的编辑部，说明所拒绝提供的材料以及拒绝的理由。(4) 本条第三款所涉及的拒绝如未达到规定之要求，可根据行政法院的有关规定在一个月内向最高行政法院起诉。(5) 本条第一款至第四款规定适用于工会、自治机构、完成国家行政机关委托任务的机构、从事其他类似于公关事务的机构和其他社会组织。(6) 本条第三款、第四款不适用于国家政权机关和司法部门。该法第11条规定了记者获取新闻材料的权利：(1) 记者有获悉第4条所规定的材料。(2) 单位的领导人及其助手、新闻发言人或其他受权在这方面的负责者，有义务提供本单位的材料。(3) 单位领导人应为记者与职工接触提供方便，为记者自由地在职工中间收集材料和意见提供条件。(4) 部长会议以命令的方式确定使新闻机关获取材料的方式，以及国家行政机构和组织的新闻发言人在这方面的任务。该法第13条至第16条还详细规定了记者在收集和使用新闻材料以及采访报道时必须注意的事项。这些规定为记者进行采访活动提供了明确的界限。

对采访权主体的特别保护，在有关的国际公约中也有体现。如1949年8月12日通过的《日内瓦公约》关于保护国际武装冲突受害者的附加议定书中，有一项关于保护新闻人员的条款，规定在武装冲突地区从事危险的专业任务的新闻人员，应该被视为平民，并且在某些条件下，应当作为平民而受到保护。[1] 此处，尽管是将新闻记者视为“平民”，但因为该公约的基本精神在于为战争中的平民提供特别保护，因此，就采访权而言，其实质亦在于对采访权的主体提供特别保护。

从对采访权立法规制的三种模式中可见，各国对采访权的规制与保护是

---

〔1〕 许加彪：《法治与自律——新闻采访权的边界与结构分析》，山东人民出版社2005年版，第3页。

有着相当大的差异的。造成这种差异的原因，既是各国立法机关对采访权的不同认识的结果，也是各国对采访权采取不同的立法态度的结果。一般而言，对采访权采行混同模式的国家，其对采访权的规定，大多需要从宪法性文件中或有关信息自由的规定中加以分析和把握；而采行差别模式的国家，大多单独制定了相应的新闻自由法或者是大众传媒法，媒介及其从业人员是其主要的规制对象；而对采访权采取特别保护的国家，一般意味着制定和通过了专门的新闻法，并且，在其新闻法中对记者的权利和义务有明确的规定，在这些法案中，采访权是其中的应有之义。

二、新闻采访权立法现状及其完善

据不完全统计，我国目前与新闻传播有关的基本法律、法规有 27 件，行政法规有 29 件，部门规章有 30 件，有关司法解释有 11 件，其他规范性文件有 25 件。[1] 作为社会主义法律一部分的新闻法规散见于民法、刑法、诉讼法、著作权法、保密法、未成年人保护法、消费者权益保护法等有关条文之中。许多行政法规、规章，如《出版管理条例》以及有关司法解释等都有相关新闻传播的法律规范。这些法律规范是新闻事业重要的法律准则和司法依据，是新闻记者合法权益的渊源和保障。然而，这些法律规范对采访权的保护却并不尽如人意，采访受到重重阻挠、采访器材被夺走甚至损坏、记者采访过程中遭到伤害等现实便是很好的例证。因此，在仔细梳理有关采访权现有法律渊源的基础上，寻求保护采访权的立法原则与思路，或可为采访权的保障与规制提供些微管见。

（一）采访权的规范渊源

关于采访权的法源，学界一般是通过对有关法律规范的梳理和推论，来作为采访权的法律依据的。在这些渊源之中，按照规范层次而言，可以分为这样几类：

1. 宪法

有学者指出，宪法关于人民主权的规定，关于知情权、监督权、批评建

---

〔1〕 张大昕：《试论新闻记者权利的法律地位》，《城市党报研究》2002 年第 5 期。

议权的规定，关于言论自由、出版自由的规定等都内涵了采访权的宪法渊源，为采访权提供了宪法依据。就宪法条文而言，主要关涉宪法第2条、第22条、第27条、第35条、第41条、第47条、第51条。“这些规定实际上已经包含了公民的知情权；公民如果不享有知悉国家、社会事务的权利，所谓的参政议政权也就无法落到实处。因此，知情权在我国虽然还不是法定权利，却是可以从《宪法》的规定中推理出来的权利。既然知情权可以从《宪法》规定中合理推出，作为知情权演绎权利的采访权，其合法性自然不证自明。”[1] 也有学者以宪法第27条、第41条为依据提出，采访权源于宪法规定的知情权，是知情权的具体化。同时，采访权也是公众履行监督权得以实现的重要途径，因此公权力机关作为采访对象时，有主动接受采访的义务和积极主动向其提供有关信息的义务。[2] 另有学者则更加集中地将采访权作为行使监督权的必要手段，“采访权的问题已经成了舆论监督的一个关键”。并指出宪法第35条、第41条明确规定公民有言论自由、批评建议、申诉控告权利，以及中国政府在1998年10月签署《公民权利和政治权利国际公约》，充分肯定人人有自由表达意见的权利。这些都能引申出舆论监督权，实际上肯定了记者的合法采访权。[3]

2. 国际条约

1998年10月，我国政府签署了《公民权利和政治权利国际公约》。该公约第19条第2款规定，“人人有自由发表意见的权利；此项权利包括寻求、接受和传递各种消息和思想的自由，而不论国界，也不论口头的、书面的、印刷的、采取艺术形式的或通过他所选择的任何媒介”。在一些学者看来，该公约的这一条款中包含有关于采访权的规定。无论是寻求消息、接受消息还是传递消息，新闻媒体都是其中的最为重要的载体，并且其中还含有“采访不分国界”的规范意义在其中。与此同时，在该条的规定中，也认可不同国家可基于国家安全和公共秩序等原则对采访行为予以限制。

3. 法律

有学者认为，我国法律已经为采访行为提供了特别规定。如我国突发事件应对法中对媒体在突发事件中的真实报道与舆论监督进行了肯定。民法、

---

〔1〕 陈建云：《采访权与政府信息公开——从我国首例记者起诉政府部门信息不公开案件谈起》，《新闻记者》2006年第10期。

〔2〕 徐芳、李俊良：《新闻记者采访权初探》，《当代法学》2002年第11期。

〔3〕 陈翔：《关于采访权的几点思考》，《新闻界》2001年第5期。

刑法、著作权法、广告法、反不正当竞争法、消费者权益保护法等法律中也有有关新闻报道的条文。在这些法律之中，既有对采访权的确认和保障，如在2002年6月颁布的安全生产法中明确规定：“新闻、出版、广播、电视等单位有进行安全生产宣传教育的义务，有对违反安全生产法律、法规的行为进行舆论监督的权利。”也有对采访内容的限定和规制，如保守国家秘密法第27条规定：“报刊、图书、音像制品、电子出版物的编辑、出版、印制、发行，广播节目、电视节目、电影的制作和播放，互联网、移动通信网等公共信息网络及其他传媒的信息编辑、发布，应当遵守有关保密规定。”该条意味着采访权行使的法律限制，也就是说，当采访行为涉及国家秘密时，或者不能对之加以报道，或者其收集获取信息的行为需要遵守有关法定程序。还有对采访对象与采访方式的限制，如在未成年人保护法第58条规定：“对未成年人犯罪案件，新闻报道、影视节目、公开出版物、网络等不得披露该未成年人的姓名、住所、照片、图像以及可能推断出该未成年人的资料。”

4. 行政法规

行政法规主要包括《中华人民共和国政府信息公开条例》《出版管理条例》等法规中的原则性规定，这些规范对新闻机构设立及记者持证上岗，出版内容以及广告管理和经营的行为都作出了规定。

2011年3月修订后实行的《出版管理条例》第5条规定，公民依法行使出版自由的权利，各级人民政府应当予以保障；第23条指出，公民可以依照本条例规定，在出版物上自由表达自己对国家事务、经济和文化事业、社会事务的见解和意愿，自由发表自己从事科学研究、文学艺术创造和其他文化活动的成果。对于采访权的保障最为明确的规范当属《中华人民共和国政府信息公开条例》。在政府信息公开条例中，对信息公开的范围、公开方式和程序、信息公开的监督和保障都作出了规定，为采访权提供了非常有力的保障。政府信息公开条例本质上是对行政权力在信息公开问题上的一种约束，虽然其在信息公开的许多方面仍然存有不足，但这些不足丝毫不影响其积极意义。在该条例的支撑下，新闻记者对于哪些信息可以明确获取、对于哪些信息不能获取、对于获取信息的步骤与时限等问题都有了规范保障。

5. 地方性法规

有关采访权的地方性法规，近几年来呈现出雨后春笋的景象。如河北省人大常委会1996年9月11日颁布的《河北省新闻工作管理条例》第21条第1款规定："新闻记者依法执行职务，受法律保护。"并且该条第4款规定："新闻记者执行采访任务时，在购买车票、机票、船票和通讯、住宿方面，可以享有优先权。"这是对记者采访权及其优益权最为明确的规定。有的地方性规范则对采访权受阻进行了规定。如2003年12月26日，《深圳市预防职务犯罪条例》草案初稿就涉及对记者权利的具体规定："新闻记者在预防职务犯罪采访工作过程中享有知情权、无过错合理怀疑权、批评建议权和人身安全权，任何单位和履行职务的人员应当配合、支持，自觉接受新闻媒体的监督。"1997年4月，安徽省人大常委会通过了《安徽省行政执法监督检查办法》，该办法规定：行政执法机关和授权组织应接受舆论监督和人民群众的监督，对报刊、广播、电视等新闻媒体报道的以及公民、法人和其他组织检举、控告的违法行政行为，应当及时进行查处。

6. 规章与有关政府文件

关于最早规制新闻采访权的部门规章，可以追溯到1950年4月公布的《中央人民政府新闻总署关于改进报纸工作的决定》第4条的具体规定："报纸对政府机关及其工作人员，经济组织及其工作人员的工作中的缺点和错误，应负批评的责任……"这是政府主管部门的决定，至今仍具有法律的效力。其后，在《报纸管理暂行规定》（后修改为《报纸出版管理规定》，于2005年12月起施行）、《新闻出版保密规定》《报社记者站管理办法》《互联网出版管理暂行规定》等规章中，也对采访权问题有所涉及。

在地方政府规章中，也开始对新闻报道、新闻采访权问题有所关涉。2001年10月，安徽阜阳市政府制定了《阜阳市新闻曝光案件追查办法》，要求各级人民政府有关单位和个人应当密切配合新闻单位的调查采访，不得拒绝、抵制、隐瞒；新闻曝光案件涉及的单位和个人不得以任何借口和手段阻挠、妨碍追查，更不得对新闻单位和记者、反映情况的人和督查人员打击报复。[1] 2003年12月26日，《深圳市预防职务犯罪条例》草案初稿公布，其中就涉及对记者权利的具体规定："新闻记者在预防职务犯罪采访工作过程中享有知情权、无过错合理怀疑权、批评建议权和人身安全权，任何单位和

---

〔1〕 许加彪：《法治与自律——新闻采访权的边界与结构分析》，山东人民出版社2005年版，第114页。

履行职务的人员应当配合、支持，自觉接受新闻媒体的监督。”新疆伊宁市自2003年4月1日起正式实施的《关于不得拒绝新闻媒体采访的若干规定》，对新闻采访实行首问负责制，面对记者的提问，采访对象不得“无可奉告”“各部门、各单位应积极配合记者进行采访报道和舆论监督，不得以任何借口拒绝新闻采访，更不得出现辱骂、推搡记者及没收、损坏器材等不文明的过激行为”。尽管这些规范是基于排除采访权行使中的制约因素，但就新闻舆论监督的现实而论，来自一些地方政府和部门的阻力的确是采访权面临的最大羁绊，如果能逐一地排除这些羁绊，无疑有助于采访权的合法行使。

2009年11月1日，昆明市出台了一个涉及保护记者采访权、舆论监督权的地方法规：《昆明市预防职务犯罪工作条例》。该条例明确规定，“干扰、阻碍新闻媒体依法开展舆论监督的，对负有领导责任的主管人员和其他直接责任人员予以问责直至追究刑事责任”。

7. 司法解释

最高人民法院的一些司法解释，尽管并不是以保障采访权为目的，但其也间接地为采访权提供了保护。根据1993年《最高人民法院关于审理名誉权案件若干问题的解答》第8条的规定，撰写发表批评文章反映的问题基本真实，没有侮辱他人人格的内容的，不应认定侵害他人名誉权。1998年《最高人民法院关于审理名誉权案件若干问题的解释》第6条又规定：“新闻单位根据国家机关依职权制作的公开的文书和实施的公开的职权行为所作的报道，其报道客观准确的，不应当认定为侵害他人名誉权……”这些规定被称为新闻记者的“特许权”“抗辩权”“免责权”。也有人持相反观点，认为这些条款与其说是为了对采访权进行诊视，不如说是为法院审理新闻诉讼案件提供适用依据。同时，《最高人民法院关于审理非法出版物刑事案件具体应用法律若干问题的解释》通过对非法出版物的界定，也等于间接明确了采访权合法行使的界限。

8. 其他渊源

这里的其他渊源是指非成文法的有关渊源，这些渊源虽然没有明确的条文依据，但对司法以及未来的立法具有指引作用。这一类渊源也应该是有关采访权的渊源形式。1998年12月，第九届全国人大常委会委员长李鹏在一次与德国记者谈话时表示，中国将会制定一部符合中国国情需要的新闻法。2001年

1月，时任最高人民法院院长肖扬在与媒体座谈时提出了六点意见。[1] 2003年1月，肖扬又表示，新闻媒体作为反映人民群众意志和呼声的管道和窗口，在实现社会公平和正义的过程中，可以发挥巨大的威力和重要的影响力；人民法院将坚决依法惩罚那些侵害新闻机构和新闻记者人身权利、民主权利和合法权益的违法犯罪行为，通过法律手段保护新闻单位和新闻记者的采访权和舆论监督权。[2] 云南省高级人民法院2003年6月宣布，今后记者采访中遇到围攻、殴打、伤及人身权利时，人民法院应对违法者依法惩处，坚决为记者提供司法保护。如2004年1月16日，针对新华社记者在浙江临海采访受阻遭群殴事件，中共浙江省委办公厅发出通知："新闻工作者开展合法的新闻采访、报道活动是其职责所在，其合法权益应当受到尊重、支持和保护。"[3]

在此期间，1999年8月16日，根据《新闻出版署关于非新闻出版机构不得从事与报刊有关活动的通知》第1条的规定，经国家批准设立的新闻出版机构，有权依法从事新闻出版、采访、报道等活动，其他普通公民则没有此项权利。这一条也被解释成采访权仅为特定的经过审批设立的机构所拥有的法定规范。新闻出版署《报刊刊载虚假、失实报道处理办法》可以看作是对采访权违法行使的有关规定。

2006年初国务院出台了《国家突发公共事件总体应急预案》，将突发公共事件分为：自然灾害、事故灾难、公共卫生事件、社会安全事件四类，其中对"信息发布"这样规定，"突发公共事件的信息发布应当及时、准确、客观、全面。事件发生的第一时间要向社会发布简要信息，随后发布初步核实情况、政府应对措施和公众防范措施等，并根据事件处置情况做好后续发布工作。信息发布形式主要包括授权发布、散发新闻稿、组织报道、接受记者采访、举行新闻发布会等"。

---

〔1〕 2001年1月27日，时任最高人民法院院长肖扬在中央新闻单位座谈会上，就人民法院支持保护新闻舆论监督提出六条要求：（1）新闻记者在采访中遇到围攻、殴打、伤及人身权利时，人民法院应对违法者依法惩处，坚决为新闻记者提供司法保护；（2）对那些存在问题又不正视，反而阻挠记者采访，侵害记者采访权的，人民法院应对记者的权益予以司法保护；（3）对新闻单位和记者的一切合法权益，人民法院依法给予保护；（4）新闻单位和被批评者发生纠纷时，人民法院应在坚持以事实为依据，以法律为准绳，公正裁判的基础上，尽量采取调解方式解决，依法保护新闻单位的名誉权；（5）新闻记者在进行舆论监督时，被诬告、陷害、攻击的，人民法院应该坚决保护记者的正当权益；（6）新闻记者对法院工作特别是审判工作的采访，各级法院要积极配合，尽量提供方便和保护，不应阻挠记者的正常采访。

〔2〕《文汇报》2003年1月28日。

〔3〕 宋会平：《记者采访权的两种内涵界定》，《新闻前沿》2007年第3期。

同时，在有关新闻职业道德的规定中，也有着采访权的渊源。根据《中国新闻工作者职业道德准则》的规定，应维护宪法规定的公民权利，不揭人隐私，不诽谤他人，要通过合法和正当的手段获取新闻，尊重被采访者的声明和正当要求。这个职业道德准则是行业自律，但它对职业采访的指导和制约作用是明显的。因此，也是采访权的渊源形式。

（二）采访权立法的不足与缺陷

从1987年中共十三大提出制定新闻出版法以来，我国第七届、第八届全国人大常委会都曾将新闻法列入立法规划，新闻出版署、中国社科院等单位也相继分别起草了三部新闻法（建议稿），但由于种种原因，直到今天，新闻法仍然没能出台。然而，学界关于新闻立法的呼吁却一直未曾停歇。

尽管一般地看来，从前述规范性文件中不难梳理出采访权的规范表达，然而，众多论者显然均不满足于这种零散分布的现状。而从新闻实践的现实而言，也的确期待能有比较系统地对采访权进行规制与保护的规范依据。总而言之，采访权立法的现状存在以下几个方面的明显不足。

（1）对新闻采访权实施立法规制的意识不足。近年来，记者采访权问题日渐突出，在一些记者被打和遭到伤害的事件中，尽管许多情节常常令人愤慨，但就立法层面而言，大多是呼吁的多，行动的少。这种状况，不仅在新闻机构和新闻从业人员中寻求立法保护和规制的意识比较弱，就是新闻机构和新闻记者的管理部门，也更多地希望从加强管理的角度制定出系列管理规定，觉得对采访权的保护需要“慢慢来”。这种立法意识的缺乏，一定程度上影响了采访权立法进程。

（2）采访权规范散落在众多规范性文件之中，这些规范之间的逻辑并不紧密，总体上没有明确的新闻采访权立法。如前所述，在从宪法、法律、行政法规到地方性法规甚至规章中，的确有一些关于采访权的规范存在，只是这些规范大多处于“分立”的状态，或者大多是基于对其他法益的保障而成型的。比如未成年人保护法和妇女权益保障法中有关新闻采访权的条款，其实质并不是为了保护采访权，而是寄望于舆论监督的方式为未成年人的权益和妇女权益提供更多保障；在消费者权益保护法中，也是为了使消费者权益得到更好保障而规定了有关知情权、监督权的规范。这些规范既不是以采访权的规制和保护为立法目的，则自然也难以真正对采访权提供有力保障和规制。

（3）新闻采访权与众多宪法基本权利有着关联，这种关联若没有在法律上得到明确，那么采访权与众多基本权利的关联就无法得到体现。正如有学者所指出的，当记者的新闻采访权遭到阻挠和侵害时，记者只能出于对人身权的保护寻求法律保护；情节轻微的适用治安管理处罚法有关条款来处罚，只有情节严重的才适用刑法。因此，当记者在对不法行为和现象进行报道采访时，出于对人身安全的考虑，记者本人甚至其所在的新闻机构会主动放弃采访。新闻立法的缺位导致记者的新闻采访权遭受侵犯的现象屡见不鲜。〔1〕

（4）现有法律、法规中对新闻采访的授权性规范少，禁止性规范多。现有的法律、法规中大量规定记者不能做什么，而对于记者能做什么却没有明文规定。有学者指出："对新闻传播活动的禁止性规范非常完备，而授权性规范则比较薄弱。在禁止性规范中，例如关于维护国家安全的规范，关于保守国家秘密的规范，以及关于禁'黄'的规范，等等，都是从宪法条款到基本法律条款或专门法律乃至司法解释、行政法规、规章等加以规定，形成完整的体系，足以防范新闻活动中可能出现的有害倾向……相对而言，对新闻活动主体的授权性规范，则不够完备，主要表现在一些权利还没有进入法律范畴。"〔2〕

（5）我国现行法律中，对记者采访行为的规范没有体现出记者职业的特殊性。这种权利内容不平衡的状况，导致记者在采访权受到不法侵害渴望得到法律救济时，司法机关因缺乏明确的法律依据而往往显得无能为力，客观上放纵了干扰记者正常合法采访活动的行为。〔3〕不仅如此，有学者还指出，"（已有的）这些法规条例很多是限于当下现实的、跟进式的、具体微观的调控法规或单行条例，缺乏具有前瞻性、稳定性、权威抽象的法律法规。许多法规条例是党和政府根据当时的现实需要对新闻传播中的特定问题进行规定，在实际执行过程中不可避免地呈现出短期效应的特点"。〔4〕

以上这些缺陷的存在，一方面导致了对采访权的肤浅认识，另一方面也

〔1〕罗颖凤：《记者与新闻采访权》，《东南传播》2006年第11期。

〔2〕孙旭培：《新闻传播法学》，复旦大学出版社2008年版，第65页。

〔3〕徐芳、李俊良：《新闻记者采访权初探》，《当代法学》2002年第11期。

〔4〕孙旭培：《新闻传播法学》，复旦大学出版社2008年版，第65页。

导致了对采访权保护的乏力，并使得采访权立法呈现出“规制较多、保护较少”的取向。这些不足之处，在未来的采访权立法中无疑是需要着力改进的。

（三）构建采访权制度的原则和思路

有学者提出，“我国是成文法传统的国家而没有成文的新闻法，这是新闻自由权得不到切实保障的最直接原因。要改变这种现状，最根本最有效的办法，就是构建一部完整的、以保护新闻传媒及其从业人员合法工作权利为主要内容的新闻法”。[1] 对采访权的立法保护，需要在明晰采访权法性质的基础上，依据一定的原则而行。在我们看来，未来的新闻记者法需要依循以下原则。

（1）凸显新闻采访权的职业特征。新闻采访权是一种职业化特征非常显著的权利，无论是对其保护还是规制，自然需要彰显这种特征。然而，现有的关于采访权的种种规范，并没有将这种职业特征纳入视野之中。“我国的立法趋势，是把新闻工作者视为普通公民的，例如关于法庭中记者权利的变化（从允许摄影到不允许摄影）、关于证券法中记者地位的变化（从认定为内情人到否定其为内情人），等等。”[2] 并且指出，这一立法取向需要有所改变，以利于对记者的采访权实施有效保障和约束。就采访权的职业特征而言，需要在相关立法中明确其职业定位、职业准入与职业保障。可以考虑的策略是，或者在新闻法中通过专门章节来对采访权进行规范，或者通过专门的新闻记者法，将采访权作为记者最为重要的职业权利加以明晰。

（2）明确记者采访权，并赋予更多授权性内容。首先，是媒介和记者在我国社会生活中的重要地位的需要。在我国，新闻事业是党的事业的组成部分，担负着传播新闻、舆论监督等重要社会职责。新闻记者通过合法的采访行为，可使公民了解公共事务及与个人利益相关信息的愿望得以实现。明确记者的采访权并赋予更多内容，符合我国宪法关于公民基本权利的最高准则，最终受益的是社会公众。其次，也是记者职业特性的需要。记者所作的新闻报道，既可以是褒扬先进的正面报道，也可以是揭露丑恶、批评不良行为的反面报道，而后者极易形成一定的冲突和对抗。在法律上如不明确采访

---

〔1〕 张诗蒂等编：《新闻法新探》，四川大学出版社 2008 年版，第 284 页。

〔2〕 陈力丹：《谈谈记者的采访权利和责任》，《新闻传播》2001 年第 5 期。

权，记者的采访报道职责就可能无法完成，不利于我国新闻事业的良性发展。最后，还是司法解决新闻纠纷的需要。由于我国还没有专门的新闻记者法，对采访行为的法律规范散落在民法通则等数个不同的法律文件中，这使得涉及新闻纠纷案件的审理标准不一，畸轻畸重，一定程度影响了人们对法律的信任与依赖。

（3）保护与规制并行。对采访权的保护，恰恰是在对采访权进行规制的基础上进行的，只有这样，才能既享受采访权所产生的对众多基本权利的法益，也能将记者采访权限定在一个比较合理的范围内。在新闻实践中，记者采访权遭到侵犯的情形时有发生，但同时，记者滥用采访权的行为也并不鲜见，因此，在强调对记者采访权保护的同时，绝对不能忽视对采访权的规制。有学者提出，在遵守新闻规律的前提下，把“采访权”作为记者必须负起的责任，并加以法律的约束，这样才能保证媒体在各个方面有所作为和有序运行。“对重大社会预警信息，传媒机构相关人员如知情不报、缓报或故意谎报的，应给予惩罚……建立科学高效的社会预警系统，从根本上提高我国对国家、地区乃至全球稳定状态的总体识别、定量诊断和综合应对能力，是现实的迫切要求，也是历史赋予我们的重任。传媒作为一个特殊的行业和部门，应投身其中，有所作为，不辱使命。”〔1〕

（4）渐进扩展原则。不容否认，对采访权实施保障的目的，最终会扩及对新闻自由的确认和保障。我们选择以采访权的规制和保障作为切入口，也是希望借由一种渐进的路径逐步推行。“由于新闻自由是公众知情权的主要实现途径，所以应当从保障公众尤其是新闻界的知情权出发，先制定几部关于公共事务公开的法律，比如，可首先制定《政务公开条例》《人民代表大会公开办法》《检察事务公开办法》《司法审判公开办法》等，在立法、司法等领域实行适度公开制度以保障舆论监督权。”〔2〕笔者认为，比较现实的考虑是，在当下，通过对采访权实施规制和保障，其实可以以强化新闻媒体的舆论监督权为宗旨。通过这种舆论监督力度的加强，很大程度上能够形成对行政权力的监督，从而促使行政权力合法运行。这无论对于民众权益的保障，还是对于法治进程的推动，都是有着深远影响的。

---

〔1〕宋会平：《记者采访权的两种内涵界定》，《新闻前沿》2007 年第 3 期。

〔2〕阚敬侠：《论我国的舆论监督法律制度》，《新闻记者》2000 年第 4 期。

三、渐进而行：以新闻记者法推动新闻立法

自20世纪80年代以来，屡有人士倡议制定新闻法，一批学者开始研究新闻法的各个方面，有关新闻法草案也是几度提起，又几度搁浅。而近年来，随着文化体制改革的深入，新闻媒体的功能与定位都“悄悄地在变”，媒体逐步走向市场化运作，其在承担者党和政府喉舌的同时，也开始肩负起维护公众合法权益的职责。与此伴随的是，种种有关媒体的法律问题日渐突出，新闻诽谤、记者被打、虚假新闻、新闻纠纷、新闻诈骗等问题层出不穷。然而，在牵涉到这些问题时，却缺少相应的法律支撑。比如在“北京纸馅包子案”中[1]，法院以“损害商品声誉罪”对当事记者进行了处罚，从而遭到了多种质疑。[2] 诚然，我国政府信息公开条例本认为是新闻媒体的重大利好，但通读全文，似乎其立法旨意并不是为了新闻媒体，同时，侵权责任法中新闻侵权的缺位，则又在许多人心中留下了遗憾。因此，从现实到规范，都在迫切呼唤新闻法的出台。

（一）以新闻记者法作为新闻立法的突破口

在新闻立法的过程中，如何打消疑虑，如何及时推出立法，不仅仅是一个立法技术的问题，也牵涉到立法的策略问题。就此而论，对于新闻立法，在我们看来，也需要寻求一个比较可行的突破口，这样或许能以一种渐进的立法策略来推动新闻法制进程，而新闻记者法或许不失为一个可行的选择。

---

〔1〕 2007年6月，被告人訾某在担任北京电视台生活节目中心“透明度”栏目临时工作人员期间，通过查访，在未发现有人制作、出售肉馅内掺纸的包子的情况下，为显示工作业绩，纠集无业人员张沄江（另行处理），携带密拍设备、纸箱及购买的面粉、肉馅等，以喂狗为由，要求制作早餐包子的卫某等人将浸泡后的纸箱板剁碎掺入肉馅，制作了20余个“纸馅包子”。与此同时，訾某密拍了卫某等人制作“纸馅包子”的过程。在节目后期制作中，訾某采用剪辑画面、虚假配音等方法，编辑制作了虚假电视专题片《纸做的包子》播出带，并隐瞒事实真相，使该虚假电视节目于同年7月8日在北京电视台生活频道“透明度”栏目播出，造成恶劣影响，严重损害了相关行业商品的声誉。2007年8月12日，法院经审理依法判决被告人訾某犯损害商品声誉罪，判处其有期徒刑一年，并处罚金人民币1000元。

〔2〕 我国的法律规范中只有“公民、法人享有名誉权”的提法，就“损害商品声誉罪”本身，新闻记者是不可以作为其犯罪主体的。在此案中，记者通过虚假新闻的方式，本质是滥用采访权的行为，是对公众知情权的侵犯。在具体案例中，法院通过牵强附会的方式寻求法律规范支撑，恰恰表明对新闻媒体及其工作人员的有关行为，需要以独立的立法来予以规制。

在具体的新闻实践中，众多新闻纠纷都与记者的采访报道有关。这至少包括了这样一些方面：其一，记者在新闻采写过程中的权利保障。如我们在前文中所列举的，近年来，随着舆论监督的深入，记者采访过程中遭到拒绝、封堵乃至暴力侵犯的事件时有发生。显然，针对记者采访权的侵权行为，的确有必要与一般的民事侵权行为相分离，因为其本身就具有不同的法律意义。比如，同样是摔相机的行为，张三摔李四相机的行为肯定与某人摔记者相机的行为不同，侵犯的也是不同的法益。其二，记者滥用采访权的问题。一方面，记者滥用采访权，借舆论监督之名，对有关新闻当事人实施敲诈勒索等现象时有存在；另一方面，有关新闻当事人，通过“封口费”“好处费”等方式希望记者能在有关报道上“高抬贵手”“举重若轻”。其三，记者与媒体之间、媒体与行政管理当局之间，也会因为劳资关系、记者定位、记者证发放、行政处罚等问题发生纠纷。这在《财经时报》诉内蒙古自治区新闻出版局案件[1]中已经有所体现……这些方面都表明，如何确定采访权的性质与定位、采访权的界限，如何对采访权加以规制和保障等都是十分紧迫的问题。

此外，新闻记者法的制定，能够有效增进新闻媒体的信息发布与传递，能有效增强媒体的监督功能，从而更好地为公众知情权、监督权的实现提供保障。比如，以新闻记者法的方式，可以更好地督促媒体发挥其功效，又可以通过约束记者个人的采访行为，有效防范媒体所发生的种种“负效应”。

（二）新闻记者立法有相对比较成熟的经验

在我国，最早的报纸为“邸报”“犹今日传达消息之各省驻京代表办事处”。[2] 显然，其时邸报的“记者”本就是官方人员，遵循官制，自然也是以官员规范为行为标准。

直到清朝政府实行“新政”后，“报禁”开放，民众在事实上获得了一

〔1〕 2008年7月11日，《财经时报》发表了《农行常德分行46亿巨额不良资产剥离真相》的文章。正因为这篇文章，2008年9月8日，内蒙古自治区新闻出版局对《财经时报》作出了停业整顿三个月的处罚。理由是《财经时报》“违反了媒体不得异地监督，重大、敏感新闻稿件刊登前须与被报道方进一步核实、交换意见等新闻宣传纪律，导致所刊登报道失当，造成不良影响”。但该文的作者崔帆认为这一处罚理由不成立，于10月29日将内蒙古自治区新闻出版局告上法庭，要求法庭撤销内蒙古自治区新闻出版局对《财经时报》的处罚，并对原告赔礼道歉，赔偿精神损失人民币1元。

〔2〕 戈公振：《中国报学史》，上海古籍出版社2003年版，第34页。

定的言论出版自由权利。自1905年起，民间报馆开始被允许现场采访大规模军事演习。1907年，经清廷民政部批准，司法审判庭特为记者添设旁听专席。1909年，各省谘议局先后成立，均明文规定记者可以旁听议员辩论。1911年，资政院召开首次会议，20余名记者被允许与会采访。[1] 1943年曾公布《新闻记者法》，其第1条指出，"本法所称新闻记者，谓在日报社或通讯社担任发行人、撰述、编辑、采访或主办发行及广告之人"。对此，我国台湾地区有学者认为，把发行人、撰述、发行和广告四类人归于新闻记者范围内，似欠允当；新闻记者大致包括编辑、采访、翻译、主笔以及摄影。[2]

2005年3月，我国《新闻记者证管理办法》正式开始实施。在该办法中，除了总则与附则外，主要涉及记者证的审核与发放、使用与更换、监督与责任。尽管这是一个"管理办法"，但在一定程度上也是对记者权益的一种确认和保障。比如，其规定："新闻记者证持有者从事新闻采访的合法权益受法律保护。""新闻记者证持有者应遵守有关法律规定和新闻职业道德，不得以新闻报道为名从事有偿新闻、强拉广告或者向采访对象索取不正当利益。"2009年8月24日，新闻出版总署公布了经修订的《新闻记者证管理办法》，增加了新闻记者定义及权益保护相关内容，进一步强化对新闻记者职业规范要求，明确非新闻机构组织及人员不得以新闻采访为名开展活动。

在一些地方性规范文件中，对记者证的规范还要早。例如：1999年11月，河北省第八届人民代表大会常务委员会通过的《河北省新闻工作管理条例》第20条指出，新闻记者进行采访时，应当出示记者证；不出示记者证的，被采访者可以拒绝采访。这一规定，将记者证的规范延伸到了具体采访行为。2000年7月1日，海南省委宣传部等有关单位下发《中共海南省委宣传部、海南省文化广电出版体育厅关于新闻采访必须出示证件和禁止"有偿新闻"的通告》。其第1条指出，新闻记者采访必须出示新闻出版署统一制作，省新闻出版发行管理部门核发的《记者证》或《特约记者证》，应出示新闻单位开具的采访介绍信；被采访单位和个人有权要求记者出示证件，否则可拒绝采访。

在对待外国记者和媒体方面，1990年我国国务院颁布了《外国记者和外国常驻新闻机构管理条例》。其对外国记者采访有两个方面的限制：一是被

---

〔1〕 黄瑚：《中国近代新闻法制史论》，复旦大学出版社1999年版，第95—96页。
〔2〕 尤英夫：《新闻法论（下）》，三民书局1994年版，第147页。

同意派遣的记者只能进入向外国记者开放的区域；二是外国记者采访中国的政府部门或者其他单位，应当通过有关外事部门申请，并经同意。这本质上是一个以外国记者和常驻新闻机构的行政法规，对外国记者采访权的行使范围和程序作出的规定。2007 年 1 月 1 日，国务院公布实施了《北京奥运会及其筹备期间外国记者在华采访规定》（以下简称《规定》）。该《规定》第 6 条规定："外国记者在华采访，只需征得被采访单位和个人的同意。""由于'被采访单位和个人'并没有限制活动区域，所以，外国记者采访不再有所谓'开放区域'的限制，外国记者可以在'中国境内'任何地区进行采访；也不需要经过'有关外事部门'的同意。"[1]

可以说，我国的《新闻记者证管理办法》，本就是对记者采访行为的一种规范，离新闻记者法的距离已经非常小了。诚然，从权利的视角而论，记者证管理办法注重的是"管理"，而新闻记者法则应该是聚焦于新闻记者权益的规制与保障。尽管从立法旨意上还需要较大的调整，但新闻记者证立法的实际经验及其内容都将为新闻记者法提供有益的参照。

（三）新闻记者法的立法结构与内容

1. 新闻记者法的立法原则

以新闻记者法来推动新闻立法，依然需要在新闻记者法中贯彻一些新闻法的基本原则，在这些基本原则的指导下，新闻记者法对新闻法的意义才能更好地凸显出来。新闻记者法需要贯彻以下原则。

（1）有限新闻自由原则。在我国的新闻立法中，有限新闻自由原则应该是一项最重要的基本原则。有学者指出，新闻自由同其他民主自由权利一样，都是具体的，不是抽象的，都是相对的，不是绝对的……社会主义条件下的新闻自由，不能离开社会主义的经济基础，不能离开无产阶级和全体人民群众的根本利益，不能离开社会主义新闻事业的社会主义性质和作用。在社会主义社会，新闻自由不仅要遵守宪法和法律，而且要遵守必要的宣传纪律，维护社会的安定团结。[2] 在我国，有限新闻自由原则尚未得到规范的确立，在新闻记者法的制定过程中，可在目前采访权的规制方面进行实践。新闻自由在采访权行使过程中的贯彻主要表现为对采访权的规制和保障。

---

〔1〕 高一飞：《我国新闻立法的使命（下）》，《新闻知识》2008 年第 10 期。
〔2〕 秋歌：《论新闻立法应规定的几项原则》，《当代法学》1998 年第 4 期。

（2）以采访权为核心。诚然，新闻记者具有多项权益，这在新闻记者法中应该加以明确，但采访权是最为核心的权利。记者采访权应该是新闻记者法规制的主要对象。新闻采访权是经国家新闻出版管理部门许可，新闻媒体及其工作者所享有的基于新闻报道为目的的通过访问、观察等方式采集新闻材料的一项法定权利，这种权利，非经法律、法规明确规定，不受任何限制与剥夺。[1] 新闻记者法中，需要明确采访权的获得条件、采访权行使的界限、行政权与司法权对采访权的限制、采访权滥用的惩治手段、侵犯采访权的法律责任等。

（3）规制与保障并行原则。采访权作为一种权利，其所具有的进攻性，是一般的权利所不具备的，然而，也正是因为采访权这种权利具有进攻性，所以才需要将采访权既进行规制又实施保护。记者采访权的实现，能有助于公众知情权、监督权的实现，但记者也可能对采访权加以滥用。采访权行使的实践也表明，各种虚假新闻、制造新闻、利用采访名目强拉广告等形式，不仅有伤媒体的公信力，而且，就目前看来，对这种行为的惩治也并不有力，大多基于行政处罚或者是内部通报等方式，这在很大程度上是不利于新闻当事人的权益的。在新闻记者法中，应该贯彻采访权的规制与保障原则。什么条件下可以进行规制、规制的限度如何、规制的方式等，都需要在新闻记者法中加以明确。同时，阻碍和侵犯采访权的认定、法律责任的承担、采访权救济的方式等，也需要在新闻记者法中加以明确。诚如学者所指出的，未来的新闻记者法必须对新闻采访权明确予以规定，既防止合法的新闻采访行为不受非法干预与破坏，即保障新闻采访权，也要防止新闻媒体及其工作人员滥用采访权，即约束新闻采访权。[2]

2. 新闻记者法的主要内容

新闻记者法的主要内容涵盖了新闻记者的权利与义务、新闻侵权行为的认定、妨碍采访权的认定及其法律责任等内容。新闻记者法的主要内容应该包括以下几个方面。

（1）记者的权利。在新闻记者法中，记者的权利及其界限，是不可或缺的内容。有关新闻记者的权利，存在着差异鲜明的认识。2008 年《新闻出版总署关于进一步做好新闻采访活动保障工作的通知》称："新闻机构对涉及

[1] 冯渊源、邓小兵：《新闻采访权立法研究》，《科学·经济·社会》2004 年第 3 期。
[2] 冯渊源、邓小兵：《新闻采访权立法研究》，《科学·经济·社会》2004 年第 3 期。

国家利益、公共利益的事件依法享有知情权、采访权、发表权、批评权、监督权”，把这些权利定为新闻机构法人权利。《国家人权行动计划（2009—2010年）》则肯定为新闻记者的权利：“依法保障新闻记者的采访权、批评权、评论权、发表权。”有学者指出，新闻记者应该享有下列权利：（a）收集、寻求、询问、获取和传播信息；（b）采访国家机关、组织、企事业单位、社团组织及其新闻发布机构，国家和政府机构人员有义务接受采访、提供信息；（c）可获取国家机密、商业机密和其他受法律保护机密以外的信息；（d）采访自然灾害、事故、大众骚乱和聚众闹事现场，以及紧急状态戒严地区；参加集会和示威游行；（e）核查被告知信息的准确性；（f）拒绝进行违背其信念的、需要其署名的信息和材料传播；（g）如果认为其信息与材料在编辑的过程中被歪曲，可撤销自己在信息和材料中的署名；（h）记者在进行职业活动时，其生命、荣誉、尊严、健康和财产不受侵害。[1]

在以上这些关于记者权利的认识中，显然存在一些问题：其一，将记者的权利与公众的权利相混淆。比如发表权问题，一般而言，公众和记者都有发表权，并不存在只有记者有发表权而公众无发表权的问题。诚然，因为文章达不到发表的水平而导致的不能发表则是另外的问题，但这并不表明就只有记者才有发表权。其二，将记者的权利与受访者的义务混为一谈。如学者提出的记者权利中，记者有采访国家机关的权利，国家机关有接受采访的义务，诚然，此中的权利和义务有极强的相关性，但并不意味着两者之间有着完全的对等。比如在《中华人民共和国政府信息公开条例》中明确规定：“国务院办公厅是全国政府信息公开的主管部门……县级以上地方人民政府办公厅（室）或者县级以上地方人民政府确定的其他政府信息公开工作主管部门负责推进、指导、协调、监督本行政区域的政府信息公开工作。”这表明，尽管在特定事件中，记者有采访某国家机关的权利，但负有接受采访义务的则可能是政府信息公开部门。其三，记者的各项权利之间存在怎样的相互关系。这一点，笔者觉得也是需要加以明确的。也就是说，在记者的各项权利之中，哪些是其最为基本的权利，哪些是延伸权利，这对于新闻记者法而言，都是非常重要的问题。

那么，到底哪些权利是记者的独有权利，是需要新闻记者法予以确认和规制的权利？在笔者看来，记者的权利主要包括以下几项。

---

〔1〕 孙旭培：《新闻传播法学》，复旦大学出版社2008年版，第378页。

一是场所接近权。真实性是新闻的生命力所在，“第一现场”对于真实性而言又是最为重要的，因此，场所接近权应该是记者的一项非常重要的权利。记者凭借记者证或者其他证明，有权进入特定场所。

二是采访权。采访权是记者最重要的权利，没有采访就没有新闻报道，就无法满足公众知情权，也无法履行媒体监督的功能。

三是信息收集、传递和接受权。记者可以说是职业的“信息收集、传递和接受者”，赶赴现场或者采访新闻当事人，其本质上都是为了信息的收集和传递。

四是隐匿消息来源权。记者为了获得真实信息，在一些特定的情形下，需要隐匿其消息来源，这既是对记者职业的一种保障，也是对公众知情的一种保障。因此，在我们看来，尽管我国的有关诉讼法中规定，“一切知道案件信息的人都有作证的义务”，但仍然有必要对于记者在履行新闻职业的过程中隐匿消息来源提供一定的空间。诚然，在确认这样一项权利的同时，可以对其实施严格的限制，以利保护比公众知情权更重要的法益。

五是记者的优先权。媒体优先权是指新闻记者在进行新闻采集时享有的优先待遇，可分为优先使用权和优先进入权两种形式。[1] 优先权存在的原因在于大众传媒是人民群众知情的工具，这样做可以确保大多数人的知情权。[2] 在现有的规范中已经有关于记者优先权的规定：如《河北省新闻工作管理条例》第 21 条中规定：“……新闻记者执行采访任务时，在购买车票、机票、船票和通讯、住宿方面，可以享有优先权。”

在记者的这些权利之中，笔者认为，采访权是其中最为重要和核心的权利。对场所的接近，是为了采访活动的进行；而采访活动的目的，则就是在于信息的收集和传递；记者在采访过程中享有优先权则有利于记者及时出现在新闻现场和开展采访活动。至于隐匿消息来源的权利也可以认为是对记者行使采访权过程的特殊保护。以此而论，在新闻记者法中，可以围绕采访权的获得、行使、受阻、滥用等方面来进行保障和规制。

（2）记者的义务。记者究竟需要承担哪些方面的义务，也应该成为新闻记者法的主要内容。在参考多国新闻法，并结合我国新闻记者的实际状况，在笔者看来，记者的义务主要包括以下方面：在宪法、法律的规定范围内从

---

〔1〕 雷润琴：《传播法：解决信息不对称及相关问题的法律》，北京大学出版社 2005 年版，第 86 页。
〔2〕 许加彪：《法治与自律——新闻采访权的边界与结构分析》，山东人民出版社 2005 年版，第 30 页。

事新闻报道的义务；维护社会公共利益和善良风俗的义务；真实报道的义务。真实报道的义务，不仅意味着记者在采访过程中应当忠诚和诚实，也意味着其报道应当客观、公正，还意味着记者负有核实信息真实性的义务；在新闻采访活动中，主动出示有关证件；告知受访人采访的原因、主题、采访方式等事项。尊重新闻当事人在受访过程中提出的合理要求；报道不实或出现错误的情况下，或者报道中有诬告、诽谤、污蔑组织、公民的人格时，有义务更正报道并向有关组织、公民道歉；不以记者或者媒体身份强拉广告或者进行违规、非法的广告活动；不得进行有偿新闻，不得以采访为名进行敲诈勒索；保护信息提供者的秘密。

以上这些方面的义务，主要是记者在行使采访权过程中所应当遵守的。这些义务应该由新闻记者法加以明确，从而在很大程度上为记者更好地履行自身义务提供指引。

（3）法律责任及其承担。法律责任是众多媒体法中应有的部分。比如，在俄罗斯《大众传媒法》中，该法第七章规定了“违犯《大众传媒法》的责任”。其第 56 条规定，“创办者、编辑部、出版人、发行者、国家机构、组织、机关、企业、社团、官员、记者、报道及相关材料的作者承担违犯《俄罗斯联邦大众传媒法》的责任”。该法第 58 条规定了侵害大众信息自由的责任；第 59 条规定了滥用大众信息自由的责任；第 60 条规定了其他违背《大众传媒法的责任》。[1]

在新闻记者法中，法律责任的承担者及其承担方式，主要包括以下内容：

一是新闻机构主管单位的法律责任。比如，2005 年 2 月 28 日，上海市新闻出版局发出《关于规范新闻记者管理重申有关规定的通知》，其中第 4 条指出，新闻机构的主管单位应严格履行相关管理责任，各媒体不得将无证人员擅自聘为新闻记者并指派其从事新闻采访活动；对于违反规定的新闻机构、新闻采编人员，上海市新闻出版局将依法予以严厉查处。在新闻记者法中，新闻机构主管单位自然应当承担相应的法律责任。

二是新闻机构及其记者侵权行为的法律责任。在行使新闻采访权的过程中，很多时候，新闻机构及其记者侵权行为时有发生，对这些侵权行为，需要明确其法律责任，明确法律责任的承担方式。比如，新闻侵犯名誉权、隐

---

〔1〕 孙旭培：《新闻传播法学》，复旦大学出版社 2008 年版，第 377 页。

私权和其他权益的行为；新闻机构强拉广告、变相敛财的行为等。

三是虚假新闻的法律责任。记者没有经过实际的采访，故意杜撰、制造新闻，从而造成对公众的欺骗，此为虚假新闻的法律责任问题。在虚假新闻的法律责任方面，虚假新闻如何认定、侵害范围如何确定、侵害损失的估量等，在新闻记者法中亦应当有所关涉。

四是侵害记者采访权的法律责任。要对记者的采访权实施有力保障，追究侵害方的法律责任是不可或缺的一环。在侵害记者采访权的法律责任方面，对于来自公权力的侵害行为应当与来自一般私主体的行为加以区分，对前者应该实施更加有力的惩处。同时，这种法律责任的承担方式，亦需要考虑新闻职业的特殊性质。

3. 新闻记者法的结构问题

新闻记者法的结构主要是指新闻记者法各主要内容之间的关系问题。就其结构而言，新闻记者法可以涵盖以下方面：

（1）总纲。总纲中重点明确新闻记者法的立法旨意、记者与新闻机构的含义、立法的宪法依据等方面的问题。

（2）记者与新闻机构。在《新闻记者证管理办法》中，将记者定义为“新闻机构编制内或者经正式聘用，专职从事新闻采编岗位工作，并持有新闻记者证的采编人员”。关于新闻机构，该管理办法的界定为“经国家有关行政部门依法批准设立的境内报纸出版单位、新闻性期刊出版单位、通讯社、广播电台、电视台、新闻电影制片厂等具有新闻采编业务的单位”。新闻记者法中，依然可以沿用这一定义。

（3）记者证申领与撤销。申领的具体条件，哪些人员不得申领记者证，都应该在此条款中予以明确。记者证申领与撤销的程序如何，这也是需要加以明确的。

（4）记者的权利与义务。在本条中，应该重点明确记者采访权的获得、记者采访过程中的优益权，记者各项权利的基本含义，记者需要承担哪些方面的义务等。

（5）记者协会。明确记者协会为新闻记者的自治性组织，可以协助新闻记者从事职业，记者协会的组建、基本职能与运作方式。在可能的情况下，甚至可以作为新闻仲裁的依托机构。

（6）采访权与信息公开。采访权的行使范围与公权机关的信息公开，包括立法信息、行政信息、司法过程中的信息公开问题，从而有利于记者更好地行使采访权，获取有关信息。

（7）滥用采访权及其侵权行为。滥用采访权的情形、采访权侵权的情形及其惩治与预防。

（8）阻碍与剥夺采访权的行为及其法律责任。对于公权机关或者借助公权力阻碍甚至侵犯采访权的行为与私主体对采访权侵犯相区别，并对两者采取不同的责任承担方式。

（9）采访权救济。采访权遭到侵犯时，如何进行救济，各救济方式之间的关系如何，有无顺序要求等。

（10）附则。就新闻记者立法的结构而言，主要应该涵盖这些方面。诚然，这其中的许多方面，都需要经由多个法律条款予以规范，这一点则有待于具体的条款的表达。在笔者看来，必须明确的是，经由新闻记者法，并非要以“新闻自由”作为立法追求，而是要以通过对采访权的保护和规制，从而更好地促进媒体履行监督和保障公众知情权得到实现。

结　语　值得深入的几个话题

行文至此，本文已经基本完成了对采访权的粗浅剖析。从采访权的基本法理、宪法依据到采访权与公权力之间的关系；从采访权对私权的侵犯到采访权行使过程中可能遇到的侵权行为及其救济；从采访权的界限到现实生活中加诸于采访权的种种限制；从对采访权的规制到对新闻立法的推动……这些论述，尽管显得粗浅，但依然不失为对采访权研究的有益探索和尝试。诚然，对采访权的分析和把握，立基于现有的研究，以下话题仍然值得进一步探讨。

一、新媒体的采访权

在前述对于采访权的探讨中，不难发现，探讨的视野主要集中于传统媒体的采访权问题。这些媒体囊括了报纸、杂志、电视、广播等媒体形式。正是基于这一点，才有可能将采访权定位为媒体及其记者的一种必不可少的权利，才能深入挖掘其作为一种职业性权利所应当有的种种权利特征。然而，这一问题或许仍然是一个会引起争议并且也值得关注的问题。有学者认为，采访权是一种“平民权利”，是每个人都可以拥有的“权利”，并因而主张“人人皆可以是记者”。也有学者坚持认为，采访权是有着很强职业性的一种权利，本质上这种权利只能为媒体及其工作人员享有。试图对两者进行综合的一种观点则在承认采访权职业性的基础上，认为媒体及其工作人员是作为“拟态的公众”而享有这些权利的。[1] 在笔者看来，选择职业主义立场无疑是必要的，这不仅因为采访权的行使的确需要经过特定的专业训练才可以更好地实现；也是因为这种权利的获得往往需要得到行政当局的某种许可或认定。这在一定程度上表明，在公权力心中，有必要对其作为职业权利加以对

---

[1] 许加彪：《法治与自律——新闻采访权的边界与结构分析》，山东人民出版社2005年版，第69—80页。

待；还因为在新闻实践中，对媒体及其工作人员的种种道德要求也有别于普通人所当遵循的一般道德，已经呈现出了比较鲜明的职业道德特征。

然而，将采访权作为一种职业权利并非全然没有问题。最有力的冲击来自新媒体的出现及传播形式的演变。新媒体是指相对于传统媒体而言，这些媒体在传播主体、传播客体、传播方式、传播旨趣及媒介形态等方面发生了革命性的变化。如 BBS 网上社区、BLOG、博客、微博、手机报、手机短信（飞信）、电子报等都被认为是新媒体。[1] 这些新媒体的出现，似乎更加验证了一些论者所坚守的“人人皆可为记者”的观点。因为，在其看来，记者工作的本质在于及时将所见、所闻通过一定的载体传播于他人。现在，这些媒体所具有的“即时新闻”功能，刚好能够满足这一特质。比如，任何人都可能通过自己的手机及时将某车祸或突发事件的现场拍摄并且转发给他人。同时，很多时候，这些民众远比记者更早、更接近新闻现场，如“非典”期间的新闻报道，被隔离者的生活实况，被隔离者肯定要比记者了解更多信息，并且也要比记者了解得更加深入。而如果说通过手机、手机报等方式还没有摆脱“一对一”的传播方式的约束的话，借由网络而传播的论坛、博客、微博等使得消息传播更加迅速、受众也更多。

诚然，新媒体的出现在很大程度上推进了信息传播的频率和有效性，也不得不承认，传统媒体的很多新闻线索都来自网络、博客和微博。但是，在我们看来，这些新媒体的出现并不足以否认采访权职业特征的充分理由，更不足以说明公众应该成为采访权的主体。事实上，正如论者所指出的，现实情况是，即使是许多以新闻传播为基本定位的网络媒体，如网易、新浪、搜狐等网站的新闻采编人员的新闻采访权并没有获得有关规范文件的确认。2000 年 11 月 6 日，国务院新闻办公室、信息产业部发布的《互联网站从事登载新闻业务管理暂行规定》第 7 条明确规定：“非新闻单位依法建立的综合性互联网站……经批准可以从事登载中央新闻单位、中央国家机关各部门新闻单位以及省、自治区、直辖市直属新闻单位发布的新闻的业务，但不得登载自行采写的新闻和其他来源的新闻……”这就表明，发布新闻权只能是省级以上新闻单位与省、自治区人民政府所在地的市直属新闻单位依法建立的新闻网站。其他一切非新闻网站只有转载权，没有发布新闻的权利，更谈

---

〔1〕 张诗蒂等编：《新闻法新探》，四川大学出版社 2008 年版，第 299 页。

不上采访权了。[1] 同时，2009年新修订的《新闻记者证管理办法》中，增加了进一步规范新闻采访活动的规定，明确提出持新闻记者证开展新闻采访的要求。但在该行政规章中也规定，商业网站不是新闻单位，由于其没有合法采访和首发新闻的资质，经批准的也只有转发新闻的职能，没有自采新闻职能，因此这类网站一律不发放新闻记者证。因此，网络媒体及其采编人员的采访权并没有获得有关法律规范的认可与支持。

从实证的角度考察，应该承认，并非网络媒体的采编人员一律没有采访权。这或许是我国独有的新闻管理体制所造成的。在我国，网络媒体的采访权呈现出三种不同的现实形态：其一，传统媒体所主办的网络媒体，尽管网络媒体没有采访权，但其从业人员却因系“传统媒体的记者和编辑”而拥有采访权。比如，新华社所主办的新华网、人民日报社主办的人民网、中央电视台所主办的中央电视台网站，这些网络媒体的采编工作人员大多由传统媒体中转换而来，或者本就身兼二重身份，从而享有获得法律规范确认的采访权。其二，一些商业网站事实上享有采访权。尽管这些商业网站的采访权没有获得法律规范许可，但在很多场合，并非都需要持证采访，由于网络媒体的巨大威力，甚至在一些新闻活动的主办方还主动邀请网络媒体的记者进行采访，这些网络媒体拥有事实上的采访权。其三，根据有关规范性文件，只能以转载新闻为经营方略的网站，因为其不符合特定资格而不享有采访权。

笔者建议，应该给予经合法登记的新闻网站及其工作人员以采访权，但对这些网站及其工作人员记者证的发放亦不得低于传统媒体采编人员的标准。也就是说，可以在新闻记者的相关管理办法中，将以新闻传播为主要经营业务的网站纳入媒体的范畴。应该明确的是，给予网站及其工作人员以采访权，并不是淡化采访权的职业特征，恰恰相反，而是强化采访权的职业特征。

二、公法与私法界限的权利路径

采访权并非基本权利，但其与众多基本权利有着非常深厚的关联，这一点在前文中已有论述。就采访权与基本权利的关系而言，可以这样认为，采访权是知情权、表达自由、新闻自由等基本权利得以实现的重要途径，是一种中介性、工具性的权利。采访权对多项基本权利的工具性价值，由此而引

---

[1] 戴丽：《新闻采访权的理论与实践》，华东政法学院2002年法律硕士学位论文，第26页。

出“基本权利实现的手段和途径的问题”，并进而牵涉到“基本权利”的类型探讨。

1. “积极权利”与“消极权利”二分法

在关于宪法基本权利类型的探讨中，导源于当代英国哲学家伯林的著名论文《两种自由概念》。根据伯林的探讨，他认为基本自由可以分为“积极自由”和“消极自由”两种类型。[1] “消极自由”，简而言之，是指“免予他人干涉和强制的自由”；其“积极自由”则主要是指，“有做……的自由”。[2] 此后，伯林关于两种自由的概念被引入人权法和宪法学领域，并且被作为“积极权利”和“消极权利”界分的理论基点。其中的消极权利，乃指要求国家权力作出相应不作为的权利，自由权既属于这一类型；而“积极权利”则是指要求国家权力作出相应作为的权利，参政权和社会权已然。[3] 尽管学者们从各个角度指出，在现代宪法中，许多权利既具有消极权利的侧面，也具有积极权利的侧面；[4] 有学者从公私法相划分的角度，在分析政府界限时，指出一些权利具备公权利与私权利的双重属性。[5] 日本宪法学家美浓部达吉也指出，在法律现象中常常有混合的法律关系与混合的权利，即单一的法律关系可能同时含有公法和私法的性质，而单一的权利也可能同时具有私权和公权的性质。[6]

尽管众多有识之士已经指出一些权利具有公权与私权的双重属性，但对这种双重属性的认识却值得商榷。在一些学者看来，对基本权利的某些限制，也被看作是该权利不能归类于“积极权利”或“消极权利”的原因。比如，在一部分学者看来，公权力基于公共利益的需要而对财产权的限制，就是财产权不能简单定性为“消极权利”的理由所在。如前所言，“积极权利”一般是指需要公权力积极作为予以保障的权利，“消极权利”则是指排除公权力干预的权利。随着当代福利国家的理念的实践，一些原本属于“消极权利”的自由，受到公权力的某种限制，在我们看来，对消极权利的这种限制，并没有改变这种自由的性质，而是缩小了这种自由据以存在的范围。这

〔1〕 Berlin. Four Essays on Liberty, Oxford U. P. , 1969, P. 129.

〔2〕 Berlin. Four Essays on Liberty, Oxford U. P. , 1969, P. 129.

〔3〕 林来梵:《从宪法规范到规范宪法》，法律出版社2001年版，第90页。

〔4〕 林来梵:《从宪法规范到规范宪法》，法律出版社2001年版，第90页。

〔5〕 高家伟:《论市场经济体制下政府职能的界限——公、私法划分理论在我国的应用》，《法学家》1997年第6期。

〔6〕 ［日］美浓部达吉:《公法与私法》，黄冯明译，中国政法大学出版社2003年版，前言第5页。

种限制很少存在于“积极权利”之中，因为“积极权利”本就意味着需要公权力提供某种条件才能得以实现。然而，对于采访权而言，尽管其只具有作为某些基本权利实现手段的价值，但其一方面的确需要公权力的“积极作为”，另一方面又需要尽可能排除公权力的干涉和影响。这似乎是矛盾的，但实际上并不矛盾。主要原因在于，采访权是以信息的收集、传递和接受为客体，而许多信息产生于动态的过程中，因而，可能出现采访权并没有针对这些信息，而掌握这些信息的行政主体及时向有关媒体进行通报的情形。而在采访权主体请求获得某些信息时，尽可能地排除干扰，显然也是这种权利得到最好实现的方式。正是在这种意义上，可以认为，采访权既具有“积极权利”的侧面，也具有“消极权利”的侧面。

2. 基本权利的实现途径与方式问题

对于基本权利的实现，从前述“积极权利”与“消极权利”的二分法中，似乎已经内在地包含了权利实现的方式与途径的问题。比如，对“积极权利”而言，意味着公权力需要为权利的实现提供条件、设施设备，对“消极权利”则只需要公权力不干预就可以得以实现。这种理解的确也有其合理之处，比如，民事主体签订契约的自由，就只要行政权力不加以干涉，民事主体就能轻而易举地得以实现。然而，这种将基本权利的实现与公权力紧密挂钩的方式，与其说是基本权利的实现方式，还不如说是其只不过是以“权利制约权力”的理性设计。也就是说，基本权利，本就是公民在针对公权力而享有的宪法权利的宪政框架内，其基本权利一定需要通过某些途径和方式才能得以实现。比如，有学者在界分权利时，将其分为“应有权利、法定权利和实有权利”，某种程度上似乎也可以理解为，权利的实现应当包含特定的途径和方式。恰恰在此问题上，采访权对于公众知情权、新闻自由、表达自由乃至监督权的工具性价值，就应当认定为其只不过是基本权利得以实现的手段与方式。

而在当下许多学者的论说中，谈到基本权利的实现时，有的学者指出：“公民基本权利的实现主要依仗宪法。权利的实现与否，最主要的表现就是有无权利的司法救济，公民宪法上的基本权利实现也同样必须有司法救济路径。”[1] 诚然，通过宪法诉讼的方式能够更好地保障基本权利，但就诉讼的本质而言，与其说是一种“实现”，还不如说是一种“救济”，只是，通过这

---

〔1〕 范进学：《论公民基本权利的功能与实现》，《山东社会科学》2008 年第 4 期。

种“救济”的方式，能使受到侵犯的基本权利恢复到原初的状态。权利不会自动实现，基本权利亦是如此。就基本权利而言，我们深信，除了基本权利得以实现所需要具备的种种外在条件外，就基本权利享有主体而言，其权利要得到真正实现，还需要通过特定的方式与手段。比如公众知情权，个人或许可以通过信息公开请求权等方式予以满足，但这种满足的范围和质量，都是非常有限的，而当其借助于媒体的权能时，所能实现的知情权自是不可同日而语。就采访权的宪法依据而言，其相关的作用机理如何，与各项基本权利的关系如何，在其实现的过程中又会受到公权力、其他种类的基本权利怎样的影响，则无疑也是值得深入探讨的问题。

三、采访权是新闻法制的一个方面

如在引论中所言，对于采访权的研究目的在于推动新闻立法与新闻法治的进程。选择从采访权的规制与保护入手，是希望能够强化媒体的监督功能，从而可以更好地对公众知情权予以保障。诚然，对采访权的研究无可避免地会牵涉到新闻自由问题。从媒体的监督功能角度而言，有的学者指出：新闻自由有助于促进健康价值的弘扬，当然也就有助于维护社会秩序的稳定。[1] 突出媒体的监督功能，对公权力的良好运行无疑是有利的。媒体的监督，在宪政尚未最终成型的国家，如果能够有效地发挥作用，促使公权力能保持一份审慎和克制，无论是对于公权利还是对于公权机关自身，其实都是一剂良药。

诚然，将媒体的采访权和监督功能捧得过高，无疑也会带来一些负面的影响。因此，对采访权进行规制和保护，并逐渐推展到新闻权利的各个层面，显然是推动新闻法治的可行途径。如此推动新闻立法的方略，可以与法治发展的现状相契合。

〔1〕 贺卫方：《传媒与司法三题》，《法学研究》1998 年第6 期。

参考文献

一、中文资料

（一）中文著作

陈力丹：《世界新闻传播史》，上海交通大学出版社 2002 年版。

陈欣新：《表达自由的法律保障》，中国社会科学出版社 2003 年版。

陈堂发：《授权与限权：新闻事业与法治》，新华出版社 2001 年版。

城仲模：《行政法之基础理论》，三民书局 1994 年版。

顾理平：《新闻法学》，中国广播电视出版社 1999 年版。

顾理平：《新闻侵权与法律责任》，中国广播电视出版社 2001 年版。

韩大元、林来梵、郑贤君：《宪法学专题研究》，中国人民大学出版社 2004 年版。

韩大元编：《外国宪法》，中国人民大学出版社 2000 年版。

侯健：《舆论监督与名誉权问题研究》，北京大学出版社 2002 年版。

胡建森：《行政法学》（第二版），法律出版社 2003 年版。

黄瑚主编：《新闻法规与职业道德教程》，复旦大学出版社 2003 年版。

黄瑚：《中国近代新闻法制史论》，复旦大学出版社 1999 年版。

李步云主编：《信息公开制度研究》，湖南大学出版社 2002 年版。

李矗编著：《法制新闻报道概说》，中国广播电视出版社 2002 年版。

李瞻编：《传播法——判例与说明》，黎明文化事业公司 1992 年版。

李良荣：《西方新闻事业概论》，复旦大学出版社 1997 年版。

林来梵：《从宪法规范到规范宪法》，法律出版社 2001 年版。

刘迪：《现代西方新闻法制概述》，中国法制出版社 1998 年版。

刘杰：《知情权与信息公开法》，清华大学出版社 2005 年版。

刘哲民：《近现代出版新闻法规汇编》，学林出版社 1992 年版。

刘海涛、郑金雄、沈荣：《中国新闻官司二十年（1987—2007）》，中国广播电视出版社 2007 年版。

徐佳士编：《新闻法律问题》，台湾学生书局 1975 年版。

钱蔚：《政治、市场与电视制度——中国电视制度变迁研究》，河南人民出版社 2002 年版。

邱少平：《表达自由——美国宪法第一修正案研究》，北京大学出版社 2005 年版。

沈宗灵：《现代西方法理学》，北京大学出版社 1992 年版。

沈固朝：《欧洲书报检查制度的兴衰》，南京大学出版社 1999 年版。

苏成雪编著：《传媒与公民知情权》，新华出版社 2005 年版。

中国新闻学会编：《新闻自由论集》，文汇出版社 1988 年版。

中国社会科学院新闻研究所 北京新闻学会编：《各国新闻出版法选辑》，人民日报出版社 1981 年版。

孙旭培、王晋闵等主编：《新闻侵权与诉讼》，人民日报出版社 1994 年版。

孙旭培：《新闻传播法学》，复旦大学出版社 2008 年版。

孙笑侠：《法的现象与观念》，山东人民出版社 2001 年版。

孙笑侠：《法律对行政的控制——现代行政法的法理解释》，山东人民出版社 1999 年版。

孙笑侠：《程序的法理》，商务印书馆 2005 年版。

宋克明：《英美新闻法制与管理》，中国民主法制出版社 1998 年版。

王利明、杨立新：《人格权与新闻侵权》，中国方正出版社 2000 年版。

王军：《新闻工作者与法律》，中国广播电视出版社 2001 年版。

王强华、魏永征主编：《舆论监督与新闻纠纷》，复旦大学出版社 2000 年版。

王世杰、钱端升：《比较宪法》，中国政法大学 2004 年版。

王天定：《新闻道德与法规》，兰州大学出版社 2002 年版。

王名扬：《美国行政法》，中国法制出版社 2005 年版。

王艳：《新闻监督与司法独立关系研究》，中国物资出版社 2004 年版。

魏永征：《中国新闻传播法纲要》，上海社会科学院出版社 1999 年版。

魏永征：《新闻法新论》，中国海关出版社 2002 年版。

魏永征：《新闻传播法教程》，中国人民大学出版社 2002 年版。

魏永征、张咏华、林琳：《西方传媒的法制、管理和自律》，中国人民大学出版社 2003 年版。

夏勇：《公法》（第一卷），法律出版社 1999 年版。

徐迅：《中国新闻侵权纠纷的第四次浪潮——一名记者眼中的新闻法治与道德》，中国海关出版社 2002 年版。

徐耀魁主编：《西方新闻理论评析》，新华出版社 1998 年版。

许加彪：《法治与自律——新闻采访权的边界与结构分析》，山东人民出版社 2005 年版。

许崇德主编：《中华法学大辞典（宪法学卷）》，中国检察出版社 1995 年版。

杨明品：《新闻舆论监督》，中国广播电视出版社 2001 年版。

杨磊、周大刚编著：《起诉媒体——新闻法律热点问题透视》，知识产权出版社 2006 年版。

应松年主编：《外国行政程序法汇编》，中国法制出版社 1999 年版。

张诗蒂等编：《新闻法初探》，四川大学出版社 2008 年版。

张文显：《二十世纪西方法哲学思潮研究》，法律出版社 1996 年版。

张文显主编：《法理学》（第二版），高等教育出版社 2003 年版。

张千帆：《西方宪政体系》，中国政法大学出版社 2000 年版。

张西明：《新闻与法：媒体法律问题手册》，广州出版社 2001 年版。

张西明、康长庆：《新闻侵权：从传统媒介到网络——避免与化解纠纷的实践指南》，新华出版社 2000 年版。

张西明：《张力与限制：新闻法治与自律的比较研究》，重庆出版社 2002 年版。

张新宝：《名誉侵权的法律保护》，中国政法大学出版社 1997 年版。

甄树青：《论表达自由》，社会科学文献出版社 2000 年版。

郑超然：《外国新闻传播史》，中国人民大学出版社 2000 年版。

（二）中文译著

［爱尔兰］肖恩·麦克布赖德等：《多种声音，一个世界》，中国对外翻译出版公司、教科文组织出版办公室 1981 年版。

［德］哈贝马斯：《交往行动理论·第一卷——行动的合理性和社会合理化》，洪佩郁等译，重庆出版社 1994 年版。

［法］邦雅曼·贡斯当：《古代人的自由与现代人的自由》，阎克文等译，商务印书馆 1999 年版。

［法］托克维尔：《论美国的民主》，董果良译，商务印书馆 1997 年版。

［法］孟德斯鸠：《论法的精神》，张雁深译，商务印书馆 1997 年版。

［法］让－诺埃尔·让纳内：《西方媒介史》，段慧敏译，广西师范大学出版社 2005 年版。

［荷］亨利·范·马尔赛文、格尔·范·德·唐：《成文宪法的比较研究》，陈云生译，华夏出版社 1987 年版。

［加］马歇尔·麦克卢汉：《理解媒介：论人的延伸》，何道宽译，商务印书馆 2000 年版。

［美］爱德华·S. 考文：《美国宪法的“高级法”背景》，强世功译，生活·读书·新知三联书店 1996 年版。

［美］伯纳德·施瓦茨：《美国最高法院史》（第二版），毕洪海、柯翀等译，中国政法大学出版社 2005 年版。

［美］罗纳德·德沃金：《自由的法——对美国宪法的道德解读》，刘丽君译，上海人民出版社 2002 年版。

［美］E. 博登海默：《法理学：法律哲学与法律方法》，邓正来译，中国政法大学出版社 2004 年版。

［美］汉密尔顿、杰伊、麦迪逊：《联邦党人文集》，程逢如、在汉等译，商务印书馆 1997 年版。

［美］詹姆斯·M. 伯恩斯、杰克·W. 佩尔塔森、托马斯·E. 克罗宁：《美国式民主》，谭君久等译，中国社会科学出版社 1993 年版。

［美］理查德·A. 波斯纳：《法律的经济分析》（上、下卷），蒋兆康译，中国大百科全书出版社 1997 年版。

［美］罗恩·史密斯：《新闻道德评价》，李青藜译，新华出版社 2001 年版。

［美］迈克尔·D. 贝勒斯：《法律的原则——一个规范的分析》，张文显等译，中国大百科全书出版社 1996 年版。

［美］迈克尔·埃默里等：《美国新闻史——大众传播媒介解释史》，展江译，中国人民大学出版社 2004 年版。

［美］梅尔文·德弗勒、埃弗雷特·E. 丹尼斯：《大众传播通论》，颜建军等译，华夏出版社 1989 年版。

［美］欧内斯特·盖尔霍恩、罗纳德·M. 利文：《行政法和行政程序概要》，黄列译，中国社会科学出版社 1996 年版。

［美］威尔伯·施拉姆等：《报刊的四种理论》，中国人民大学新闻系译，新华出版社 1980 年版。

［美］唐·R. 彭伯：《大众传媒法》（第十三版），张金玺、赵刚译，中国人民大学出版社 2005 年版。

［美］唐纳德·M. 吉尔摩等：《美国大众传播法：判例评析》，梁宁等译，清华大学出版社 2002 年版。

［美］沃尔特·李普曼：《公众舆论》，阎克文、江红译，上海人民出版社 2005 年版。

［美］加里·沃塞曼：《美国政治基础》，陆震纶等译，中国社会科学出版社 1994 年版。

［美］新闻自由委员会编：《一个自由而负责的新闻界》，中国人民大学出版社 2004 年版。

［美］约翰·罗尔斯：《正义论》，何怀宏等译，中国社会科学出版社 1988 年版。

［美］约翰·D. 泽莱兹尼：《传播法判例：自由、限制与现代媒介》，王秀丽译，北京大学出版社 2007 年版。

［美］亚历山大·米克尔约翰：《表达自由的法律限度》，侯健译，贵州人民出版社

2003 年版。

［日］藤仓皓一郎、木下毅等主编：《英美判例百选》，段匡、杨永庄译，北京大学出版社 2005 年版。

［瑞士］托马斯·弗莱纳：《人权是什么?》，谢鹏程译，中国社会科学出版社 2000 年版。

［英］约翰·弥尔顿：《论出版自由》，吴之椿译，商务印书馆 1958 年版。

［英］阿克顿：《自由史论》，胡传胜等译，译林出版社 2001 年版。

［英］J. B. 伯里：《思想自由史》，宋桂煌译，吉林人民出版社 1999 年版。

［英］戴雪：《英宪精义》，雷宾南译，中国法制出版社 2001 年版。

［英］萨莉·斯皮尔伯利：《媒体法》，周文译，武汉大学出版社 2004 年版。

［英］威廉·韦德：《行政法》，徐炳等译，中国大百科全书出版社 1997 年版。

［英］约翰·密尔：《论自由》，许宝骙译，商务印书馆 1982 年版。

（三）论文类

曹三明：《新闻纠纷的法律思考》，《新闻记者》1992 年第 4 期。

陈力丹：《采访权是公民言论自由权的延伸》，《现代传播》2004 年第 3 期。

陈力丹：《谈谈记者的采访权利和责任》，《新闻传播》2001 年第 5 期。

陈翔：《关于采访权的几点思考》，《新闻界》2001 年第 5 期。

戴丽：《新闻采访权的法制实践思考》，《新闻记者》2004 年第 8 期。

戴丽：《新闻采访权性质刍议》，《新闻记者》2003 年第 11 期。

丁先存：《论美国的政府信息公开制度》，《情报科学》2001 年第 3 期。

杜钢建：《知情权制度比较研究——当代国外权利立法的新动向》，《中国法学》1993 年第 2 期。

付培：《论记者采访权依据、限制与保障》，中国社会科学院研究生硕士学位论文。

高一飞：《美国法上“记者”的含义》，《现代法学》2010 年第 2 期。

顾理平：《论隐性采访的法律困惑》，《南京师大学报（社会科学版）》2004 年第 1 期。

顾理平：《现代社会新闻侵权成因初探》，《当代传播》2000 年第 6 期。

顾理平：《新闻采访遭拒原因探析》，《新闻战线》2002 年第 3 期。

顾立林：《记者人身权益保障与消除法律盲区》，《中国记者》2003 年第 12 期。

郭道晖：《论国家权力与社会权力——从人民与人大的法权关系谈起》，《法制与社会发展》1995 年第 2 期。

魏永征、郭镇之：《关于舆论监督与新闻法制问题的访谈》，《新闻记者》2000 年第 2 期。

黄旦：《从新闻职业化看西方新闻自由思想的历史演变》，《浙江大学学报（人文社会科学版)》2004 年第 1 期。

蒋福元、周永森等:《关于新闻媒介侵权若干问题的探讨》,《中国法学》1989 年第 6 期。

江平:《社会权力与和谐社会》,《中国社会科学院研究生院学报》2005 年第 4 期。

季立新:《从新闻官司看新闻法制建设的紧迫性》,《上海大学学报(社会科学版)》1997 年第 12 期。

阚敬侠:《论我国的舆论监督法律制度》,《新闻记者》2000 年第 4 期。

阚敬侠:《试论新闻法律关系》,《新闻记者》2002 年第 3 期。

李昌道:《新闻自由的法律限制——香港司法见闻之五》,《政治与法律》1993 年第 1 期。

李斯颐:《言论和出版的自由与界限》,《新闻与传播研究》2002 年第 1 期。

李剑宏:《公民知情权必须得到保障和实现》,《燕园评论》2003 年第 2 期

刘建明:《新闻自由的七种权利》,《新闻爱好者》2001 年第 3 期。

刘自贤:《新闻采访权的政治属性》,《新闻记者》2004 年第 5 期。

刘娜:《初探新闻采访权》,《武汉大学研究生学报》2005 年第 3 期。

龙显雷:《谈美国宪政下的言论自由——“明显而即刻的危险”原则的历史分析》,《法商研究:中南政法学院学报》1997 年第 2 期。

罗万里:《新闻法律关系基本理论问题探讨》,《南华大学学报(社会科学版)》2005 年第 2 期。

吕平波:《对〈新闻法〉“等待”——全国人大代表、政协委员对新闻立法的看法透析》,《民主与法制》1998 年第 12 期。

马闻理:《“新闻出版自由”见于经典著作》,《新闻记者》1996 年第 10 期。

皮纯协、刘杰:《知情权与情报公开制度》,《山西大学学报(哲学社会科学版)》2000 年第 3 期。

[美] 斯蒂格利茨:《自由、知情权和公共话语——透明化在公共生活中的作用》,宋华琳译,《环球法律评论》2002 年秋季号。

世平:《关于出版自由的界限》,《学习与研究》1982 年第 8 期。

宋小卫:《略论我国公民的知情权》,《法律科学》1994 年第 5 期。

孙凤毅:《新闻记者采访权略论》,《中国广播电视学刊》2002 年第 3 期。

孙旭培:《新闻法:最需要的法律最困难的立法》,《新闻知识》1999 年第 9 期。

王雄:《新闻立法工作必须解决的两个重要问题》,《新闻传播论坛》2002 年 2 月。

魏永征:《法律如何救济采访阻碍——三说新闻记者采访权》,《新闻三昧》2000 年第 4 期。

吴慎宗:《新闻采编中的若干法律问题》,《中国记者》1997 年第 1 期。

夏凡:《漫谈记者的采访权——从戴安娜之死说开去》,《国际新闻界》1997 年第

5 期。

谢文英：《130 多位全国人大代表联名呼吁尽快制定〈新闻监督法〉——“软监督”呼唤刚性保障》，《检察日报》2004 年 3 月 17 日。

徐惠萍：《善用舆论监督 推动经济发展》，《新闻战线》2003 年第 2 期。

徐光春：《关于舆论监督的几点思考》，《新华文摘》2000 年第 4 期。

徐显明：《应以宪法固定化的十种权利》，《领导决策信息》2002 年第 11 期。

徐芳、李俊良：《新闻记者采访权初探》，《当代法学》2002 年第 11 期。

徐迅：《中国媒体与司法关系现状评析》，《法学研究》2001 年第 6 期。

喻发胜、王丹妮：《社会预警与传媒职责》，《湖北社会科学》2003 年第 10 期。

杨俊杰：《论媒体采访权的确立》，中国人民大学 2003 年硕士学位论文。

杨立新：《新闻侵权问题的再思考》，《中南政法学院学报》1994 年第 1 期。

张宗厚：《言论、出版自由与新闻、出版立法》，《学习与思考：中国社会科学院研究生院学报》1981 年第 1 期。

张大昕：《试论新闻记者权利的法律地位》，《城市党报研究》2002 年第 10 期。

张振亮：《新闻采访权及其法律限制》，《南京邮电学院学报（社会科学版）》2003 年第 3 期。

郑保卫：《新闻立法刍议》，《中国广播电视学刊》1989 年第 6 期。

赵文胜：《记者采访权的界定与限制》，《传媒观察》2005 年第 4 期。

曾素萍：《关于维护记者采访权的思考》，《声屏世界》2002 年第 2 期。

曾彤：《关于媒体新闻侵权的法律分析》，《新闻界》2003 年第 4 期。

周甲禄：《论采访权的法律属性及其实现》，《湖北社会科学》2004 年第 10 期。

朱炜：《论政府信息公开的宪政基础》，《理论月刊》2005 年第 2 期。

［美］斯蒂格利茨：《自由、知情权和公共话语——透明化在公共生活中的作用》，宋华琳译，《环球法律评论》2002 年秋季号。

（四）报纸与网络文章

杨立新：《记者采访权和人格权的法律保护》，中国民商法律网 2002 年 8 月 5 日。

卞建林：《媒体监督与司法公正》，正义网 http：//www. jcrb. com，访问日期：2003 年 8 月 6 日。

蔡铭泽：《为记者的采访权大声疾呼》，《羊城晚报》2000 年 11 月 30 日。

曹建利：《2003 年全球 36 名记者被枪杀》，新华网，访问日期：2011 年 3 月 4 日。

崔丽：《专家研讨新闻采访权，呼吁应出台专门的新闻法规》，《中国青年报》2001 年 11 月 7 日。

傅鼎生：《要取消采访权先消灭媒体》，《足球报》2004 年 1 月 19 日。

万润龙，蒋萍：《“采访权”有厚有薄?》，《文汇报》2001 年 4 月 3 日。

韦义华:《广西:司法保护新闻记者采访权》,《中华新闻报》2003 年 9 月 5 日。

邹云翔:《如何来保护记者的采访权》,《南方都市报》2003 年 1 月 29 日。

《吉林规定:行政机关不得阻碍新闻舆论监督》,中新社网站,访问日期:2011 年 3 月 6 日。

《预防职务犯罪条例草案:老记有知情权合理怀疑权》,《南方日报》2004 年 7 月 15 日。

《2003 成记者被打年 委员呼吁保障记者正当权益》,《新快报》2004 年 3 月 8 日。

二、英文资料

(一)英文著作

AlexanderMeikeljohn, Political Freedom, NewYork, Harper and Brothers, 1960.

Don R. Pember. Mass Media Law, 2003-2004 Edition. New York: McGraw-Hill, 2003.

Emerson, Thomas, The System of Expression, New York: Random House, 1970.

Hogg, Peter W. , Constitution Law of Canada, The Carswell Company Limited, 1985.

Irving Crespi, The Public Opinion Process: How the People Speak, NewJersey: Lawrence Erlbaum Associates Publishers, 1997.

Jerome A. Barron and C. Thomas Dienes, Handbook of Freedom Speech and Free Press, Little, Brown and Company, 1979.

Kent R. Middleton, William E. Lee, Bill F. Chamberlin. The Law of Public Communication, 2003 Edition. Boston: Allyn&Bacon, 2003.

Paul Siegel. Communication law in America. Boston: Allyn&Bacon, 2002.

Peter Carey, Media Law, Sweet&Marxwell Limited, 1996.

Ralph. Holsinger and Jon Paul Dilts: Media Law, P. 374, New York: McGrawhill, inc, 1994.

T. Barton Carter, Juliet L. Dee, Harvey L. Zuckman. Mass Communication Law, 5th Edition. Minn. : West Group, 2000.

T. Barton Carter, Marc A. Franklin, Jay B. Wright. The First Amendment and The Fifth Estate, 5th Edition. New York: Foundation Press, 1999.

Siebert, Fredrick Seaton. Freedom of the Press in England, 1476-1776. University of Illinois Press, 1965.

(二)英文论文

AaronPerzanowski, Relative Access to Corrective Speech: A New Test for Requiring Actual Malice, California Law Review, May, 2006, 94 Calif. L. Rev. 833.

ALLEN CHAIR SYMPOSIUM 2000 TRYING CASES IN THE MEDIA: LEGAL ETHICS,

FAIR TRIALS AND FREE PRESS：TRIAL PARTICIPANTS IN THE NEWSGATHERING PROCESS，University of Richmond Law Review Association，University of Richmond Law Review，January，2001 34 U. Rich. L. Rev. 1107.

Amanda GrooverHyland，The Taming of the Internet：A New Approach to Third-Party Internet Defamation，Hastings Communications and Entertainment Law Journal，Fall，2008，31 Hastings Comm. & Ent. L. J. 79.

Arthur J. Cockfield，Who Watches the Watchers? A Law and Technology Perspective on Government and Private Sector Surveillance，Queen's Law Journal.

AlbertoBernabe-Riefkohl，Silence is Golden：The New Illinois Rules on Attorney Extrajudicial Speech，Loyola University Chicago Law Journal Winter，2002 33 Loy. U. Chi. L. J. 323.

Bruce Macfarlane，Convicting The Innocent：A Triple Failure of the Justice System. Manitoba Law Journal（2006）31 Man. L. J. 403-487.

Charles Fried，Privacy，77 Yale L. J. 475（1968）.

Christie A. McNeill，Search and Seizure of the Press，Osgoode Hall Law Journal，Revue juridique d'Osgoode Hall.

Catherine Hancock，Origins Of The Public Figure Doctrine In First Amendment Defamation Law，International And Comparative Perspectives On Defamation，Free Speech，And Privacy，New York Law School Law Review，2005/2006，50 N. Y. L. Sch. L. Rev. 81.

Colin White，The Straight Talk Express：Yes We Can Have a False Political Advertising Statute，2009 U. C. Regents，UCLA Journal of Law and Technology，2009，UCLA J. L. & Tech. 1.

COURT-ORDERED RESTRICTIONS ON TRIAL PARTICIPANT SPEECH，Duke Law Journal February，2008 57 Duke L. J. 1113.

Emily Luther，Case Comment onCusson v. Quan，Saskatchewan Law Review（2009），72 Sask. L. Rev. 295-318.

Eric M. David，Sinkholes and "Substantial Rights"：North Carolina's Rejection of Enhanced Procedural Protections for Defamation Defendants，2007 North Carolina Law Review Association，First Amendment Law Review，Spring，2007，5 First Amend. L. Rev. 305.

FrederickSchauer，PRINCIPLES，INSTITUTIONS，AND THE FIRST AMENDMENT，Harvard Law Review November，1998.

Diane M. Pisani，Republication as Proof of Actual Malice in a Previous Defamatory Publication：Weaver v. Lancaster Newspapers，Inc. Duquesne Law Review，Spring，2008，46 Duq. L. Rev. 509.

Devin M. Smith，Thin Shields Pierce Easily：A Case For Fortifying The Journalists' Privilege In New Zealand，Pacific Rim Law & Policy Journal，January，2009，18 Pac. Rim L. & Pol'y 217.

Daniel WilliamWeininger, "We Express No View On This Issue": The Standard Of Proof For The Element Of Falsity In A New York Public Official Figure Defamation Action, 2007 St. John's Law Review Association, St. John's Law Review, Winter, 2007, 81 St. John ′s L. Rev. 455.

Eric M. David, Sinkholes and "Substantial Rights": North Carolina′s Rejection of Enhanced Procedural Protections for Defamation Defendants, 2007 North Carolina Law Review Association, First Amendment Law Review, Spring, 2007, 5 First Amend. L. Rev. 305.

Emerson, Thomas, Toward a General Theory of the First Amendment, 72 YALE L. J. 877 (1963).

Emily Luther, Case Comment onCusson v. Quan, Saskatchewan Law Review (2009), 72 Sask. L. Rev. 295-318.

FrederickSchauer, Principles, Institutions, And The First Amendment, Harvard Law Review November, 1998.

Grant Penrod. Buttressing the First Amendment, The News Media & the Law, Vol. 29, No. 1 (2005), p. 4.

Gerald G. Ashdown, Journalism Police, Marquette Law Review, Summer, 2006, 89 Marq. L. Rev. 739.

GavinPhillipson, Trial By Media: The Betrayal Of The First Amendment's Purpose, 71 Law & Contemp. Probs., Duke Law Journals (Autumn 2008).

Grant Penrod. Buttressing the First Amendment, The News Media & the Law, Vol. 29, No. 1 (2005), p. 4.

26. H. Archibald Kaiser, "The Media And The Judiciary In The Democratic Process", June, 1995, Dalhousie University, Halifax, Nova Scotia, Canada B3H 4H9 The Commonwealth Judicial Education Institute Chief Justices' Round-Table Discussion.

Irving Crespi, The Public Opinion Process: How the People Speak, *New Jersey*: LAWRENCE ERLBAUM ASSOCIATES, PUBLISHERS, 1997.

Justin Bennett, Media overload: Restructuring the New York TimesRull In Order To Afford More Protection To Public Figures Hamline Law Review, Winter, 2006, 29 Hamline L. Rev. 21.

Julie C. Sipe, "Old Stinking, Old Nasty, Old Itchy Old Toad" *: Defamation Law, Warts and All (A Call for Reform), 2008 The Trustee of Indiana University, Indiana Law Review, 2008, 41 Ind. L. Rev. 137.

Jan Schaffer, Attack Dog, Watch Dog or Guide Dog... The Role of the Media in Building Community, Baton Rouge Area Foundation Marcia Kaplan Kantrow Lecture Series Oct. 21, 1999.

John A. Walton, TOWARD MORE RELIABLE JURY VERDICTS? LAW, TECHNOLOGY, AND MEDIA DEVELOPMENT SINCE THE TRIALS OF DR, SAM SHEEPARD, SYM-

POSIUM. , Cleveland State Law Review 2001 49 Clev. St. L. Rev. 407.

Jeffery, Anthea J. , "Free Speech and Press: An Absolute Right?" Human Right Quarterly, No. 2, 1984.

Janis L. Goldie, Virtual Communities and the Social Dimension of Privacy, University of Ottawa Law & Technology Journal (2006) 3: 1 UOLTJ 133.

Kirsten B. Mitchell, "Shielding Sources around the World", The News Media & the Law, Vol. 29, No. 1 (2005), p. 9.

Kyu Ho Youm, Liberalizing British Defamation Law: A Case Of Importing The First Amendment? Taylor & Francis Group, LLC, Communication Law and Policy, Autumn, 2008, 13 Comm. L. & Pol'y 415.

Lee Goldman, False Campaign Advertising and the "Actual Malice" Standard, Tulane Law Review, February, 2008, 82 Tul. L. Rev. 889.

Lyndsay M. Campbell, Licence to Publish: Joseph Howe's Contribution to Libel Law in Nova Scotia1, (Spring, 2006) 29 Dalhousie L. J. 79.

Laurent B. Frantz, The First Amendment in the Balance, 71 YALE L. J. 1424 (1962).

Charles Fried, Privacy, 77 YALE L. J. 475 (1968).

Laurent B. Frantz, The First Amendment in the Balance, 71 Yale L. J. 1424 (1962).

Michael T. Miller, The Good, The Bad, and The Gross: A Critical Review of Food Review Defamation Law, 2008 Curators of the University of Missouri, UMKC Law Review, Summer, 2008, 76 UMKC L. Rev. 1157.

Monica Dias, Branzburg Revisited? The News Media & The Law, Vol. 26, No. 1 (2002), p. 4.

MarkArnot, WHEN IS FICTION JUST FICTION? APPLYING HEIGHTENED THRESHOLD TESTS TO DEFAMATION IN FICTION, Fordham Law Review, December, 2007, 76 Fordham L. Rev. 1853.

Monica Dias, Branzburg Revisited? The News Media & The Law, Vol. 26, No. 1 (2002), p. 4.

Mark J. Geragos Celebrity Prosecutions: The Thirteenth Juror: Median Coverage Of Supersized Trials, Symposium, Loyola of Los Angeles Law Review December (2006), 39 Loy. L. A. L. Rev. 1167.

Press Freedom andFair Trials in Kansas: How Media and the Courts Have Struggled to Resolve Competing Claims of Constitutional Rights, The University of Kansas Law Review June, 2009 57 Kan. L. Rev. 1075.

RCFP, A Short History of Attempts to Pass a Federal Shield Law, The News Media & The Law, Vol. 28, No. 4 (2004), p. 9.

Rene Nunez, Calibrating The Scales Of Justice: Balancing Fundamental Freedoms In The United States And Canada, Arizona Journal of International and Comparative Law, Spring,

1997 14Ariz. J. Int'l & Comp. Law 551.

Ruth S. Hochberger, Bridging The Great Divide: A Symposium On The State Of Legal Journalism: Ethical Issues In Covering Courts, 2006, 56, Syracuse L. Rev. 443.

R. v. Cairn-Duff: A Look into Media Access to Court, Case Comment by Adrienne Roy, Alberta Law Review.

Richard Albert, Counterconstitutionalism, (Spring, 2008) 31Dalhousie L. J. 1.

R. PerrySentell, Jr., "Official Immunity" In Local Government Law: A Quantifiable Confrontation, 2006 Georgia State University, Georgia State University Law Review, Spring, 2006, 22 Ga. St. U. L. Rev. 597.

Recent Case: First Amendment-Defamation Law-First Circuit Applies Libel Law that Does Not Allow Truth as a Defense in Cases of "Actual Malice." -Noonan v. Staples, Inc., 556 F. 3d 20, reh'g denied, 561 F. 3d 4 (1st Cir. 2009). Harvard Law Review, January, 2010, 123 Harv. L. Rev. 784.

Simon A. Rodell, False Statements V. Free Debate: Is The First Amendment A License To Lie In Elections?, Florida Law Review, September, 2008, 60 Fla. L. Rev. 947.

Seeking Justice in Transitional Societies: An Analysis of the Problems and Failures of the Judiciary in Nigeria, Brooklyn Journal of International Law, 2005, 31 Brooklyn J. Int'l L. 9.

Tan SriDato' Tan Kok Ping, JP lwn, The New Straits Times Press, Bhd dan lain-lain dan satu lagi guaman 2010 2 The Malayan Law Journal, 694.

The Court Of Public Opinion: The Practice And Ethics Of Trying Cases In The Media, Trying Cases In The Media: A Comparative Overview, 2008 Law and Contemporary Problems Law and Contemporary Problems Autumn 2008 71 Law & Contemp. Prob. 31 http://www.law.duke.edu/journals/lcp.

The Press Looks At The Problem Of Reconciling The Meeting Of Energy Demands With Environmental Protection: Background On The Issues: Discussion Following The Remarks Of MS. Askari And DR. Waddell, Canada-United States Law Journal (2002) 28 Can.-U. S. L. J. 195.

Trial By Media: A Legal Dilemma Resolved With Reference To JessicaLal http://www.legalserviceindia.com/article/l237-Trial-By-Media.html.

Trial by media: watching for prejudice After theGeoff Knights fiasco, can we trust the press to allow the accused a fair hearing? After OJ, can we trust the jury? 11 october 1995.

http://www.independent.co.uk/life-style/law-trial-by-media-watching-for-prejudice-1577021.html.

Tijani R. Cole, The Courts & the Media Bench Book, New England Law Review, Summer, 2001 35 New Eng. L. Rev. 853.

The Difficult Task of Model Rule of Professional Conduct 3.6: Balancing the Free Speech

Rights of Lawyers, the Sixth Amendment Rights of Criminal Defendants, and Society's Right to the Fair Administration of Justice, Campbell Law Review, Spring, 2007, 29 Campbell L. Rev. 497.

Tan SriDato' Tan Kok Ping, JP lwn, The New Straits Times Press, Bhd dan lain-lain dan satu lagi guaman 2010 2 The Malayan Law Journal, 694.

VictoriaCioppettini, Modern Difficulties In Resolving Old Problems: Dose The Actual Malice Standard Apply To Celebrity Gossip Blogs? Seton Hall Journal of Sports and Entertainment Law, Journal of Sports and Entertainment Law, 2009, 19 Seton Hall J. Sports & Ent. L. 221.

Wesley N. Hohfeld, Some Fundamental Legal Conceptions as Applied in Judicial Reasoning, 23 Yale L. J. 16 (1913).

William Wagner, JUSTICE IN THE SPOTLIGHT: October 12, 2004, SYMPOSIUM ISSUE, by Thomas M. Cooley Law School, Michaelmas Term, 2004, 21 T. M. Cooley L. Rev. 337.

William C. Ferguson IV, Recent Decision: The United States Court Of Appeals For The Fourth Circuit: Constitutional Law: Hatfill V. New York Times Co.: From Watchdog To Attack Dog-Transforming The Modern Media Into "Big Brother", Maryland Law Review, 2009, 68 Md. L. Rev. 724.

You Say "Fair Trial" and I say "Free Press": British and American approaches to protection defendants' right in high profile trials, New York University Law Review, November, 2000, 75 N. Y. U. L. Rev. 1412.

后　记

事非经过不知艰。如果要以一句简单的话来总结自己的博士生涯，这是自己所能想到的最恰当的写照。历经三年，其间的清苦，相信许多师生都感同身受。学问之道，的确是没有坦途可循的，在三年苦苦的求索之中，虽经众多名师指点，亦得一干优秀同窗启发，然我辈实在资质愚钝，久经熏陶而未得精妙之处。现在，呈现在各位面前的这篇论文，则是我三年多来在各位引导下的深深思索，虽显浅陋，但其中也留下了一份执着在其中。

在攻读博士之前，我已经在媒体工作了将近七年时间。七年间经历了种种新闻乱象，反复寻思，要改变此种状态，自己得到的唯一答案，就是尽可能地推动新闻法制。最终，在众多师长们的点拨之下，我选择从规制和保护采访权的角度来展开自己对这些问题的认识。

月轮山上风光秀丽，清雅宜人，给自己留下了非常深刻的印象。有许多场景是自己永远都忘不了的。恩师笑侠先生的儒雅与学识，胡师的严谨与严格，林师的“我口才不好”之后的滔滔不绝，章师象征着智慧与潇洒的“高密度光盘”，朱师“呵呵”笑声中的无比威力，弘道先生口若悬河的气势与幽默，今井先生的宽容与缜密……都牢牢地定格在自己脑海深处。与众多同窗好友的交往，则的确为自己读博期间增添了许多的欢乐与笑声，没有在名师面前的“紧张与忐忑”，也没有面对老师时“只怕先生骂我懒”的担忧。我常常深夜上山，只为赶到沈节宿舍天南地北地胡吹一通，陈诚爱猫的故事也早已不是“新闻”；小瑶博士因张口必提哈贝马斯而被誉为“谢哈马斯”，展望对朱苏力教授的厚爱，则又被大家指为“孙苏力先生”；王军高大威猛的西北汉子形象，则令我们深信，他的新财产权研究一定能给大家带来惊喜；风烈博士不仅指导我“行政法研究要略”，也指导我“驾驶技术”，如果不是他带着我前行，恐怕我的驾驶技术依然无法提升；效羽认真的姿态和醉酒之后的高论使我深深相信，酒量一定是和学术成正比的；明良在历次讲座上的侃侃而谈，楚开在讲座中的精彩提问，实有一和一应之效；禾舟远在温州，唐震每次皆是来去匆匆，传剑来杭则刚好与我交错而行……众多学友，带给我的不仅仅是欢乐，还有向上的动力和享用一生的友谊。

这些美好的回忆的确冲淡了论文写作过程的苦闷。在论文写作过程中，自己得到了众多师长、同窗好友的指点、鞭策和提醒。我首先要感谢恩师笑侠先生，跟随先生的三年，是我于学术与为人都获益良多的三年。恩师儒雅、宽容、温良敦厚、淡泊名利的品性，一直深深地影响着自己。恩师深厚的学术功底，对中国法治进程的关注，对种种现实问题的敏锐把握和深刻的洞察，让我受益匪浅。在论文写作过程中，从论文选题、材料收集、开题、定稿，每一个环节都浸润着恩师的悉心指导，如果没有恩师的指导和关怀，恐怕自己还只能在众多难点与问题之中游移不定。

我要感谢在我博士期间为我传道、解惑，并对我的学习和生活产生重大影响的各位老师。胡建淼老师是我一直敬重的老师，自硕士期间，就听过他多次讲座，并且在他的影响下，认真攻读了孟德斯鸠《论法的精神》。在胡老师的课上，他对行政法学的体系设置，对行政法相关立法的推动，都让我感受到了一位学者的现实关怀。林来梵老师的《规范宪法学》无疑开拓了国内宪法学研究的一条新路，也激发了我对宪法学的兴趣，事实上，在我的论文之中，对林老师的学术理论多有借鉴。林老师才情四溢而又谦逊有度，外形俊朗而又温和亲切，对学生的请教向来都是诲人不倦。我要感谢章剑生老师，章老师对案例教学的关注对我很有启发，并且将这种方法运用到自己的研究中，迄今，我已经收集了大量的新闻法方面的案例。我要感谢朱新力老师，朱老师乐观、机智、幽默，令人倍感亲切，他在学问之道上的开阔思路、精微缜密的论证逻辑，让我见识到了学者不断开拓创新的动力与魅力。

月轮山上的同窗诸君，将是我学术和生活道路上的宝贵财富，与诸君之间的真挚友谊，一定会让我终生受益。林沈节博士敦厚憨实，我在论文写作过程中，一旦进入苦闷，就会拨打沈节电话，既是向其讨教，也是互相鼓劲。陈诚博士机智灵巧，常有新作，令我们叹服，每次上山，必找其“理论”，以求有所增益。江楠楠博士远走东瀛，但深厚的同门情谊将我们紧密联系在一起，借助于现代的通信技术，我们之间仍然保持着良好的联系，他也为我的论文提供了许多有用的材料。潘昀博士与我两家相邻，时常散步都会到其家中讨教，她的扎实和认真，常常令我们有些惭愧。吴恩玉博士，在我工作单位变动之后，多次给我打电话，同窗之情溢于言表。王军博士就我论文中关于新闻名誉侵权的部分提供了非常有益的思路，孙展望博士则在繁重的学术任务之余，依然为我的开题报告和论文提了许多有益的意见。感谢夏雨博士、张效羽博士、罗利丹博士、章禾舟博士、徐风烈博士、唐明良博士、赵元成博士、易传剑博士，与他们的交往是充满智慧和令人回味无穷的人生享受。与我共同受教于笑侠先生的各位师兄弟，谢小瑶博士、吴习域博士、王凌皓博士、杜官磊博士、程雷博士、管瑜珍博士、徐杨勇博士等都是我难以忘怀的兄弟姐妹，在恩师的熏陶下，我们有着相近的品性和人生理想，也有着共同的学术追求。

在我读博中期，2009 年 11 月 15 日，那对我是一个非常重要的日子，其时，小女嘉怡在浙江省妇幼保健医院顺产降临。小女的出生，给了我无穷的动力，也促使我加倍努力。在此期间，恰逢论文定题、开题，真的非常感谢我的家人，他们默默无言的辛勤付出，才使我有时间专注于论文的写作。

我要感谢那许多我还没有提及的老师、同学和朋友，与你们的相遇、相识和相知，给了我无比的欢乐与快慰，我学术道路上的每一个脚印，都离不开你们的关心和激励。